멍텅구리가 만난

金剛經

조길연 지음

꿈엔들

머릿말

    1995년 2월말 내설악에는 함박눈이 한 폭의 풍경화처럼 쏟아지고 있었다. 미시령에서 내설악을 거쳐 서울로 돌아오는 길은 그렇게 지금까지 내 머릿속에 깊이 새겨지고 있다. 하지만 가슴은 까맣게 내려앉고 있었다. 젊은 나이에 책임을 맡은 회사가 잘못되면 그 결과를 혼자서 감당해야 하는 미래에 대한 중압감이 나를 짓누르고 있었다. 시장점유율 1.4%, 적자를 몇 년이나 이어가야 할지 예측할 수 없는 상황에서 신설 자회사를 맡는다는 것은 퍽이나 무모한 도전이었다.

    만일 잘못되면 남대문시장에서 배추장사라도 해야 할지 모를 일이었다.

    "그렇게 된다면 뒤에서 수레라도 밀겠어요."

    아내의 격려는 내게 큰 힘이 되었지만 고민과 번뇌의 시작이기도 했다. 그때 종범 큰스님의 『금강경』 법문이 다가왔다. 그 전에도 가끔씩 듣긴 했지만 처음부터 끝까지 들은 건 그때가 처음이었다.

    "모든 집착에서 벗어나라. 아상(탐욕)·인상(성냄)·중생상(어리석음)·수자상(애착)을 버려라. 우리 중생은 무언가에 그렇게 대롱대롱 매달려 있다. 삶과 죽음의 문제조차도 버려라. 얻는 것도 아니지만 잃는 것도 아니다. 태어나는 것도 아니지만 죽는 것도 아니다. 모든 게 아니라는 것이며 나중에는 아닌 것도 아니다. 이게 공이다."

서울까지 10시간 이상을 오면서 금강경 법문을 다 듣고 났을 때 나의 마음은 어느덧 불안과 두려움을 벗어나 평온을 되찾고 있었다.

"아비가 없어 서러워하는 직원들의 아비노릇을 해주시오"라고 부탁하신 조원 사장님의 말씀이 귓전을 때리고 있었다.

"그래. 결과가 어떻든 나를 버리고 그들에게 아비의 역할을 해주자."

금강경과의 진정한 인연은 그렇게 시작되었다. 설날이나 추석 때 차례를 지내러 시골에 갈 때는 몇 시간씩 금강경 법문을 들으며 차를 몰곤 하였다. 그 어렵다는 공空의 개념이 저절로 느껴질 수 있도록 이렇게 쉽게 풀이하여 설법하신 금강경을 혼자만 알고 있기에는 너무나 아까웠다. 언젠가 기회가 되면 보다 많은 사람들에게, 비록 불자가 아니라도 마음의 고통을 받고 있거나 속세의 생존경쟁에 지친 중생들에게 이를 널리 알리고자 하는 막연한 바람이 있었다.

1997년 IMF 위기를 맞아 우리나라의 기업들과 은행들이 구조조정의 광풍을 맞았다. 그 와중에 금융은 중대한 변화를 겪고 있었다. 이른바 기업금융이 소비자금융으로 변하고 있었던 것이다. 그러나 아무도 그러한 변화에서 오는 또 다른 위험risk 관리가 무엇인지 감지하려 하지 않았다. 1999년 5월

신용카드활성화 정책이 시작되었다. 카드산업은 황금알을 낳는 거위로 인식되어 2000년과 2001년 사이에 카드사는 길거리에서 가두 캠페인을 벌리면서까지 카드발행을 남발하였다. 그러나 이미 그 성장의 이면에는 불행의 씨앗이 싹트고 있었다. 엎친 데 덮친 격으로 1999년 여름 세계경제의 성장 동력인 정보기술IT 거품이 꺼지고 있다는 것이 감지되었다. 유럽을 비롯해서 전 세계 경기가 침체로 빠져들고 있었다. 정부는 내수 진작을 위해 2001년 1월 부동산활성화 대책을 내놓았다. 금융기관들은 앞을 다투어 아파트를 담보로 대출을 해주었다. 은행의 연체율이 13%대를, 카드사의 연체율은 28%대를 넘나들고 있었다. 그 당시 금융의 인프라Infrastructure를 맡고 있던 우리 회사로서는 그냥 손놓고 있을 수가 없었다. 감각적으로 느껴오는 위험을 막기 위해 2002년 2월 국내 최초로 Credit Bureau 컨소시움을 발족하였다. 그리고 개인의 우량정보positive data 공유의 필요성을 알리기 위해 2003년 『Credit Bureau 개인신용평가』를 저술하면서까지 CB 정착을 위해 동분서주했다. 하지만 결국 2003년 말과 2004년 초에 걸쳐 한국 금융시장을 강타했던 LG카드 사태가 벌어지고 말았다. 그렇지만 대형금융기관Major Grantor들은 여전히 우량정보의 공유를 꺼리고 있었다. 자기의 정보량이 상대적으로 많으니 정보를 내놓으면 손해라고 생각을 하고 있었다. 결과는 우량정보의 공유부족으로 고객에 대한 충분한 정보 없이 불합리한 의사결정을 내리는 상황이 계속되었다. 죠지 애컬로프의 레몬시장 이론Market for Lemons, 이른바 정보의 비대칭성에서 오는 역선택adverse selection의 문제가 발생한 것이다. 이것이 왜 그런가? 보다 더 큰 것을 보지 못하고 자기 소속집단의 작은 이익에 대한 욕심에만 매달리기 때문이었다. 마이클 스펜스의 시장신호 이론Market signaling에 의하면, 좋은 정보를 많이 소유한 사람이 정보를 소유하지 못하는 사람에게 정보를 제공함으로써 정보의 불균형을 해소하는 것이 결국 자신의 이익을 늘리는 것이라는 것을 몰랐던 탓이다.

현대그룹 정몽헌 회장이 투신자살을 하였다. 나 같은 범부로서는 남부러울 것 없을 것 같은 그의 죽음을 이해할 수 없었다. 나는 또 다시 깊은 의문에 빠졌다. 우리는 무엇을 위해 살고 있는가. 삶과 죽음이란 과연 무엇인가. 왜 우리는 삶에 집착하고 죽음을 두려워하는가. 사는 게 사는 게 아니고 죽는 게 아니라고 한다. 그럼 무엇이냐?

다시 금강경 테이프를 틀었다. 아침마다 108배를 하면서 원력을 세웠다. 10여 년 동안 벌려오던 대작업이 우연히도 그렇게 시작되었다. 스님의 명쾌한 해설을 정신적으로 방황하는 중생들에게 전해 조금이라도 그 고통에서 벗어나게 하고 싶었다. 그러기를 2년여, 나는 종범 큰스님을 찾아갔다. 그러나 내게 돌아온 것은 스님의 호통뿐이었다. 10년은 공부를 한 다음에 생각해보라고 하셨다. 그리고 각묵스님의 책과 현각스님의 영어법문을 소개받았다.

　그리고 3개월여 나는 또 깊은 가슴앓이를 겪어야만 하였다. 모든 게 절망이었다. 그러나 그냥 주저 앉을 수는 없었다. 한 번 시작한 일은 끝을 내어야만 하였다. 그러면 이제 내 글로 쓰리라. 다시 공부를 시작하였다. 퇴근후에는 각묵스님의 산스끄리뜨 원문 역해를 읽으면서 또 현각스님의 강의를 들으며 본래의 뜻을 제대로 이해해가는 자신을 발견하게 되었다. 다만 아쉬운 것은 보다 깊이 이해가 되다보니 당초 의도했던 것보다는 다소 어렵게 쓰여지게 되었다는 점이다. 그러나 한편으로 다행스러운 점은 금강경에 대한 이해가 깊어지면서 필자의 그동안의 경영인으로서의 경험을 이에 접목시킬 수 있게 되었다는 것이다.

　나는 글쓰기에서 큰스님이 경계하시는 것을 알고 있다. 언어문자로 선의 깨달음을 표현하는 것은 바람소리 물소리 새소리를 글자로 표현하려는 것과 같기 때문이리라. 어떻게 보면 정통 불교의 입장에서 볼 때 나는 또다시 장님 코끼리 만지는 우를 범하고 있는지 모를 일이었다. 그러나 나는 애초부터 이를 학자적 입장에서 접근한 것이 아니었다. 보통 사람으로서 진정으로 끝까지 이해하고 공감한 부분을 정리하였다. 그리하여 그 어렵다고 하는 금강경을 필자 같은 보통사람이 공부하고 이해하여 쓴 글이니 가급적 많은 일반인들이 쉽게 접하기를 바랄 뿐이다. 혹여 잘못된 강역이 있다면 어떠한 질책이라도 받아들일 것이다.

그 누구보다도 아내의 힘이 컸다. 이 글을 쓰는 4년여 동안 아내는 묵묵히 옆을 지켜주었다. 도움을 주신 분들 또한 많다. 여러 가지 어려움에도 불구하고 BBS 불교방송의 이현정 아나운서는 현각스님의 영문번역 금강경을 구해주었다. 내가 이 글을 써도 되는가 몇 번씩 망설일 때마다 주위에서 용기와 격려를 아끼지 않았던 친구와 지인들에게 감사의 인사를 드린다. 금강경 해설에 경영인으로서의 경험을 소개하도록 지혜를 빌려준 꿈엔들의 이영산 사장 그리고 원고정리 하느라 고생이 많았던 안경희 양에게도 고마움을 전한다. 두 아들 성엽, 성우가 먼 훗날 책을 읽으면서 이 글을 쓸 때의 아빠 심정을 알게 될 날이 오기를 기대한다.

如來說諸心 皆爲非心 是名爲心 여래설제심 개위비심 시명위심
여래가 말하기를 모든 마음의 흐름은 흐름이 아니므로
마음의 흐름이라 이름한다.

마음은 흐르는 것이 아니라 그 순간순간에 생겨나고 사라지는 것이다. 마음은 현상이 아니니 볼 수가 없다. 또한 생겨나고 사라지니 '흐름' 같아 보이지만 흐름이 아니니 보이지 않는다. 마음이 이러하니 우리가 마음속에서 사는데 정작 마음을 찾아보면 없다. 그것이 공空이다.

2008년 5월 부처님 오신 날에

조길연

우리가 마음속에서 사는데
정작 마음을 찾아보면 없다.
그것이 공이다.

인연의 길목에서

내가 처음 종범스님을 만난 것은 1983년 8월경이었다. 나는 그때 평소 스님께서 잘 알고 있던 집안의 여식令息과 약혼한 사이였다. 그러고 보면 스님과의 인연은 그때보다 훨씬 전으로 거슬러 올라가야 한다.

바다에 파도가 이는 것은 바람이 거세게 불기 때문이며, 바람 또한 따뜻한 공기가 하늘로 올라간 자리를 메우기 위하여 차가운 공기가 이동하는 현상이다. 나뭇잎이 흔들리는 것은 바람이 지나가고 있다는 것이다. 하늘로 올라간 공기는 구름이 된다. 구름은 모여졌다 흩어지고 다시 모이지만 그 무게를 이기지 못하게 되면 비가 되어 내린다. 날씨가 추워지면 또 눈이 되기도 한다.

이렇듯 인연은 꼬리에 꼬리를 물고 일어나는 것이다. 금강경은 공空을 말하는 경인데 불교 또한 연기론緣起論이어서 그런지 큰스님과는 잊혀질만하면 이어지는 인연의 끈이 있는 것 같다. 살아오면서 몇 년씩 못 만나다가도 우연히 다시 만나곤 하였다. 처음 인연은 그렇게 끊어질 듯 이어져왔던 것 같다.

스님은 미아리 달동네의 조그만 절 승현사에서 한 달에 한 번씩 법문을 하셨다. 나는 아내와 두 아들을 데리고 매달 법문을 들으러 가곤 하였다. 그러나 그 당시는 법문을 듣다가 꾸벅꾸벅 졸곤 할 정도로 마음속에 경이 들어오지 않았다. 더욱이 내가 불경 공부를 하리라고는 생각지도 못했다. 그저 전생에 불법과 인연이 있어서 오고 가고 하는구나 생각하는 정도였다.

스님이 미아리를 떠나 법전연구소에 계신 지 한참이 지난 어느 날 나는 스님을 찾아가서 『금강경』에 관한 책을 쓰겠다고 말씀드렸다. 스님은 금강경에 관한 책이 너무도 많은데 무엇하러 쓰느냐고 하셨다. 일년쯤 지난 뒤에 잔뜩 쓴 원고 꾸러미를 들고 갔다. 그러자 스님은 그냥 공부나 하고 말라고 하셨다. 또 일년이 지나 또 들고 갔다. 이번에는 아주 혼을 내셨다. 그리고 또 일년이 지나갔다. 전화를 드렸더니 오지도 말라고 하셨다.

중생들의 삶이 늘 그렇듯 그동안 꽤나 가슴앓이를 했다. 공부도 많은 진전이 있었다. 그러나 금강경이 무언가. 집착할 것이 없는데 부질없이 집착하니까 집착하지 말라고 하지 않는가. 세상은 털어보면 먼지뿐인 것을. 지견知見을 낼 때가 위험한 것이다. 그래서 부처님께서도 법상法相이나 비법상非法相을 내지 말라고 하신 게 아닌가.

2007년 가을 길거리에는 가로수의 낙엽이 뒹굴고 있었다.

스님이 비로소 말씀하셨다.

"그릇은 있으되 가져도 가져도 죽고 나면 가진 게 아닌 것을 사람들은 자꾸 가지려고 한다. 알고 보면 한낱 꿈이요 물거품이요 이슬인 것을. 꿈을 꿈인 줄 모르고 물거품을 물거품인 줄 모른다. 사람들에게 네 목소리로 말하여라."

문득 서산대사의 '이 보게 친구여' 라는 선시禪詩가 생각났다.

살아 있는 게 무언가
숨 한 번 들여 마시고 마신 숨 다시 뱉어내고
가졌다 버렸다 버렸다 가졌다

그게 바로 살아있다는 증표 아니던가...
그러다 어느 한순간 들여 마신 숨 내뱉지 못하면
그게 바로 죽는 것이지
(중략)
어찌 그렇게 이것도 내 것 저것도 내 것
모두 다 내 것인양 움켜쥐려고만 하시는가...
아무리 많이 가졌어도 저승길 가는 데는
티끌 하나도 못 가지고 가는 법이리니
쓸 만큼 쓰고 남은 것은 버릴 줄도 아시게나
(중략)
삶이란 한조각 구름이 일어남이오
죽음이란 한조각 뜬 구름이 스러짐이라.
뜬 구름은 본시 실체가 없는 것이니

나고 죽고 오고 감이 역시 그와 같다네.

(하략)

무척 수척해지신 스님이 생각나 전화를 드렸다.

"큰스님 아무래도 보약이라도 한 첩 다려드셔야 될 것 같습니다."

스님은 말씀하셨다.

"걱정 말게 이 사람아. 나는 괜찮네. 경을 공부한다는 사람이 아직도 그런 말을 하는가."

산다는 게 무언가? 무엇 때문에 사는가? 무엇을 위해 사는가? 나는 아직도 많이 부족하구나.

전에 경계하신 스님의 말씀이 귓전을 때렸다.

"경전을 말로만 이해하면 송경誦經에 그치고 만다. 거울에 자기 마음을 비추어 보듯이 간경看經할 수 있기를 바란다. 그래야 경을 읽다가 글자에 빠져 문자에 의존하고 실상을 보지 못하는 함정에 걸리지 않을 것이다. 송경에 그치면 총명은 얻지만 지혜는 없다."

멍텅구리법문

반야바라밀을 잘하면 멍텅구리가 아니고 반야바라밀을 잘못하면 멍텅구리라는 것이 멍텅구리 법문이다.

멍텅구리가 무엇인가. 무엇을 모른다는 것이다. 무서운 것이 아닌데 무서워하고, 좋은 것이 아닌데 좋게 생각하고, 부질없이 얽매이고 부질없이 괴로워하는 게 멍터구리다. 중생이 바로 그렇다.

옛날 통도사에 경봉鏡峰(1892~1982)스님이 멍텅구리라고 하는 법문을 하셨는데 그것을 노랫말로 만들었다.

본래 본 강역은 종범 큰스님의 금강경 법문을 듣고 발원하고 필자가 공부하여 이해한 부분을 중심으로 정리한 것이기에 그 분만의 독특한 멍터구리 노래 법문을 여기에 소개한다.

멍텅구리 멍텅구리 모두 모두가 멍텅구리

온 곳을 모르는 그 인간이 갈 곳을 어떻게 안단 말인가

온 곳도 갈 곳도 모르누나 그것도 저것도 멍텅구리 멍텅구리

올 때는 빈손에 왔으면서 갈 때에 무엇을 가져갈까

공연한 탐욕을 부리누나 그것도 저것도 멍텅구리 멍텅구리

백년도 못사는 그 인생이 천만년 죽지를 않을 것처럼

끝없는 걱정을 하는구나 그것도 저것도 멍텅구리 멍텅구리

세상에 학자라 하는 이들 동서에 모든 걸 안다하되

자기가 자기를 모르누나 그것도 저것도 멍텅구리 멍텅구리

멍텅구리 멍텅구리 모두 모두가 멍텅구리 멍텅구리

성불하십시요.

목차

들어가는 글

달마가 동쪽으로 간 까닭은?

금강경의 내용을 삼십이분三十二分으로 나누었다고 전해지는 소명태자昭明太子는 양나라 무제의 맏아들이었다. 무제는 남조南朝시대 많은 불사를 일으켜 불교를 융성하게 한 군주인데 달마대사와의 대화로도 유명하다. 달마가 중국에 왔을 때 광주자사 소망의 소개로 금릉에서 무제와 문답을 하게 되었다.

무제가 자신의 불사경력을 거론하며 공덕이 크지 않겠느냐고 물었다.

"아무 공덕이 없습니다所無功德."

"어떤 것이 성스러운 진리의 제일가는 이치인가聖諦第一義?"

"텅 비어 성스러움이란 없습니다廓然無聖."

"짐을 대하고 있는 자는 누구냐?"

달마가 선문답했다.

"모릅니다不識."

그리고 그는 자리를 떠 하남성 숭산 소림사에서 정상으로 가는 절벽 같은 산의 작은 바위동굴 '달마굴' 에서 9년 동안 매일 면벽하며 좌선하였다. 캄캄한 동굴의 어둠 속에서 달마는 '있음' 과 '없음' 의 경계를 허물었던 것이다.

선불교는 '세상과 내가 둘이 아니며 내가 본래 부처이니 내 안에 불성佛性을 바라보라' 고 가르친다. 선에서는 마음을 닦는 일을 가장 중요시 한다. 마음을 잘 닦음으로써 자기의 근본을 알 수 있기 때문이다. 나는 누구이며 어디에서 와서 어디로 가는가 하는 문제는 마음의 문이 열리지 않고는 해결되지 않는다.

선禪은 드야나禪那(dhyana)의 음역으로 표기한 것이, 끝의 모음 '아' 가 생략되어서 그냥 '단' 으로 된 것인데 한자로 옮겨지면서 선이라 발음하게 되었다. 선은 '마음 닦는 일'이라고 할 수 있는데, '인도선', '천태선', '달마선'으로 구분할 수 있다. 인도선은 부처님 이전부터 있었던 것으로 요가yoga에서 찾아볼 수 있으며 정신과 육체적 건강을 도모하는 방법으로 수련되어 왔다. 천태선은 중국에 와서 천태 지자대사智者大師(538~597)가 세운 법화종에서 강조되었다. 법화경사상과 인도의 요가수련법이 한데 이루어졌다. 달마선은 6세기 초 서기 520년에 석가모니의 28대 조사인 보리달마菩提達磨대사(?~528)가 인도에서 6종을 굴복시키고 배편으로 중국에 와서 선법을 선양함으로써 비롯되었다. 『오등회원五燈會元』에는 달마가 남천축국南天竺國(남인도) 향지왕香至王의 셋째 아들로 기록되어 있다.

보리달마는 '부처가 따로 있지 않다. 네가 바로 부처다'라고 했다. 달마는 그 당시 중국사회가 아직은 선을 받아들일 준비가 되지 않았음을 알고 면벽하는 기다림을 택했다. 어느 해 겨울 도교에 정통한 신광神光이 찾아와 눈이 펄펄 날리는 동굴 밖에서 꼬박 사흘 밤을 새웠다. 달마가 그에게 물었다.

"무엇을 구하느냐?"

"뭇 중생을 건져주십시오."

"만약 하늘에서 붉은 눈이 내리면 법을 주리라."

이에 신광은 칼을 뽑아 자신의 왼팔을 잘랐다. 사방으로 피가 튀고 주위의 눈밭이 붉게 물들었다. 달마는 팔을 자른 신광의 무모함에서 비움의 싹을 보았다. 그래서 신광에게 법명을 내렸다. 이를 단비구법斷臂求法이라 부른다. 이 신광이 바로 제2조인 혜가慧可선사(487~593)다. 혜가가 다시 달마대사에게 물었다.

"마음이 불안합니다."

"불안한 마음을 가져오너라, 편안하게 해주겠다."

"마음을 찾아도 찾을 수가 없습니다."

"네 불안한 마음이 모두 없어졌느니라. 너는 보는가?"

달마대사의 유명한 안심安心법문이다. 짓고 부수는 내 안의 숱한 마음이 본래 없는 것임을 알라는 이야기이다. 그래서 마음이 없어진 자리, 거길 보라는 뜻이다.

제3조는 승찬僧璨선사(511~606)다. 출가 전 그는 나병에 걸려 있었다. 손가락과 발가락이 떨어져 나가고 주위에서는 그에게 질시의 눈으로 쳐다보았다. 그는 자신의 죄가 많아서 그런 고통을 겪는다고 생각했다. 40대에 들어선 그가 혜가선사를 찾았다.

"전생의 죄로 인해 몹쓸 병에 걸렸습니다. 저의 죄를 업장 참회하게 해주십시오."

"그 죄를 가져오너라."

"아무리 찾아도 찾을 수가 없습니다."

"그러면 그대의 죄가 다 참회되었느니라. 불·법·승佛法僧 삼보三寶에 안주하라."

"오늘에야 죄의 성품이 마음 안에도, 밖에도, 중간에도 있지 않음을 알았습니다."

혜가선사는 그가 법을 담을 그릇임을 알고 직접 머리를 깎아주었다. 그리고 승찬이란 법명을 주었다. 원죄의식에서 벗어나지 못했던 승찬은 죄도 없고 그걸 담는 마음도 본래 없음을 깨우친 것이다.

제4조는 도신道信선사다. 1400여 년 전, 어린아이가 승찬대사를 찾아왔다.

"해탈할 수 있는 법을 주십시오."

"누가 너를 묶었더냐?"

"아무도 묶은 이가 없습니다."

"그럼 무슨 해탈을 구하느냐?"

그 말에 아이는 깨달은 바가 있었다. 그 길로 그는 승찬대사를 모셨다. 결국 스승으로부터 인정을 받아 달마로부터 내려오는 가사와 법을 받았다. 이렇게 불안감, 죄의식, 구속감을 없애준 조사들의 말씀은 모두 '내가 없다無我'는 것과 우리의 본성이 불성佛性이란 것을 일깨워 준 가르침이다.

제5조는 홍인弘忍선사(602~675)다. 홍인의 어머니 주씨는 처녀의 몸으로 홍인을 낳았다. 애초 도신대사에게 출가를 원했던 늙은 수행자가 '너무 늙었으니 몸을 바꿔오라'는 말을 듣고 빨래하던 주씨 동정녀 몸에 잉태해 홍인을 낳게 했다는 전설이 전해지고 있다. 그러니 성조차 알 길이 없었다. 그가 일곱 살 때 길을 가던 도신대사의 눈에 띄었다.

"네 성姓이 무엇이냐?"

"성은 있지만, 일정치 않습니다."

"무슨 성인가?"

"불성佛性입니다."

"그럼 있네."

"이 불성은 공空한 까닭에 있는 것도 아니고, 없는 것도 아닙니다."

홍인선사에게서는 유명한 신수神秀선사(606~706)와 혜능慧能선사(638~713)가 배출된다. 신수선사는 북쪽지방을 중심으로 선법을 폈기 때문에 북종선北宗禪이라 하고, 혜능선사는 남쪽지방을 중심으로 선법을 폈기 때문에 남종선南宗禪이라 한다. 『금강경』과 선종은 뗄 수 없는 인연이 있으며, 혜능의 수제자인 하택사 신회神會(685~760)이래 남종에서는 『금강경』이 확고하게 자리 잡게 된다. 선은 문자로 쓰인 모든 경전을 부정하는 측면이 있음에도 불구하고 『금강경』이 선종의 대표경전인 것처럼 착각되어진 이유는 혜능의 삶과 이 경에 얽혀 있는 이야기 때문이다.

혜능선사는 속성이 노盧씨 인데, 그의 부친이 좌천되어 신주廣東省 新興縣로 유배되어 갔다. 그런데 3세 때에 그의 부친이 돌아가셔서 모친과 함께 남해南海로 이사 갔다. 살림이 가난하여 산에서 땔나무를 해다가 시장에 내다 팔아 생계를 꾸려가고 있었다. 어느 날, 안도성安道誠이라는 손님에게 나무를 배달하고 문밖을 나서는데 바로 옆방에서 경을 읽는 소리를 들었다.

應無所住 而生其心 응무소주 이생기심

어느 곳에도 집착하여 머무르는 바 없이
맑은 마음을 응당히 그대로 내어야 할지니

나무꾼 혜능은 그 소리를 듣고 홀연히 마음이 맑아짐을 느꼈다. 그리고 그 도성에게서 홍인대사가 이르기를 『금강경』만 지니고 있어도 스스로 견성할 것이며 크게 성불할 것'이라 했다는 말을 듣고, 출가할 발심을 하였다. 그러나 집이 가난하여 노모를 모실 수 없는 딱한 사정을 도성이 알고 은전 백냥을 주었다. 혜능은 그 길로 어머니의 허락을 얻어 기주 황매현 동선사에 도착하여 제5조 홍인선사를 뵙고 선의 깊은 뜻을 구하고자 하였다.

"너는 남쪽에서 온 오랑캐 사람인데 어찌 부처가 된다는 말이냐?"

"사람은 비록 남북이 있으나 불성에 어찌 남북의 차별이 있겠습니까?"

혜능의 법기法器를 시험한 홍인은 그를 스님들의 식량을 찧는 방앗간으로 보낸다. 홍인대사의 제자 천여 명 중 신수화상이 으뜸이었다. 온갖 학문에도 능통하고, 인물도 좋았다. 어느 날 홍인대사는 법통을 전해줄 때가 왔음을 알고 게송을 지어오도록 하였다. 신수화상은 벽에다 게송을 썼다.

몸은 보리의 나무요
마음은 맑은 거울의 받침대와 같나니
매일 부지런히 털고 닦아서
티끌과 먼지가 없게 하라

身是菩提樹 心如明鏡臺 신시보리수 심여명경대
時時勤拂拭 莫似有塵埃 시시근불식 막사유진애

동자에게서 이를 들은 젊은 혜능이 고개를 저었다. 사람들이 비웃었다. 혜능은 글을 읽을 줄도 모르는 일자무식이었기 때문이다. 혜능은 장일용張日用이란 이에게 자신의 게송을 쓰게 했다.

보리는 본래 나무가 없으며
맑은 거울 또한 받침이 없는 것
본래 한 물건도 없거늘
어디에 티끌이 끼일 것인가

菩提本無樹 明鏡亦非臺 보리본무수 명경역비대
本來無一物 何處有塵埃 본래무일물 하처유진애

지금도 황매현 빙무산 오조사五祖寺에는 동자를 데리고 글을 쓰는 혜능과 신수화상의 모습이 글과 그림으로 걸려 있다. 이러하여 신수의 선법을 부지런히 좌선으로 수행하여 깨달음을 얻는다하여 점수선漸修禪이라고 하였고, 혜능의 선법을 본래 자성自性은 티끌이 없으므로 닦을 것이 없으며 마음을 청정히 하는 자라면 눈 깜빡할 사이에 깨닫는다 하여 돈오선頓悟禪이라 하였다.

나이로 보나 인물로 보나 실력으로 보나 혜능은 신수화상의 상대가 아니었다. 게다가 혜능은 당시 스님이 아닌 방아를 찧던 23살의 행자 신분이었다. 그러나 홍인대사는 혜능이 공空을 깨우쳤음을 알았다. 깊은 밤 비밀리 그를 불러 이름을 혜능이라 지어주고 의발衣鉢을 전달하며 다른 제자들의 시기를 우려해 당분간 법을 펴지 말고 피신토록 하였다.

그로부터 15년 후 혜능은 광주 법성사法性寺에 마침내 모습을 드러낸다. 스님들이 깃발이 펄럭이는 모습을 보고 서로 옥신각신 하고 있을 때 "움직이는 것은 바람도 깃발도 아닌 단지 마음이 움직인 것"이라고 말해 사람들을 놀라게 하였다. 이것이 유명한 풍번문답風幡問答이다. 이에 인종법사가 혜능이 5조 홍인의 법통을 이었다는 것을 알아보고 머리를 깎아준 뒤 스승으로 모셨다.

이후 혜능은 686년 남방으로부터 교화를 펴다가 광동 조계산의 남화선사南華禪寺에 들어가 대법을 선양하였다.

당나라의 측천무후는 세 번이나 혜능선사를 초청하였으나 그는 병을 핑계로 가지 않았다. 혜능선사는 자신의 죽음을 예견했다. 죽기 3년 전 탑을 세우라고 했다. 막상 죽음을 앞두자 제자들이 다 울었다. 어린 신회스님만 울지 않았다. 혜능선사가 말했다.

"어린 신회는 안 우는데 너희는 왜 우느냐. 내가 가는 자리를 모르니 우는 것이다."

혜능선사의 등신불을 모신 전각 뒤에는 '진리의 자리本來面目'라고 쓴 큼직한 현판이 걸려있다.

석가모니의 염화시중의 미소로부터 탄생한 선禪은 마하가섭 존자에서 시작되었다. 그 뒤로 인도에서 27대까지 전한 후 28대 보리달마가 부처님 자신이 입던 의발을 동쪽 중국으로 가져와 중국 선종의 1조祖가 된다. 달마는 '한 꽃에 다섯 잎이 퍼져 열매가 저절로 맺으리라'고 하였다. 그래서 이 의발은 달마로부터 다섯 번째 조사인 6조 혜능에게서 멈춘다. 처음 달마대사가 의발을 전한 뜻은 사람들이 믿지 않을까 해서였다. 그러나 법을 듣는 일이 어찌 옷에 달렸겠는가? 200년이 지난 뒤면 의발은 자칫 눈먼 자들이 욕심 때문에 싸움거리가 될 것이니 법만 전하고 의발은 전하지 못하도록 하였다.

중생 모두가 부처라는 혜능선사의 선은 그동안 인간대접을 못 받던 영남인에게 반가운 진리가 아닐 수 없었다. 그로부터 조계는 선종의 성지가 되고 큰 가지가 뻗는다. 특히 북종선은 얼마안가 대가 끊기고 남종선은 번창하여 중국 전역에 퍼져 오가五家의 가풍이 일어나고 몽골의 지배로 마침내 우리나라와 일본에까지 전해지게 되었다. 오悟와 수修, 정定과 혜慧, 번뇌와 보리 등이 모두 자성自性일 뿐이라는 대 자유인이 되는 새로운 길이 혜능으로부터 새롭게 열리게 된 것이다.

오직 자신의 본심을 알고 자신의 본성을 잘 보면
고요함도 없으며 생과 사도 없으며
가고 옴도 없으며 옳고 그름도 없으며

머무름도 가는 것도 없나니

조주 종심趙州 從諗선사(778~891)의 제자가 물었다.

"조사(달마선사)가 서쪽에서 온 뜻이 무엇입니까?"

선사는 화두를 던졌다.

"뜰 앞의 잣나무니라庭前柏樹子."

소승경전과 대승경전

불교의 수많은 경 중에 소승경전小乘經典과 대승경전大乘經典이 있는데, 금강경은 대승경전이다. 그러면 소승경전과 대승경전은 어떻게 다른가?

소승경전은 석가모니 부처님을 인간으로 보는 경전이다. 석가모니가 인간 싯달다로 태어나서 출가하여 고행을 통해 깨달음을 얻고, 해탈하여 여래가 되었다고 보는 경전이다. 따라서 소승경전은 부처님을 인간으로 태어나서 먼저 깨달음을 얻은 선각자라고 본다.

또한 소승경전은 현상을 중시한다. 현상은 보고 듣고 만지는 것을 말한다. 이것을 육근六根 · 육경六境이라고 하며, 12처十二處라고도 한다. 즉 눈 · 귀 · 코 · 혀 · 몸 · 생각의 여섯 감각기능이 육근인데, 주관에 속하는 감각기관인 육근에는 반드시 객관적으로 감지되는 대상이 있다. 이 대상을 육경이라고 한다. 또 육경을 육진六塵이라고도 하는데, 이는 육근의 대상이 우리의 마음을 어지럽히기 때문이다. 눈에는 보이는 대상色이 있고 귀에는 들리는 대상聲이 있고 코에는 냄새나는 대상香이 있고 혀에는 맛을 느끼는 대상味이 있고 몸에는 여러 감촉을 느끼는 대상觸이 있고 마음에는 생각하는 대상法이 있다.

색色이란 빛이나 물질같이 보이는 현상이며, 인간의 육체를 비롯하여 세상의 모든 물질이다. 이것을 인도에서는 지수화풍地水火風이라 하였다. 사람은 보는 데 약하다. 무엇을 보면 거기에 마음이 통하게 되어 있다.

성聲이란 들리는 것을 말한다. 사람은 듣는 데도 약하다. 좋은 소리는 자꾸 들으려고 한다. 나쁜 소리는 또 듣지 않으려고 한다. 귓가에 들려오는 소리가 우리 인간의 마음을 괴롭힌다.

향香은 냄새를 말한다. 사람은 누구나 좋은 냄새를 맡고 싶어 한다.

미味는 음식인데, 음식에 집착하지 말라는 의미를 준다. 맛있는 음식을 먹는 미식가라는 말도 있다. 요즈음은 점심 한 끼 먹기 위해서 야외로 몇 십 리씩 차를 타고 간다. 그러다보니 과체중, 각종 성인병이 찾아온다. 맛있는 음식에 치우치지 않고 활동하기 적당하게 먹어야 하는데 그게 어렵다.

촉觸은 여러 가지 촉감을 말한다.

법法은 자기주장이나 견해다. 자기주장에만 집착하다보면 지혜가 열리지 않는다. 마음을 열어놔야 지혜가 열린다.

이상의 여섯 가지 색 · 성 · 향 · 미 · 촉 · 법을 육경 · 육진이라 한다.

이와 같이 눈으로 물질의 존재를 느끼며, 귀로 소리를, 코로 냄새를, 혀로 맛을, 몸으로 감촉의 존재를, 의식으로 사물의 의미를 느끼는 육근, 육경을 소승불교에서는 12처라고 한다. 눈이 소리를 직접 느낄 수 없으며 귀가 어떤 사물의 색상을 느낄 수는 없지 않은가? 이와 같이 다 각자 해당되는 감각의 길이 있다. 이를 처處라고 한다. 그리하여 우리는 주관적 감각기관인 육근과 그 객관적 감각대상에 속하는 육경의 12처의 굴레 속에서 생존하고 있다. 그리하여 이 근과 경을 연관시킴으로써 생기는 보고 듣고 맡고 맛보고 닿고 알고 하는 인식작용을 육식六識이라 한다. 곧 안식眼識 · 이식耳識 · 비식鼻識 · 설식舌識 · 신식身識 · 의식意識을 말한다. 이 6근 · 6경 · 6식을 18계界라 한다.

소승불교에서는 육근과 육경을 중심으로 해서 75가지 종류가 벌어지는 걸로 보는데 그것을 현상이라고 한다. 현상은 육근육경을 중심으로 해서 나오며, 그 현상의 내용을 소승불교에서는 과거는 과거대로, 현재는 현재대로, 미래는 미래대로 실제로 있다고 한다. 이를 삼세실유三世實有라 한다.

불교에서 법法은 물物이라고 하는 글자와 같은 뜻으로 쓰이는 경우가 많다. 법, 물, 존재와 같이 어려운 말이 있는데, 이는 '물체가 항상 있다' 는 것이다. 물건의 본질이나 근본이라는 것은 물체처럼 항상 있다는 의미에서 법체항유法體恒有라고 한다. '삼세실유 법체항유' 사상은 현상을 중요시하는 내용이다. 그래서 보이는 것, 들리는 것, 만져지는 것을 굉장히 중요시한다. 그것은 과거와 현재와 미래의 삼세가 항상 실제로 있다는 내용이다. 소승경전은 현생성불, 즉 부처님이 금생에 태어나서 처음으로 성불하신 것으로 보는 것으로 부처님을 인간으로 보는 것이고, 또한 역사적인 인물로 보는 것이다.

대승경전은 석가모니 부처님이 인간으로 이 세상에 오신 것이 아니라 전생, 전생 그 전생에 이미 성불하셔서 부처님이 되셨는데, 이 세상의 중생을 구제하기 위해서 오셨다고 본다. 이것을 본생성불本生成佛이라고 한다.

대승경전은 본생성불을 말한다. 본생의 이 본本자는 과거, 전생이라는 의미이다. 부처님은 전생에 성불 하셨는데 이 세상에 나오신 것은 여러 중생들에게 기쁨을 주고자 또 즐거움이 있는 세계를 보이고자 오셨다. 그래서 일부러 부처님이 고민하는 모습을 보이시고 출가하는 모습, 고행하는 모습, 성불하는 모습을 보였다. 이것을 자비방편慈悲方便이라고 한다.

대승불교에서는 현상보다는 마음을 중요시한다. 그래서 소승에서 대승으로 넘어가게 되면 현상에서 마음으로 넘어가는 것이다. 대승에서는 현상을 공空으로 본다. 그 공에는 소승불교에서 말하는 12처가 없다. 공은 불생불멸不生不滅이기에 12처가 따로 존재하지 않는다.

공은 인연因緣이다. 모두가 인연으로 태어났기 때문에 실체가 없다. 왜 실체가 없는가? 인연이기 때문에 실체가 없다. 즉 공은 인연에 대한 해석이다. 곧 공은 실체가 없다는 이야기이고, 실체가 없다는 말은 인연이라는 이야기이다.

그러면 왜 인연은 실체가 없는가. 가령 돌을 다듬어서 사람을 만들면 그 돌이 사람의 모습으로 나타나는데, 이것은 그냥 된 것이 아니라 석수가 사람으로 다듬었기 때문이다. 이것을 연기緣起라고 한다. 연緣은 의지한다는 말로 석수에 의지해서 돌이 사람이 된다는 의미이다. 불교이론으로는 이 연기를 모든 분야에 적용할 수 있다.

이것으로 말미암아서 저것이 있고 저것으로 말미암아서 이것이 있기 때문에 이것은 이것의 실체가 없고 저것은 저것의 실체가 없다. 이게 공이다. 삶이 있기 때문에 죽음이 있고, 죽음이 있기 때문에 삶이 있다. 죽음을 떠나서 삶의 실체가 없고 삶을 떠나서 죽음의 실체가 없다. 그러니까 모든 것은 그 실체가 없다.

이러한 말을 불교에서는 어려운 말로 '자성自性이 없다'고 한다. 실체를 자성이라고 한다. 그래서 실체가 없는 무자성無自性 또한 바로 공이다. 따라서 공은 모든 것은 인연으로 말미암아 일어난다는 말이다. 인연법이다. 그래서 대승불교에서는 모든 것이 인연이기 때문에 그 현상에 대해서는 관심이 없다. 같은 밀가루인데 빵도 되고 수제비도 되고 칼국수도 되고 범벅도 된다. 이것이 전부 인연이다. 따라서 그 현상은 무자성이다. 스스로의 본성이 없고 인연에 의지해서 이루어진다. 그러니까 현상에 집착하지 않는 것이 대승불교다.

업이란 무엇인가

앞에서 말한 대로 소승불교에서는 '삼세실유 법체항유'라는 말대로 현상을 굉장히 중요시한다. 반면에 대승불교에서는 현상이라고 하는 것은 인연 짓는 대로 생기는 것으로 본다.

그러면 인연은 누가 짓는가. 마음이 짓는다. 마음은 어떻게 짓는가. 업業을 일으킨다. 업은 산스끄리뜨어로 까르마(깜마)라고 하며 의도적인 행위를 뜻한다. 깜마는 직업을 뜻하기도 하였다. 그래서 옛 사람들이 보통의 행위와 구분하기 위해 업이라고 하였다. 이 의도라는 말 속에는 수없이 많은 모든 심적 성향과 그로 인해 나타나는 모든 행위를 포함한다. 업은 원인과 결과를 뜻한다. 업은 당연히 그 결과를 수반한다. 이 결과를 업보業報라고 한다. 업은 행위이고 동작이기 때문이다. 큰 것, 작은 것, 이런 것은 현상인데, 그 현상은 업에서 나왔다. 크게 만들면 크게 되고 작게 만들면 작게 되고, 흉하게 만들면 흉하게 되고 또 곱게 만들면 곱게 되는 이것이 바로 업에서 현상이 나온다고 보는 것이다. 업은 만드는 것이다. 그러니까 업만 바꾸면 현상은 저절로 바뀐다.

그러면 업을 만드는 행위는 어디에서 나오는가. 우리 마음에서 나온다. 모든 것은 마음에서 생겨난다. 우리 마음이 사라지면 근본원인이 사라지고 그러면 모든 것이 바뀔 것이다. 그러니까 현상보다 마음을 중요시 하는 것이 대승불교이다.

마음을 어떻게 중요시 하는가 하는 것을 발심수행發心修行이라 한다. 발심을 한다는 말은 불심을 일으킴이다. 금강경에 보리심菩提心이라는 말이 나오는데, 이는 성불하고자 하는 마음을 말한다. 이렇게 좋은 마음을 일으키게 되면, 거기서 좋은 업이 나온다. 이를 '공덕'이라고 한다. 좋은 업의 공덕에서 성불이 된다.

발심수행의 목적은 무엇인가. 성불成佛하는 데 있다. 대승경전에서는 마음으로 불심을 일으켜서 공덕을 쌓으면 그 공덕으로 말미암아 성불을 한다. 대승불교에서는 자타일시 성불로 일체중생이 동시에 불도를 이루는 것을 목적으로 한다.

그러면 공덕을 어떤 방법으로 닦아야 하는가. 그 방법을 자리이타自利利他라 한다. 이타利他는 남을 이롭게 하는 것이다. 이에 대비되는 이기利己는 다른 사람에게 해를 끼치면서 자신을 이롭게 하는 것을 뜻한다. 반면에 자리自利는 다른 사람과의 관계를 개입시키지 않으면서 자신을 이롭게 하는 것이다. 사람은 대체로 가정과 직업을 갖고 살아간다. 그 전형적인 형태에 있어서는 이타적 삶이라 할 수 있다. 이 세상에 사는 사람이 다른 사람과의 관계를 개입시키지 않고 살 수 있는 사람은 아무도 없다. 결국 자리적 삶과 이타적 삶은 서로 동떨어진 두 개의 삶이 아니라, 하나의 삶에 따르는 두 개의 상반된 방향이라 할 수 있다. 우리가 굳이 자리적 삶을 사는 계층을 꼽으라면, 그리스 시대의 자유민 계층, 인도의 브라만 계급, 조선시대의 양반이 그러하였다. 오늘날에는 성직자 집단이 이런 삶을 살고 있다고 할 수 있다. 성직자가 자리적 삶을 사는 것은 그러한 삶을 추구하는 심성함양이 자신에게 이익이 된다고 생각하기 때문이다. 그리고 이타적 삶은 이익에 비추어서만 올바른 가치를 가지게 된다는 것을 다른 사람에게 전수하는 것이다. 어른이 아이에게 '손 씻어라, 밥 먹어라'라고 하는 잔소리는 물론 그 아이에게 이익이 되는 일이지만, 할아버지가 손자에게 들려주는 옛날이야기는 그와는 다른 차원으로 손자에게 이익이 되는 것과 같은 이치이다.

우리는 손해를 보면 괴롭다. 그런데 이익이 생기면 즐겁다. 결국 이익은 기쁨인데 보살행을 한다는 것은 첫째 자기가 즐거운 것이다. 이타행利他行은 자리행自利行의 부수 효과로서 주어질 때 그 진정한 빛을 발하게 된다.

보살행은 바로 성불하기 위한 공덕행위인데 자타일시 성불을 하려면 공덕을 쌓아야 된다. 그 공덕을 쌓는 사람이 보살이다. 또 공덕을 쌓는 행위가 보살행이다. 그 보살행에 의해서 성불이 된다.

보살행은 어떻게 하는가? 자리이타로 한다. 보살행을 하게 되면 우선 자기 자신이 즐겁다. 동시에 다른 사람을 즐겁게 한다. 이것이 자리이타이다. 그래서 내가 기쁘기 위해서 다른 사람에게 고통을 주면 불교가 아니다. 또 다른 사람의 기쁨을 위해서 나에게 고통을 주는 것도 불교가 아니다. 그러니까 어느 한 쪽이 손해보고 어느 한 쪽이 괴로움을 겪으면서 무엇을 성취하는 게 아니다. 나도 기쁘고, 너도 기쁘고, 모두가 다 기쁜 것 밖에 없는데, 그것이 바로 대승불교다.

자타일시 성불은 실제적으로 어떻게 되는가. 금생에도 보살행을 하고, 내생에도 하고, 태어나는 세상마다 보살행을 끊임없이 계속한다. 이것이 대승보살이다.

그런데 이걸 중생심으로 해보라. 나에게 이익이 가는 것은 다른 사람에게 손해가 가고 다른 사람에게 손해가 가면 나에게 이익이 온다. 그렇기 때문에 이를 중생심으로 할 때는 분별分別(시름)이 자주 생기고 나 혼자만 손해를 보는 것 같아서 괴롭다.

이걸 중생심으로 하지 않고 불심으로 확 바꿔보라. 그 어려운 것이 즐거움이 된다. 왜 그런가. 어렵게 하면 그것으로 끝나는 게 아니다. 그 어려운 경험을 통해서 나에게 더 지혜가 생기고 능력이 불어난다. 그럼으로 말미암아 더 큰 걸 이룰 수 있다. 이래서 불심을 가지고 하면 힘든 일이 즐거움이 된다. 이게 보살행이다. 불교신자는 아니었지만 슈바이처나 간디, 김구 같은 큰 인물들은 많은 다른 사람들의 행복을 자신의 행복으로 알고 즐거이 했으니 이에 해당할 수 있다 하겠다.

자타가 일시에 지혜와 평화와 복덕을 이루고자 하는 염원을 갖고 살면 얼마나 재미있겠는가? 염원은 중생에게 무한한 희망과 용기를 준다. 염원을 갖고 하면 힘든 것이 즐거움이 되고, 염원이 없으면 아무 희망이 없어 즐거운 게 없고 보람을 못 느낀다. 이러면 아주 쉬운 것조차 괴로움이 된다. 어머니는 자식을 잘 길러야겠다는 희망이 넘치면 아주 즐겁다. 그런데 이 녀석들이 나이가 좀 들어서 말을 안 듣기 시작하고 부모를 못 본 척하면 점점 실망하게 된다. 실망을 하게 되면 조그만 일도 귀찮아진다.

보살행은 염원이 철저하고, 그 염원에 의해서 부지런히 노력을 하므로 자기도 이롭고 동시에 다른 사람에게도 이로움을 준다. 이것이 바로 대승불교의 근본이다.

자리이타를 하면 먼저 보살 자신이 즐겁다. 노래 부르는 사람도 자기 자신이 아주 흥겹게 불러야 다른 사람에게 흥을 준다. 모든 일이 다 그렇다. 이러한 내용을 말하는 것이 대승경전이다.

금강경과 반야심경은 어떻게 다른가?

대승경전 중에는 대승삼부大乘三部경이 있다. 첫째 반야부般若部, 둘째 법화부法華部, 셋째 화엄부華嚴部라 하여 대승불교를 대표하는 세 경전이다. 반야계통의 경전은 대략 800여 권이 되는데 너무 많아서 부部를 쓴다. 부처님의 탄생 근본과 성불, 부처님의 공덕 내용을 이야기하는 법화계통의 경전은 전부 따지면 약 30권이 된다. 모든 보살들의 자비실천으로서 보살행을 닦아가는 것을 제시하는 화엄계통의 경전도 200여 권 정도나 된다.

대승삼부 중에서 반야부가 근본에 속한다. 그래서 어떤 학자는 반야부를 초기대승 또는 원시대승이라 부르기도 한다. 반야부 다음에 법화, 화엄 그 외에 열반 등 굉장한 대승경전이 막 일어난다. 반야부 계통의 800여 권 중 하나가 바로 '금강반야바라밀' 이다. 반야부 계통에서도 처음과 중간과 마지막 부분이 있는데, 제일 마지막 부분의 반야부 경전 중의 하나가 '반야심경' 이다. 반야심경은 반야부 경전 중에서 제일 마지막에 생겼다고 보면 된다. 그런데 이 금강반야바라밀은 반야부 계통에서 초기의 뒷부분 쯤 차지하는 경전이다.

금강경하고 반야심경하고 차이점은 무엇인가. 금강경은 반야심경보다 조금 옛스러운 데가 있다. 예를 들면, 금강경에는 공空(śūnya)이라는 글자가 하나도 없다. 어떤 사람은 금강경은 다 공만을 말한다고 하는데, 실제 읽어 보면 공이라고 하는 글자는 금강경에 없다. 반면에 반야심경에는 빌 공空, 아니 불不, 없을 무無가 34자 나온다. 그래서 260자 중에 이 뜻이 아주 알기 쉽게 직선적으로 표현되어 있다. 따라서 표현방법이 금강경보다 발전한 것이 반야심경이다. 그러므로 반야심경은 아주 뒷부분에 속하고, 금강경은 초기에서 조금 뒤에 있다고 보면 된다.

금강경은 모든 분야에서 해탈할 것, 나아가서는 해탈에서까지 해탈할 것을 천명하여 절대적인 해탈을 강조한다. 이에 비해 반야심경에서는 반야 중도 해탈의 세계를 중심으로 말하고 있다.

중국에서는 반야부 계통을 연구하는 데 주로 금강경과 반야심경의 내용에 의지했다. 그런 까닭에 금강경은 중국, 우리나라, 일본에서 해석을 하고 독송을 하고 신앙한 사람들이 많다. 금강경을 해석한 스님만 하더라도 수백 명이 된다. 800여 권이나 되는 반야부 계통 경전 중에서 유독 금강경만 그렇게 하였다. 다른 경전은 그렇게 하지 않았다. 다음으로는 반야심경을 많이 보고 저술하였다.

금강반야바라밀경

'금강Vajracchedikā'의 와즈라vajra는 원래 '벼락'이나 '번개'를 의미했다. 체디까chedika는 '자르는 것能斷'이라는 뜻이다. 벼락은 인도에서 신들의 왕이라 불리는 인드라신(제석천왕)이 휘두르는 무기와 같은 것이다. 벼락은 자연계에서 가장 위력적이기 때문에 고대 아리안족들은 인드라의 무기로 자연스럽게 받아들인 것이다.

에드워드 콘츠Edward Conze(1904~1979, 영국의 대표적 불교학자)는 '금강金剛'을 '다이아몬드'로 번역하였다. 이는 다이아몬드가 그 최고의 단단함으로 인하여 모든 물체를 자를 수 있다고 하는 이미지가 '벼락'에 상응한다고 본 것이다.

금강은 불에 넣어도 녹지 않는다. 즉 변하지 않는다는 뜻이다. 금강은 불변이다. 금강은 항상 빛이 난다. 금강경에서는 주로 보시布施, 지계持戒, 인욕忍辱, 정진精進, 선정禪定, 지혜智慧라는 육바라밀六波羅蜜을 강조한다.

보살의 육바라밀 중에서도 근본을 반야바라밀로 보는 것이다. 반야般若(쁘랏냐)는 지혜인데 이 지혜는 일반적인 지혜가 아니라 모든 지식과 관념을 초월한 제법무아諸法無我의 지혜를 말하며, 이는 곧 마음이다. 반야의 마음은 더러워진 마음이 아니고 밝은 마음이다.

바라밀은 완성이라고 번역을 하기 때문에 반야바라밀은 지혜의 완성 또는 지혜의 생활이다. 반야의 반대가 무명無明이므로 여기에서 반야를 떼고 어리석음을 뜻하는 무명을 집어넣으면 '무명바라밀'이 된다. 그래서 '무명바라밀'이라 하면 어리석음의 완성, 어리석음의 생활이 된다. 어리석음의 완성이 무엇인가. 어리석음의 생활이 무엇인가. 그것은 우리 중생을 말한다. 어리석은 일을 하거나 서로 싸우거나 하는 것도 어리석음의 완성이다. 지혜롭게 보면 싸울 일이 없는데 지혜롭지 못하니까 싸우게 된다. 이 중생의 고통은 다 어리석음에서 나오는 병이다.

경經은 인도말로 수트라Sūtra인데, 본래 뜻은 꽃다발 같은 것을 매는 실이나 노끈이다. 그 실로 꽃을 한데 묶어서 다발로 매 놓으면 괜찮은데, 그냥 낱송이로 이 송이 저 송이 흩어지면 안 된다. 옛날에는 경서들을 대나무 등의 판에 적어서 여러 개를 실로 묶어 지녔기 때문에 이런 이름이 유래되었다. 경은 부처님 말씀인데, 그 말씀을 이렇게 체계를 잡아서 묶어 놓았다고 해서 경이라고 한다. 중국에는 불교가 들어오기 전부터 시경, 서경, 역경 등의 말이 있었다. 따라서 금강경은 글자 그대로 하면 '반야바라밀에 대한 말씀'이라는 뜻이다. 반야는 금강과 같이 변하지 않고 빛나며 여러 가지를 만들어간다는 의미가 있다.

1. 법회가 열리게 된 이유

法會因有分 第一

이 대목은 부처님의 제자인 아난존자가 부처님께서 이 경을 말씀하시
게 된 연유를 회상하면서 한 말이다. 부처님께서 열반에 드시자 여러
제자들이 부처님 말씀을 제 나름대로 해석하려는 경향이 있었다. 그 폐
단을 막고자 많은 제자들이 한 곳에 모였고, 부처님의 말씀을 가장 잘
기억하는 아난존자에게는 경經을, 우바리존자에게는 율律을 외우게 하
였다. 아난존자와 우바리존자는 부처님과 동향인 까뻴라왓투의 사캬족
(석가족) 출신인데, 부처님의 말씀을 지금의 빠알리어와 유사한 같은
쁘라끄리뜨어를 쓰고 같은 사유체계를 가진 동향의 두 스님이 외워서
결집했다는 것은 아주 의미가 있다. 산스끄리뜨어는 이 보다 후대의 언
어다.

나는 이렇게 들었다. 어느 때에 부처님이 기원정사에서 훌륭한 스님들 1250인과 함께 계시었다.

　그때 세존께서 식사시간이 되자 가사를 입고 바루를 지고 사위성 안으로 들어가시어 탁발을 하실 적에 차례로 빌기를 마치고는 계시던 곳으로 돌아오셔서 식사를 하시고 나서 가사와 바리때를 거두시고 발을 씻으시고는 자리를 펴고 앉으셨다.

如是我聞 一時 佛 在舍衛國祇樹給孤獨圓 與大比丘衆 千二百五十人 俱

爾時 世尊 食時 著衣持鉢 入舍衛大城 乞食

於基城中 次第乞已 還至本處 飯拿訖 收衣鉢 洗足已 敷座而坐

반야바라밀은 생활 속에 있다.
생활을 떠나서 진리를 찾으려고 하면 안 된다.

기수급고독원

 '이와 같이 들었다如是我聞' 는 아난존자가 한 말이다. 이 경은 전부 부처님 말씀이다. 부처님은 글을 쓰지 않고 설법만 하셨기 때문에 여기서는 '나는 다음과 같이 들었다' '나는 이렇게 들었다' 라고 번역하면 된다. 고대 인도에서는 듣는다는 의미에 '배웠다 learned' 는 뜻이 강하게 내포되어 있다. '어느 때 一時' 는 인도인들의 시간 의식을 표현한다. 부처님의 탄생에 관한 정확한 기록이 없듯이, 부처님이 언제 법을 설했다는 것도 정확하게 기록하지 않았다.

 기수급고독원祇樹給孤獨園은 절 이름인데 보통 기원정사祇園精舍라고 부른다. 당시 코살라국의 파사익왕은 까삘라국의 왕자였던 부처와 같은 날 태어나서 싯달다가 성불한 해에 왕위에 올랐다고 전해진다. 그리고 그는 성불한 싯달다를 만나는 순간 감화되어 독실한 신자가 되었다. 파사익왕에게 제따Jeta(祇陀)태자가 있었다. 기수Jetavana(祇樹)는 '제따태자가 시주한 숲' 이란 뜻이다. 수닷타Sudatta(須達多)는 부처님 당시에 생존했던 거상巨商으로 불쌍한 사람에게 보시를 많이 하였다. '급고독給孤獨의 장자長者' 는 이에 대한 존경스러움의 표현으로 붙여진 이름이다.

 기원정사에는 재미있는 일화가 있다.

 마가다국에서 부처님의 설법을 들었던 급고독 장자가 자신의 고향 사왓티Sāvatthī에 부처님을 모시고 설법을 듣고 싶어서 절을 지으려고 했다. 그런데 제따태자 소유의 숲이 가장 마음에 들어서 그에게 동산을 팔라고 간청했다. 그러나 아름다운 숲을 사랑하고 있던 태자는 거절했다. 그럼에도 계속 간청이 거듭되자 태자는 농담 삼아 동산의 바닥 전체를 금화로 덮으면 팔겠다고 했다. 재산을 처분한 장자가 동산에 금화를 깔기 시작하자 감동한 태자는 그 이유를 묻지 않을 수 없었다. 장자는 전 인류의 스승인 부처님께 절을 바치기 위해서라고 대답했다. 이 말에 감동한 태자는 땅은 시가대로 팔되 숲은 자기 이름으로 헌납했다. 또한 그 땅에 깔린 금화로는 정사精舍를 건립했다. 그래서 부처님께서는 '제따태자의 숲' 과 '급고독 장자가 세운 절' 이란 뜻을 합해서 '기수급고독원' 이란 이름을 붙였다고 한다. 부처님은 아난존자를 시자로 삼아 말년 22년간을 여기에 머물면서 제자들과 교법을 체계화하였다. 인도의 네팔 남쪽 국경 근처의 사헤뜨Sāhet에 가면 지금도 기원정사 자리가 있다. 불교 역사상 기원정사는 큰 역할을 하였다.

'큰 비구比丘' 는 우리말로 큰스님이다. 비구bhikṣu는 걸사乞士라 번역된다. 걸사는 일체 생업에 종사하지 않고 수행이나 종교생활에만 전념하는 자라는 뜻이다. 걸식은 마음의 무소유를 상징한다. 그럼 큰 비구가 무언가? '크다' 라는 말은 본래 '훌륭하다' 란 뜻이다. 그러므로 '큰 비구' 는 '훌륭한 스님' 이 된다. '큰 스님' 을 말한다. 이런 분들이 부처님을 항상 따라다니면서 모시는 대표자들이었다. 그 외에 여러 대중이 있는데, 항상 부처님을 모신다 하여 상수대중常隨大衆이라 하였다.

부처님이 식사를 하시다

'그때' 는 부처님과 대중이 모두 한자리에 모였던 때를 말한다. '세존 Bhagavān' 은 부처님의 열 가지 호號중 하나로 세상에서 가장 높은 분이란 뜻이다. '바가bhaga' 곧 '복' '행운' 을 가진 분을 말한다. 지금도 인도에서는 여러 신들에 대한 존칭으로 bhagavan을 쓴다. '식사시간食時' 은 보통 사시巳時,

즉 오전 9시~11시이다. 부처님은 하루에 한 끼 식사를 하였다. 거기에는 나름의 이유가 있었다. 인도인들은 체질화되어 있을 정도로 본래 밥을 많이 먹지 않는다.

부처님 당시에는 고행주의자와 향락주의자 두 부류의 사람들이 있었다. 고행주의자들은 말하자면 사서 고생을 하는 사람들이다. 그들은 피골이 상접해서 뼈만 남을 때까지 그냥 굶는다. 반대로 향락주의자들은 사치와 방탕과 허영에 빠진 사람들이다. 그들의 호화로운 생활은 말로 표현하기 힘들 정도이다.

그런데 부처님은 굶지도 음식을 탐하지도 않았다. 말하자면 부처님은 중도주의자인 셈이다. 극단적인 고행에도, 극단적인 향락에도 빠지지 않는다. 그 중도생활이 바로 하루 한 끼의 식사로 나타나 있는 것이다.

요즈음 우리는 어떤가. 습관적으로 맛있는 곳을 찾아다니고, 배가 부른데도 또 먹어댄다. 어떤 사람은 화가 나면 밥을 마구 먹는다고도 한다. 우리는 그만 먹어야 한다는 것을 알면서도 먹는다.

필자도 처음에는 하루 한 끼의 식사는 우리네 범인들이 도저히 흉내낼 수 없는 어려운 일이라고만 생각했다. 그런데 어느 날 TV에서 우연히 서울대병원 유태우교수의 '6개월 만에 몸무게 10kg 줄이는 법'을 시청하게 되었다. 그것은 식습관에 관한 것이었고 또한 너무나 간단한 이치였다. 그의 주장은 이렇다.

"저녁은 무조건 평소 먹던 식사량의 반으로 줄여라. 그리고 배가 고프면 오이나 토마토 또는 당근을 먹어라. 이들 야채는 열량이 없다. 술을 먹게 될 때는 안주를 줄여라. 이러한 식습관을 6개월만 지속하면 위의 크기가 줄기 때문에 10kg은 저절로 빠진다."

나는 이튿날부터 이를 실행에 옮겼고 4개월만에 정확히 7kg을 뺄 수 있었다. 허리둘레가 1.5인치나 줄었다. 이러니 일주일에 한 번씩 체중계에 올라가는 일이 매우 즐거워졌다.

부처님이 한 끼 식사를 했다는 사실은 아주 중요하다. 식사는 마음이 허전해서 하는 게 아니고 몸을 관리하기 위해서 한다. 우리 중생은 그 마음에 따라서 식생활이 참 많이 바뀌고 있다.

착의지발著衣持鉢은 '가사袈裟를 입으시고 바루를 지니시고' 라는 뜻이다. 가사는 부처님이나 제자들이 입는 법복이다. 본래는 누더기라는 뜻이다. 부처님은 언제나 누더기 옷을 입었다. 가사에 한해서 '입는다' 의 특별어로서 '수하시다' 라는 말을 쓰는데, 이 말은 위에서부터 밑으로 내려뜨리는 것을 말한다. '바루' 는 발다라鉢多羅의 우리말인데, 부처님이나 스님들의 밥그릇이다. 바루를 절에서 바리때라고 한다. 요즈음 절에 가보면 바루가 네 짝이 있는데 원래는 하나이다. 밥과 반찬을 한꺼번에 하나에 다 담는다. 탁발이라고도 하고 걸식이라고도 하는데 그게 풍속이다.

사위성舍衛城은 '슈라와스띠Śrāvastī(室羅筏: 사왓티, Sāvatthī)' 의 음역인데, 부처님이 계시던 북쪽의 고대 왕국 코살라Kosala의 수도였다. 당시 인도 중원의 16국 중 왕사성Rājagaha과 더불어 가장 강대했던 나라였으며, 남쪽에는 또 다른 남코살라가 있었다. 사위국이란, 두 나라를 구분하기 위해 이 나라 수도의 이름을 따라 북코살라 왕국을 지칭했다. 당나라 때의 현장스님은 이를 실라벌室羅筏이라고 음역했다. 신라와 당나라는 두 나라의 연합군이 백제와 고구려를 차례로 멸할 정도로 왕래가 깊었으니 그 당시 경주를 서라벌로 부르게 된 연유를 알 수 있겠다. 부처님이 계셨던 나라의 수도 이름인 '슈라와스띠'

는 서라벌徐羅筏, 셔블徐筏 등의 표기음에서 유래되어 '서울'로 변화된 것임을 짐작할 수 있다. 성은 요즘 말로 시내이다. 성안은 시내고 성밖은 시내市內가 아니다. 옛날에는 도시를 성내城內라고 했다. 금강경에 나왔듯이 부처님은 산 중이 아니라 여기저기 도시를 출입하였다. 왜냐하면 중생과 가까운 그곳이 바로 중생을 교화하고 인도할 수 있는 곳이었기 때문이다.

우리나라도 신라시대에는 경주 도성 안에 분황사, 황룡사, 흥륜사, 불국 사 등이 있었다. 고려시대만 하더라도 개성 쪽에 절이 많았다. 그런데 조선의 억불정책 때문에 절은 산으로 들어가기 시작했던 것이다. 부처님은 도시를 사이에 둔 곳에 절을 지었다. 그래서 식사 때가 되면 도시 안으로 들어가서 걸식을 하였다乞食於基城中. 이 걸식을 탁발託鉢이라고 한다. 당시 인도에서는 스님들이나 수도자들이 꼭 걸식을 했다. 왜냐하면 도道를 닦아야 하기 때문에 농사를 짓거나 장사를 할 수 없었기 때문이다. 생업은 자신만의 교만한 마음 이 생기거나 도를 닦는 데 방해가 되는 것이었다. 이것이 이른바 '무소유'의 정신이다. 후세에 대한 경계의 의미도 있다. 성 안의 대중들은 식사 때가 되 면 스님들에게 밥을 드리려고 기다렸다. 아직도 태국이나 미얀마에는 그런 풍경을 흔히 볼 수 있다.

'차례로 빌기를 마치시고'라는 말에는 의미가 있다. 차제次第는 한자음이 우리말 '차례'로 변한 것이다. 목단牧丹이 '모란'으로 변한 예와 같다. '차례 로 빈다'는 것은 성안에 들어가서 탁발할 때 어느 집이든 빼놓지 않고 차례로 간다는 말이다. 그 사이에 가난한 집을 빼고 부잣집만 찾거나 하면 평등하지 못한 행위가 되기 때문이다. 당시는 한 번 걸식하러 나가면 일곱 집 이상을 넘지 못하게 되어 있었는데, '빌기를 마쳤다' 함은 일곱 집이 다 찼다는 뜻이다. 이때 일곱 집에서 밥을 못 얻는다 하더라도 더 빌지 않는다. 부처님은 자신이 직접 걸식을 함으로써 걸식 또한 수행임을 가르쳤다. 일곱 집을 건너뛰지 않고 차례로 감으로써 좋아하고 싫어하는 마음을 없애고 그런 차별심을 없애는 것이 수행임을 가르쳤다.

'발 씻는다'는 것은 무엇인가? 부처님이 맨발이었다는 말이다. 그 당시는 신발이 없었기 때문에 멀리 갔다 오면 반드시 발을 씻어야 했다. 인도에는 지금도 맨발로 다니는 사람이 많다. 그러나 '식사를 마치고飯食訖' 다음에 '발을 씻고洗足已'가 나옴으로써 이러한 물리적 행위 이상의 의미가 있다. '가사와 바리때를 제자리에 놓으시고 발을 씻으셨다' 함은 이제까지의 활동을 중지하고 곧 선정에 드실 준비가 되었다는 말이다. 따라서 '자리를 펴고 앉으셨다' 함은 가부좌를 틀고 앉아 삼매에 들었다는 걸 알 수 있다.

반야바라밀은 굉장히 큰 주제이다. 그럼에도 실제로 처음에 나오는 이야기는 부처님의 하루 일상생활을 전할 뿐이다. 식사 때가 되니까 옷을 입고, 밥그릇 가지고 시내에 들어가서 차례로 걸식을 하고, 제자리로 돌아와서 식사를 하고, 식사를 다 한 다음 그릇과 옷을 정리해놓고 두 발을 씻은 다음 미리 준비된 자리에 앉는 것이다. 어제도 그랬고 오늘도 내일도 그대로 행한다. 그렇다면 우리는 이토록 엄청난 금강경 맨 앞머리에 이런 사소한 얘기가 등장하는지 의아해하지 않을 수 없다. 그것은 진리가 바로 생활 속에 있다는 것을 말한다. 생활을 떠나서 진리를 찾으려고 하면 안 된다는 것을 의미하는 것이다.

삶을 인생이라고 한다. 이 인생이란 말이 무엇인가? 산다는 게 무엇인가?

그것은 살아보아야만 알 수 있다. 삶은 살아보아야만 안다고 해서 사람 인人자 다음에 날 생生자를 쓴 것이다. 머리가 아무리 좋다 해도 어린 아이는 인생을 알 수 없다. 결국 인생은 한 평생 다 살아보아야 아는 것이다. 삶은 종합예술이다.

반야바라밀은 생활 속에 있다. 그렇기에 반야바라밀의 대주제를 이야기하는 금강경에서 부처님의 평범한 일상을 보여준 것이다. 대부분의 선사들이 이러한 평범한 생활의 모습 그 자체가 최상의 설법이라고 말해왔다. 이 말 속에는 아주 깊은 의미가 담겨져 있다.

금강경의 목적은 지혜, 즉 반야지般若智를 개발하여 부처가 되게 하는 것이다. 반야지란 분별하는 의식이 끊어진 절대적인 지혜를 말한다. 위에서 법도에 맞추어 걸식을 하신 것은 계戒이며, 자리를 펴고 앉으신 것은 정定인데, 계에 의해 정이 생기고 계와 정이 구족具足하여 지혜가 생긴다. 그러므로 부처님은 모든 경을 말씀하시려 할 때 반드시 먼저 선정에 드셨다.

이 경지에서는 색계와 무색계의 4선四禪에 들었다가 벗어날 수 있는 정념sati의 힘이 있다. 정념samma-sati이 있는 선정은 전 불교의 수행과정, 특히 열반의 경지에서도 유지될 수 있는 그 무엇이다. 그래서 흔히 '법회가 열리게 된 이유法會因由分 第一'에서 기술된 이 장면만으로도 금강경 전체를 이미 다 설명하고 있다고들 이야기한다.

금강경의 위대함은 바로 행동으로부터 시작한다는 점이다. 부처님은 아무 말씀도 없이 행동으로 평범한 일상생활에서의 마음가짐을 보여주셨다. 그 가르침은 바로 순간순간의 마음가짐이며 깨어있는 삶이다. 금강경의 가르침은 여기에 모두 나와 있다. 부처님은 이미 침묵으로 법을 전달하신 것이다.

국가나 기업도 마찬가지이다. 동서고금을 막론하고 시대를 통찰하는 지도자가 나타났을 때 그 국가는 번성했으며 그 기업은 성장하였다. 마케도니아의 알렉산더대왕, 프랑스의 나폴레옹, 몽골의 칭기스칸, 미국의 링컨 그리고 인도의 간디가 그러하였다. 우리나라도 광개토대왕, 세종대왕, 그리고 박정희 대통령이 리더십과 비전을 가져다 주었다. 기업으로보면 GE의 잭 웰치나 마이크로소프트의 빌 게이츠가 경영의 가치를 보여주었으며, 우리에겐 이병철 회장이나 정주영 회장이 그러하였다. 그들은 한결같이 국민들에게 그리고 그들 구성원들에게 희망과 비전을 주었다. 그리고 그 비전을 공유하였다. 그 외에도 지도자는 많았겠지만, 대부분은 대통령이나 경영자나 그저 관리자에 불과하였다. 진정한 지도자란 비록 말은 많이 하지 않으나 그 뜻이 시대를 관통하고 있다. 그리고 세월이 흘러도 당대는 물론이고 후세에 까지도 그 뜻이 공감을 얻고 있다. 진정한 지도자는 현란한 말이 아니라 몸짓과 행동으로 그 시대정신을 후세에 전하고 있다.

2. 수보리가 수행하는 법문을 청하다

善現起請分 第二

석가모니 부처님의 하루생활 중 마지막, 즉 자리를 펴고 앉으신 부분이다. 그런데 그 앉아있는 모습을 보고 수보리는 진리의 파도를 일으킨다. 그리고 이는 후세의 중생들을 일깨워주는 자비방편이 되었다.

그때 장로 수보리가 대중 속에 있다가 일어나서 가사를 오른쪽 어깨가 드러나도록 걸치고 오른 무릎을 땅에 꿇고는 합장하고 공경히 부처님께 사뢰었다.

"훌륭하십니다, 세존이시여. 여래께서는 보살들을 잘 염려하여 보살펴주시고 보살들을 잘 가르쳐주셨습니다. 세존이시여, 보살이 가장 올바른 깨달음을 이루고자 한다면, 응당히 무엇을 원해야 하며, 어떻게 닦아야 하며, 또 그 중생심이 행여 일어난다면 어떻게 그 마음을 억눌러서 항복시켜야 합니까?"

부처님이 말씀하시되, "좋은 말이다. 참으로 좋은 말이다. 수보리야, 네 말과 같이 여래는 보살들을 잘 염려하여 보살펴주시고 보살들을 잘 가르쳐주시나니 자세히 들어라 말해주리라. 선남자 선녀인이 아뇩다라삼먁삼보리의 마음을 내려면 이와 같이 원해야 하며 이렇게 그 중생의 마음을 없애야 되느니라."

"예, 세존이시여. 자세히 듣고자 하나이다."

時 長老須菩提 在大衆中 卽從座起 偏袒右肩 右膝著地 合掌恭敬 而白佛言

希有世尊 如來 善護念諸菩薩 善付囑諸菩薩

世尊 善男子善女人 發阿耨多羅三藐三菩提心 應云何住 云何降伏其心

佛言 善哉善哉 須菩提 如汝所說

如來善護念諸菩薩 善付囑諸菩薩 汝今諦聽 當爲汝說

善男子善女人 發阿耨多羅三藐三菩提心 應如是住 如是降伏其心

唯然 世尊 願樂欲聞

부처는 아뇩다라삼먁삼보리를 이룬 분이다.

아뇩다라삼먁삼보리는 복덕과 지혜의 완성을 모두 이룬 것을 말한다.

우담바라와 이심전심

　장로長老라는 말 속에는 여러 의미가 담겨져 있다. 점잖다는 뜻도 있고, 수명이 길다는 뜻도 있다. 원어의 의미도 '긴 수명을 가진 자'란 뜻이다. 여러 가지 경험이나 덕이 높다는 말이다. 현장은 이를 구수具壽로 옮겼다. 오늘날 이 말이 기독교에서 쓰이지만 원래 이 말은 불교용어였다.

　인도는 열대 또는 아열대지방이라 보통 옷을 몸에 두른다. 그런데 외출을 한다거나 법당에 간다든지 윗 스님에게 공경을 표할 때는 오른쪽 어깨를 벗는다. 이걸 편견복偏肩服이라 한다. 한쪽 어깨만 벗는 게 편견복이고, 양쪽 어깨 다 벗는 것이 통견복通肩服이다. 흔히 불상을 보면 어깨에 간편하게 가사를 걸치고 있는 것을 볼 수 있다. 오른 어깨를 내놓고 오른 무릎을 땅에 꿇고 합장하는 것이 본래 인도의 예법이다. 따라서 대중 속에 있던 수보리가 오른 어깨를 벗는다는 말을 이해할 수 있다.

　수보리의 행위, 즉 자리에서 일어나서, 오른쪽 어깨를 드러 내놓고, 오른 무릎을 꿇은 다음, 합장하고, 공경히 여쭙는 이 다섯 가지를 제자오례弟子五禮라고 한다. 당시로서는 최고의 예법이다. 요즈음은 합장을 '마음을 합한다'고 설명한다. 또 다른 설명은 손을 합하면 연꽃봉오리 같다고 하여 '연꽃을 뜻한다'라고 한다. 따라서 합장은 두 손으로 연꽃을 만들어서 부처님께 올리는 정성이다.

　'희유稀有'라는 말은 '드물게 있다', 즉 대단히 훌륭하다란 뜻이다. 인도에 '필발라'라는 전설적인 꽃이 있는데, 신령스럽고 상서롭다 하여 영서화靈瑞花라고 번역한다. 그 꽃은 3천년 만에 한 번씩 핀다는 전설의 꽃이다. 우담바라, 필발라, 영서화는 같은 말이다. 그토록 귀하고 드물기 때문에 희유화稀有花라고 한다.

석가모니 부처님이 걸식에서 돌아와 진지를 드시고 아무 말씀도 안하고 일상생활로서 자리를 펴고 앉아 계시는데, 수보리가 일어나서 '훌륭하십니다' 라고 말한다. 참으로 뜻밖의 이야기이다. 무엇을 보고 훌륭하다고 하는가?

이미 우리는 부처님이 정해진 대로 걸식하고 다시 자리를 펴고 앉으신 일이 말없는 설법이라는 것을 알고 있다. 이 심오한 이치를 수보리가 간파한 것이다. 이것이 이심전심以心傳心이다. 금강경은 반야바라밀에 대한 석가모니불과 수보리의 대화 내용이다. 금강경의 주제는 반야바라밀이다. 두 분이 만나서 반야바라밀이란 대화를 하는데 마음이 통해야 하지 않겠는가?

'여래' 는 부처님의 십호十號 중 하나다. 빠알리어 다타아가도多陀阿伽度 (tathāgata)의 번역인데, '아무런 걸림이 없이 온 분', 진여眞如의 모습 그대로 왔다는 뜻이다. '진여' 란 변함이 없는 진실상, 원초적 진실상을 말한다. 얼음이나 물, 구름이나 비는 결국 '물' 자체이듯이 변하되 불변인 것, 거짓이 아닌 진실, 즉 '깨달음' 이다. 그러면 여래가 무엇 하러 우리들 앞에 나타났는가? 우리들을 교화해주기 위해서이다.

여래는 보살들을 염려하여 보호하여주고 보살들을 잘 보살펴준다고 했다. 보살들을 부촉付囑한다는 것은 당부當付한다는 말이다. 당부는 곧 가르침이다. 보살피는 것은 현재적인 것이고, 당부는 미래적인 것이다. 미래에 다가오는 세월에 어떻게 하라는 것을 가르치는 것을 보통 당부한다고 한다. 부촉의 대표적인 경우가 유언이다. 호념은 보살피는 것이고, 부촉은 가르쳐주는 것이다.

아뇩다라삼먁삼보리

선남자 선여인도 내내 보살이다. 아뇩다라삼먁삼보리Anuttarasamyak-sambodhi는 범어의 소리번역이다. 아뇩다라삼먁삼보리의 마음을 간단하게 말하면 보리심菩提心이다. 보다 구체적으로 말하면 발아뇩다라삼먁삼보리심이다. 금강경에는 이 말이 굉장히 많이 나온다. 아阿는 없을 무無자의 뜻이다. 또 뇩다라는 위上를 뜻한다. '아' 자 밑에 있는 '뇩'은 본래 '누'다. 글자도 누자고 범어도 아누다라삼먁삼보리다. 그런데 우리나라에서는 언제부터인지 모르지만 꼭 아뇩다라삼먁삼보리라고 읽는다. 둘 다 범어다. 아뇩다라는 무상無上이다. 삼은 바를 정正, 먁은 평등할 등等, 삼은 또 정正, 보리는 깨달을 각覺이다. 이를 모두 합하면 무상정등정각無上正等正覺이다.

무상은 가장 높다, 가장 높은 깨달음이라는 뜻이다. 정등은 가장 평등하고 가장 올바른 깨달음이다. 이것을 한마디로 말하면 성불成佛이다. 성불하여 부처님 된 것이 바로 아뇩다라삼먁삼보리를 이루는 것이다. 무상정등정각을 '타인의 깨달음과 행복'으로 돌리는 것이 보살행이다. 소승과 대승의 궁극적인 구분근거가 바로 '보살'이라는 새로운 개념이다.

부처는 아뇩다라삼먁삼보리를 이룬 분이다. 아뇩다라삼먁삼보리는 단순히 모르는 것을 하나 알게 된 그런 깨달음이 아니라, 복덕과 지혜의 완성을 모두 이룬 것을 말한다. 아뇩다라삼먁삼보리의 마음을 낸다 했을 때는 아뇩다라삼먁삼보리를 이루고자 하는 마음을 냈다는 뜻이다.

보살菩薩은 누구인가? 보디사뜨와bodhisattvā의 음역이 보리살타菩提薩唾이며 이가 줄어 보살이 된 것이다. 보살은 '깨달음을 추구하는 존재'이다. 보살에게 있어 가장 중요한 것은 '보리심을 내는 것發菩提心'이다. 이런 깨달음의 마음을 내는 자가 참다운 보살이다. 보리심을 다른 말로 표현하면 도를 구하는 마음, 즉 구도심求道心이다. 구도심이란 내내 아뇩다라삼먁삼보리를 이루고자 하는 마음이다. 그런 구도심을 일으킨 사람이 보살이다.

대승불교가 정착이 되자 보살이라는 개념이 깨달음을 추구하는 존재에서 '깨달음을 이미 성취했으나 일체 중생의 성취를 위해 중생으로 남아 있는 존재'로 까지 발전하였다. 구도자로서의 보살뿐만 아니라 불신佛身이 보살로 나타나는 경우를 말한다. 내용은 불신인데 부처님의 몸이다. 부처님의 몸이 보살로 나타나는 경우가 있다. 신앙 대상으로서의 보살이다. 부처님이 대지보살로 나타나면 그게 문수보살이 되고, 대행보살로 나타나면 그게 보현보살이 된다. 대원보살로 나타나면 지장보살이고, 대비보살로 나타나면 그게 관세음보살이다.

이와 같이 부처님 형태로서의 보살이 있고 구도자로서의 보살이 있다. 여기에서 보살은 구도자로서의 보살을 말한다. 금강경에서는 깨어있는 삶을 살고자 하는 사람을 보살이라고 이야기한다.

세 가지 물음

아뇩다라삼먁삼보리의 마음을 낸 다음에는 어떻게 머물러야 되며應云何住, 어떻게 그 마음을 항복시켜야 되는가云何降伏其心? 머문다는 말이 무슨 뜻인가?

금강경의 한역본은 보통 여섯 개를 꼽는다. 대표적인 구마라습鳩摩羅什(kumarājīva, 343~413)본은 서기 402년에 번역한 것이다. 나머지는 그 후에 보리유지菩提流支(508년경), 진제眞諦(499~569), 급다笈多(590년경), 현장玄奘(622~664), 의정義淨(635~713)이 번역했다.

　　그런데 구마라습본 말고 다른 본에는 운하수행云何修行이라는 한마디가 또 있다. 이 세 가지를 수보리가 부처님한테 물었다. "구도심을 일으킨 사람은 운하주이며 운하수행이며 운하항복기심입니까?" 이를 줄여서 주·수·항이라고 한다. 보살에게는 주·수·항 세 가지 문제가 있는 것이다.

　　보살이 불법을 배우는 목적은 결국 아뇩다라삼먁삼보리를 깨달아 얻으려는 것이기 때문에, 구도심을 일으켰을 때 주·수·항의 세 가지 과제를 풀어야 한다. 즉 불법을 배우는 목적을 달성하기 위해서는 항상 마음이 한 곳에 머물러야 하고, 마음을 한 곳에 모으기 위해서는 부단한 수행이 있어야 한다. 그러나 그 일이 뜻대로 되지 않는 폐단을 막기 위해서는 마음을 항복시키는 법을 알아야 한다.

　　첫 번째 과제는 어떻게 머무는가云何住이다. 이 '주住' 자가 금강경에서는 세 가지 뜻으로 쓰인다. 그 첫 번째는 원할 원願, 두 번째는 행할 행行, 세 번째는 집착執着한다는 의미이다.

　　여기에서 응운하주應云何住는 첫 번째 의미인 원할 원願을 말한다. '머무른다住'는 것은 원하는 것이다. 그러면 어떻게 머물러야 하느냐? '마음이 콩밭에 머문다'는 말이 있다. 콩만을 마음으로 원한다는 뜻이다. 공부하는 학생이 몸은 교실에 있어도 마음이 다른 데에 가 있다면, 그 쪽만 생각하는 것이다. 그러니까 골똘히 원하는 것, 생각하는 것, 그것을 '머문다'고 한다.

　　응應은 '응당히', '마땅히'이고, 운하云何는 '어떻게', '무엇을'이다. '구도심을 일으킨 보살은 무엇을 원해야 하나?'라는 말이다. 대부분의 중생들은 부자가 되고 싶어 한다. 출세하려고 한다. 여자들은 사랑받고 인정받기를 원한다. 부자가 되고 출세하고 화목하고 건강하고 그런 게 중생이 원하는 거다. 그것만 갖고는 분명히 보살이 될 수 없다.

그렇다면 보리심을 일으킨 보살은 무엇을 원해야 하는가? 보살은 어떻게 살아야 할까? 보살에게 문득 문득 중생심이 일어날 때, 그걸 어떻게 해결하고 어떻게 비울까? 여기서 말하는 주제가 바로 이것이다.

주住가 두 번째 뜻인 실천行의 의미로 쓰인 경우는, 금강경 '마음 닦는 법妙行無住分 第四'에 보살 단응여소교주但應如所敎住라는 말이 나오는데, '다만 응당히 가르친 바와 같이 머물러'란 뜻이다. 여기에서의 머무름은 실행이니 '가르친 바와 같이 행하라'는 뜻이 된다.

주住가 집착執着의 의미로 쓰인 경우는, 그 다음 소위부주색보시所謂不住色布施 부주성향미촉법보시不住聲香味觸法布施란 말과 관계가 있다. 부주색은 '색色(현상)에 집착하지 아니하고 보시하며'란 말이다. 또 성향미촉법에 집착하지 아니하고 보시하란 말이다.

두 번째 문제는 어떻게 닦아가야 하는가云何修行이다. '원하는 것이 분명하다면 수행修行은 어떻게 해야 하느냐?'라는 말이다. 원하는 게 있으면 닦는 게 있어야 하는 법이다.

세 번째 문제는 어떻게 마음을 항복시켜야 하는가云何降伏其心이다. 마음에는 찟따citta(心)와 마노mano(意)라는 두 불교용어가 있다. 심心은 우리의 생각 일반을 뜻한다. 형상色의 상대적 개념이다. 의意는 주관적 감각기관인 안이비설신의眼耳鼻舌身意 육근六根중 마지막 여섯 번째인 의근意根이나 의처意處를 말한다. 이 의근이나 의처가 그 객관적으로 감지되는 의근의 대상인 법法(dharma)을 만나서 생겨나고 사라지고 하는 여러 사고작용들을 심心이라 한다.

항복降伏은 마음이나 생각을 잘 움켜잡아서 엉뚱한 방향으로 가지 못하게 하는 것이다. 바꾸어 말하면 항복은 '없애버린다', '비워버린다'는 말이다. 상대편을 항복시키면 상대가 없어진 것이다. 항복을 못 시키면 상대가 살아있는 것이다. 따라서 항복은 마음을 없애는 것, 비워버리는 것이다. 문제는 그 마음이다. 그것은 항복시켜야 할 마음이므로 나쁜 마음이며 보리심을 일으키기 전 중생의 마음이다. 금강경에서는 중생의 마음을 아상·인상·중생상·수자상으로 표현했다. 따라서 보리심을 일으킨 보살임에도 불구하고 가끔 중생심이 일어나는데, 그 중생심을 어떻게 비우며 어떻게 없애는지를 물은 것이다.

즉 무엇을 원해야 하며, 어떻게 닦아야 하고, 어떻게 중생심을 억눌러서 항복시켜야 하는가? 이것이 주住·수修·항降, 삼문三問이다.

금강경의 대화는 이 삼문을 통해서 부처님이 대답을 한 것이다. 이 구마라습역에서는 두 가지만 말하고 한 가지는 뺐다. 운하수행이 빠지고 바로 항복이 나왔다. 이것은 아주 큰 차이이다. 그러나 그냥 하나가 그 안에 들어있다고 생각하면 된다. 수보리의 물음은 두 가지이지만 사실은 세 가지를 물은 것으로 보면 된다.

이 말을 듣고 부처님이 '선재선재善哉善哉'라고 말씀하셨다. 옛날에는 이 말을 '착하고 착하다'라고 번역했다. 그런데 '좋은 말이다, 참으로 좋은 말이다'라고 번역하는 것이 더 가깝다. 왜냐하면 어른들에게는 '착하다'라고 하지 않는다. 재哉는 어조사이므로 '참 좋은 말이다'라고 해도 되고, '좋은 뜻이다'라고 해도 되고, '좋은 말이다'라고 해도 상관없다.

'여금제청汝今諦聽'에서 '청'은 능동적으로 내가 들을 때만 쓰는 말이다. '여시아문如是我聞'에서의 '문聞'은 '듣는다'가 아니라 '들린다'는 뜻이다. 그 것은 들린대로 들었다는 것이다. 그러나 '청聽'은 내가 애써 주관적으로 파악 하고 능동적으로 발심하여 들어야 하는 것이다.

'제諦'는 부사로서 '자세히', '명료하게'라는 뜻이다. 들되, 진리를 깨달 을 수 있도록 들으라는 것이다.

유연唯然이라는 말에서 연然은 어조사이고, 유唯는 '예'라는 말이다. 원요 욕문願樂欲聞은 '자세히 듣고자 하나이다'란 뜻이다. 여기에서 '문聞'으로 쓴 이유는 진리는 들리도록 되어 있기 때문이다. 이렇게 해서 비로소 대화가 시 작된다.

선거가 있거나 정권이 바뀔 때마다 국민들은 이번에는 제대로 하겠지 기 대를 하다가 이내 실망으로 바뀌곤 한다. 대학교수, 연구소장, 장관, 국회의 원 등 남들은 하나도 하기 어려운 직업을 두루 거친 어느 유명인사가, 그 중 에 제일은 국회의원이더라는 말을 했다고 한다. 대접받고 권한은 있으되 말 에 책임은 없으니 이 보다 더 좋은 직업이 어디 있겠는가? 그러나 시장市場은 상품의 품질과 가격 논리를 따를 뿐 거짓말을 하지 않는다. 음식이 맛이 있으 면 손님들이 차례가 올 때까지 줄을 서서 기다린다. 좋은 품질의 제품은 다소 비싸더라도 소비자가 선택한다.

금융시장도 마찬가지이다. 얼마전 달러가치가 하락하여 상대적으로 유로 화나 엔화가치가 상승하였는데 유독 원화가치만 더 하락하였다. 정상적인 금 융경제이론으로는 맞지 않는 현상이 일어난 것이다. 그러나 현장에 있는 사 람은 이미 눈치를 채고 있었다. 서브프라임 모기지(비우량 주택담보대출)문제로 세계경제 여건이 좋지 않은데 우리나라는 성장을 지향하는 정권이 들어섰다. 그러나 당연히 쓸만한 정책수단이 그리 많지 않다. 경제성장률의 17%나 차지한다는 건설경기 활성화는 자칫 잘못하면 부동산가격을 자극할 수 있으니 함부로 쓸 수 없다. 남은 것은 수출을 많이 하도록 하는 길 뿐이다. 그러니 환율의 방향성은 예정된 수순이나 마찬가지다. 우리나라 주식에 투자하고 있는 외국인들은 주가가 안 움직인다 해도 앉아서 몇 십 % 손해를 보게 되어 있으니 주식을 팔지 않을 수 없다. 주가는 하락하고 원화환율은 추가하락하게 된다. 그러면 어떻게 이 모든 문제들을 해결하고 나갈 수 있겠는가? 장사는 실제로 몸을 움직여 가면서 기억하는 일이다. 미라이공업의 야마다사장은 말한다. 현장에서 배워라. 국가도 기업도 몸으로 배우는 경험을 통해 그 미래가 결정되는 것이다.

3. 마음 머무는 법

大乘正宗分 第三

'마음 머무는 법'은 금강경에서 상당히 중요한 내용을 담고 있다. 금강경은 법회인유분法會因由分과 선현기청분善現起請分으로 시작하여, 응화비진분應化非眞分으로 끝난다. 이것을 삼십이분이라고 한다. 이것은 격문이 아니고 나중에 경을 이해하기 쉽도록 참고로 달아 놓은 것이다.

누가 그것을 달아 놓았는지는 잘 모른다. 보통 육조시대 양무제梁武帝의 아들 소명태자昭明太子(501~531)가 달았다고 하는데 정확하지 않다. 이 32개의 분절이 반드시 올바른 나눔이라고 할 수는 없지만, 대체로 그 분分의 내용을 의미있게 개관하고 있다. 그 중 대승정종분 항목이 대단히 중요하다. 왜냐하면 세 가지 질문 중 첫 번째 주住의 질문에 대답한 내용이기 때문이다. 보살은 무엇을 원해야 하며, 무엇을 위해서 살아가는가? 보살의 삶의 목적은 무엇인가? 보살이 바라는 것은 무엇인가? 그것을 이야기한 것이 이 항목이다.

부처님이 수보리에게 말씀하셨다.

"모든 보살마하살은 응당히 이렇게 마음을 내어야 한다. 이른바 세상에 있는 온갖 중생으로서 알로 태어나는 중생이거나, 태반으로 태어나는 중생이거나, 곰팡이같이 습기로 태어나는 것이나, 그 모습이 다른 모양으로 변해서 태어나는 것이나, 그 형상이 있는 것이나, 형상이 없는 것이나, 생각이 있는 중생이나, 생각이 없는 중생이나, 생각이 있는 것도 아니고 생각이 없는 것도 아닌 이러한 일체 중생을 내가 모두 인도해서 가장 높은 열반의 세계에 들도록 하리라. 이렇게 헤아릴 수 없이 많은 중생을 제도하더라도 실제로는 그 보살의 마음속에는 전혀 중생을 하나도 제도했다는 마음이 없느니라.

무슨 까닭이겠는가? 수보리야, 만일 어떤 보살이 끝없는 탐욕이나, 타인이라는 생각 때문에 일어나는 끝없는 원망과 성냄이나, 끝없는 어리석음이나, 끝없는 애착이 있으면 이미 보살이 아니기 때문이다."

佛告須菩提
諸菩薩摩訶薩 應如是降伏其心 所有一切衆生之類 若卵生
若胎生 若濕生 若化生 若有色 若無色 若有想 若無想 若非有想
非無想 我皆令入無餘涅槃 而滅度之
如是滅度 無量無數無邊衆生 實無衆生 得滅度者
何以故 須菩提 若菩薩 有我相 人相 衆生相 壽者相 卽非菩薩

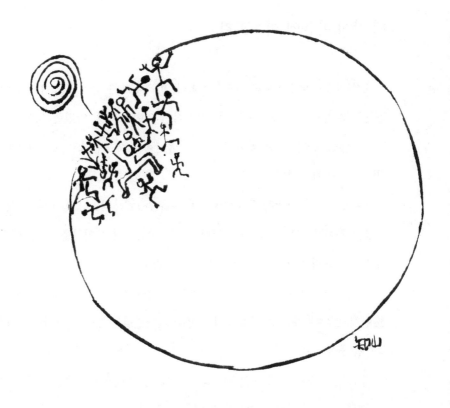

깨달은 눈으로 보면 있는 것도 없고 없는 것도 없다.
이것이 정견이다.

네 가지 마음에 머무르라

보살을 더 높여 부르면 '마하살'이다. 마하Maha는 범어로 크다는 말인데 무한한 의미로서 큼을 의미한다. 절대적인 의미로서의, 영원한 의미로서의 큰 실상을 말한다. 다시 말하면 마하는 공간적으로 무한하고 시간적으로 영원한 의미의 표현이다.

'응당 이렇게 그 마음을 내어야 한다應如是降伏其心'라는 표현에서 '항복'은 번역상 차이가 있는 부분이다. 구마라습은 항복이라고 의역을 했고, 현장을 비롯한 다른 다섯 번역본은 전부 발심發心이라고 했다.

구마라습은 항복이란, 좋은 불심을 일으키면 마음을 잘 움켜잡아서 엉뚱한 방향으로 못 가게 하여 중생의 마음이 없어진다는 뜻으로 보았다. 그래서 금강경 전체를 중생의 마음을 비우게 하는 경으로 본 것이다. 경을 보는 관점이 다르다. 금강경을 거듭 읽으면 중생의 그 조그마한 생각들이 다 없어진다. 금강경은 중생의 마음을 없애는 경이다. 그렇기 때문에 그 아주 핵심적인 요목에 항복이란 말을 붙였다. 따라서 금강경을 읽게 되면 누구를 원망하는 생각도 없어지고, 괴로워하는 마음도, 무서워하는 생각도, 여러 쓸데없는 생각, 후회하는 마음과 세상 헛살았다는 생각마저도 모두 없어진다. 그래서 그 중생의 마음을 항복시키는 경이 금강경이라고 본 것이다.

중생의 마음을 항복시키려면 어떻게 해야 할까? 대단히 큰마음을 일으켜 버리면 조그만 마음은 저절로 없어진다.

다른 번역본에서는 항복이 아니라 '다음과 같이 마음을 일으킬지니'라고 번역한다. 즉 발심이다. 발심은 보살이 원하는 마음, 보살이 일으킨 마음이다. 여기에서 심心은 원할 원願과 뜻이 같으며, 발원한다고도 한다. 발심은 무

72

얼 하고자 마음을 낸 것 또 무엇을 원하는 것이며, 발원은 보살의 발원을 이 야기하는 것이다.

'응당히 이렇게 마음을 내어야 한다' 라고 했는데, 어떤 마음을 내어야 하 는가?

'이렇게如是', '이와 같이'의 내용은 무엇인가? 네 가지 마음에 머무르라 는 것이다. 네 가지 마음이란 광대한 마음廣大心, 으뜸가는 마음第一心, 항상 같 은 마음常心, 뒤바뀌지 않는 마음不顚倒心을 말한다. 보살은 이러한 네 가지에 마음을 머물러 두어야 한다. 이것을 '마음 머무는 법' 이라 했다.

첫째, 광대한 마음이란 '이른바 세상의 온갖 중생인 난생 · 태생 · 습생 · 화생 · 유색 · 무색 · 유상 · 무상 · 비유상 · 비무상'을 모두 제도하려는 마음 이다. 미물인 곤충에까지라도 일체중생의 행복을 생각하는 광대하고 넓은 마 음이다.

둘째, 으뜸가는 마음이란 '내가 모두 제도하여 가장 높은 열반의 세계에 들도록 하리라我皆令入無餘涅槃 而滅度之' 한 대목이다. 적당히 제도하는 것이 아니 라 끝까지 다한다는 가장 높은 마음이다.

셋째, 항상 같은 마음이란 '이렇게 헤아릴 수 없이 많은 중생을 제도하되 실제로는 한 중생도 제도를 받은 이가 없나니라如是滅度 無量無數無邊衆生 實無衆生 得滅度者'라고 한 대목이다. 제도하기 전이나 후나 항상 제도했다는 생각을 하 지 않는 것이다.

넷째, 뒤바뀌지 않는 마음이란 '만일 어떤 보살이 아상 · 인상 · 중생상 · 수자상이 있으면 이미 보살이 아니기 때문이다若菩薩 有我相人相衆生相壽者相 卽非菩 薩'라고 하여 네 가지 현상에 걸리지 않는 마음을 말한다.

첫 번째의 광대심廣大心은 12류類로 분류한 온갖 중생이 대상이 된다. 중생이란 산스끄리뜨어 살타薩埵(sattva)의 번역인데 현장은 이를 마음이 있는 생명체란 뜻의 유정有情이라고 했다.

흔히 불교에서는 하찮은 미물의 생명도 소중히 여긴다고 말한다. 그러기에 채식을 위주로 하는 산채음식이 발달하게 되었다. 미물의 생명을 소중히 여기지 않을 수 없는 이야기가 있다.

전라북도 임실군 오수리 마을에는 의로운 개를 기리는 묘비가 있다. 1천 년 전 김개인이 장에서 친구와 술을 마시고 집에 돌아가던 중 잔디밭에 누워 잠이 들었다. 이때 인근에서 불이 나서 그에게까지 불길이 번져 왔다. 개는 시냇물에 몸을 적셔 잔디 위를 뒹굴어서 불을 끄고 주인의 목숨을 건졌으나 지쳐 쓰러져 숨을 거두고 말았다. 김개인은 잠에서 깨어나 이 사실을 알고 개의 무덤을 만들어 장사 지낸 후 무덤 앞에 지팡이를 꽂아두었다. 얼마 후 이 지팡이에서 싹이 트고 자라 커다란 느티나무가 되었다. 그때부터 마을 사람들은 이 나무를 오수獒樹라 하고 이 마을을 오수마을이라고 부르게 되었다고 한다.

얼마 전 TV에서도 평소 자기를 돌봐주던 할머니가 죽자 소가 그 할머니의 무덤을 찾아가서 울고 있는 모습이 방영된 적이 있다. 우리는 또 돌고래가 조련사의 구호에 맞추어 여러 가지 쇼를 하는 것을 보고 즐거워한다. 이렇듯 동물들도 비록 말은 못하지만 인간과 마음을 주고받는 것이다. 살아있는 생명체에게는 마음이 있다.

12류 중생은 세 부류로 묶는데, 태어나는 형태에 의한 분류(受生差別: 欲界), 몸의 형태에 따른 분류(依止差別: 色界), 경계에 따른 분류(境界差別: 無色界)다.

태어나는 형태에는 알로 태어나는 난생卵生, 사람처럼 태반으로 나오는 태생胎生, 습기가 있는 곳에서 태어나는 곰팡이, 모기, 지렁이같은 습생濕生, 마치 매미나 나방처럼 딴 몸으로 훌쩍 바꿔 태어나는 화생化生이 있다. 천상의 신들, 지옥의 중생들, 귀신도 화생이라고 한다. 사람이 죽으면 바뀌어서 귀신이 되기 때문이다. 모태 등 태어나는 원인 자체가 없으며 의탁한 데 없이 홀연히 다음 생을 이어받아 생겨나는 것을 말한다.

몸의 형태에 따른 분류에는 형상이 있는 존재인 유색有色, 형상이 없는 존재인 무색無色이 있다. 욕계 · 색계 · 무색계의 삼계 중 욕계와 색계는 유색에 속한다.

경계에 따른 분류에는 생각이 있는 존재인 유상有想, 생각이 없는 존재인 무상無想, 생각이 있는 것도 아니고 없는 것도 아닌 비유상비무상非有想非無想이 있다. 이를 통틀어 일체중생이라 한다.

두 번째의 제일심第一心의 핵심은 '일체중생을 내가 모두 제도하여 무여열반에 들도록 하리라' 는 것이다. 열반은 산스끄리뜨어 니르와나nirvāṇa의 음역으로 '불어서 꺼진' 의 뜻이다. 장작의 불이 꺼지고 숯이 되어 남아 있는 상태를 유여열반有餘涅槃이라 하며, 윤회를 계속하게 만드는 오온五蘊이 남아 있다는 뜻이다. 재조차 남지 않고 완전히 연소된 상태인 무여열반無餘涅槃은 존재가 완전히 소멸된 상태, 즉 깨달은 자의 몸까지 죽어서 없어진 경지를 말한다. 그래서 열반을 멸滅 · 적멸寂滅 · 멸도滅度 · 원숙圓寂이라고 한다. 멸도의 '멸滅' 은 불을 끈다는 의미이며, '도度' 는 건넌다, 즉 제도한다는 말이다. 이 언덕에서 저 언덕으로 고해의 강물을 건넌다, 즉 '구원한다' 는 뜻이다. 그것은 탐貪(raga), 진瞋(dosa), 치癡(moha)가 완전히 소멸된 상태이며 모든 번뇌의 속박에서 해탈하고 생사를 초월해서 불생불멸의 법을 체득한 경지를 말한다.

무여열반은 그중에서도 가장 높은 열반이다. 무여는 더 이상 여유가 없다, 최고라는 뜻이다. 무여열반은 부처님과 같은 최고의 지혜를 말한다. 따라서 보살이 원하는 것은 개인의 행복이 아니라 중생의 행복이라야 한다. 개인의 행복을 원하는 건 중생이고, 중생의 행복을 원하는 건 보살이다.

세 번째의 상심常心은 중단 없는 마음이다. '이렇게 한량없고 끝없는 중생을 제도하되 실제로는 한 중생도 제도 받은 이가 없다.' 왜 중생을 다 제도했는데도 제도 받은 중생이 하나도 없다고 말했을까?

부처님께서 깨닫고 보니까 이 우주의 근본진리는 불생불멸이다. 태어나는 것도 아니고 죽는 것도 아니다. 불생이라고 하는 것은 태어나지 않았으니 있는 것이 아니요, 불멸이라고 하는 것은 없어진 것이 아니니 없는 것이 아니다. 태어났다는 것은 있음이지만 깨달은 지혜로 보면 이 세상에는 있는 게 하나도 없다. 있는 것 같이 보이는데 없다. 그러면 없는 건 있는 것인가? 없는 것도 없다. 이 세상은 깨달은 눈으로 보면 있는 것도 없고 없는 것도 없다. 하지만 우리는 항상 '있다', '없다'에 묶여있다. 없어졌으면 멸滅이다. 그러면 '불멸'이라면 '없는 것도 없다'는 말이다. 있는 것도 없고 없는 것도 없다. 그것이 우주의 참모습이다.

'있는 것이 없다'면 이 세상에 있는 게 다 없어지니 모두 '무'로 돌아간다고 생각하면 되는데, '없는 것이 없다'면 꽉 막혀 버린다. 이게 무슨 말인가? 이게 깨달아야 하는 문제다. 우리 눈에 있는 걸로 보이고 없는 걸로 보이는 것은 전부 환상幻相이라는 것이다. 그러니까 환상과 실상의 문제다. 실상은 있는 것도 없고 없는 것도 없고, 있는 것도 아니고 없는 것도 아니다.

금강경 맨 마지막에는 여몽환포영如夢幻泡影이라는 말이 나온다. 환幻은 허깨비란 뜻이다. 있는 모습이 금방 없어지고, 없는 모습이 금방 생기고, 생겼다 없어지고, 없어졌다 생기고 하기 때문이다. 우리 몸도 따지고 보면 환상이다. 한 백 년만 지나가면 우리는 다 없어진다. 그냥 놔둬도 백 년만 있으면 다 죽는다. 그러나 가만히 기다리고 있으면 어디서 나오든지 또 사람이 나온다. 이렇게 '유무'의 모습이 시시각각으로 변하는 것이다.

그렇게 중생을 제도했는데도 제도 받은 이가 없다는 것은 깨달은 눈으로 보면 있는 것도 없고 없는 것도 없다고 보기 때문이다. 이것이 정견正見이다. 죽음을 두려워하고 삶에 집착하는 것은 정견이 아니다. 바르게 보는 것은 있는 것도 아니고 없는 것도 아닌 것으로 보는 것을 말한다. 그러나 내가 중생을 제도했다라고 하면 이것은 유견有見이 된다. 따라서 보살은 비유비무非有非無를 갖고 자신의 문제를 일단 해결하는 것이다. 죽는 것도 아니고 사는 것도 아니니 겁낼 것도 없고, 무엇에 집착할 필요도 없고, 죽고 사는 문제도 잊게 된다. 불생불멸로 보니까, 태어나는 것도 아니고 죽는 것도 아니라는 것이 마음속에서 확실해진다. 그것이 완전한 해탈解脫이다.

보리수 아래에서 깨달음을 얻었을 때 싯달다는 '나는 없다'고 하였다. 나조차 허공으로 사라져버린 것이다. 이러한 무아無我는 윤회와 모순이다. 여기에서 보살이 등장하는 것이다. 보살들이 추구하는 삶은, 열반이 끝이 아니며 윤회의 현실이 곧 열반이라고 하는 생각의 전환이다. 윤회는 삶의 현실이기 때문이다. 무아의 부정의 부정, 생사가 곧 열반이고, 번뇌가 곧 깨달음이라는 생각이다. 그래서 번뇌 그 자체가 중생구제로 변하는 대승사상이다. 나아가서는 중생구제에서 그치지 않고, 바로 그 많은 중생을 제도하는 내가 있지 않다고 하는 아상我相의 부정과 4상의 부정에 곧 보살의 원초적이고도 진실한 의미가 있다.

우리는 죽음을 두려워하며 살고 싶어 한다. 그러나 불멸에 대한 확신에서 보라. 죽음에 대한 걱정이 생기겠는가? 사는 것이 실제로 있는 것이라는 집착 때문에 조금이라도 더 오래 살려고 집착하는 것이다. 사는 게 곧 사는 게 아니라고 깨닫게 되면 죽음의 문제에 관심을 쏟겠는가? 그렇기 때문에 불생불멸을 믿는 순간부터 자기 문제는 해결되는 것이다.

그러면 무엇이 남는가? 아직 그걸 모르는 중생을 위해서 보살행을 해야 한다. 일체중생의 행복을 위했어도 보살의 마음속에는 자기를 통해서 행복한 중생이 있다고 생각하지 않는다. 왜 그런가? 삶과 죽음이 전혀 문제가 안 되기 때문에, 좋은 일을 했어도 그런 마음이 조금도 없기 때문이다. 중생을 모두 열반으로 인도했어도 그 생각이 조금도 없다는 것이다. 결국 그 보살의 마음속에는 중생을 제도했다는 마음이 전혀 없다는 말이다.

네 번째의 부전도심不顚倒心이란 바뀌지 않는 마음이다. 이것은 앞에서 네 가지 현상에 걸리지 않는 마음이라고 했다. 4상이 없는 보살은 중생을 다 제도하고서도 제도했다는 생각이 조금도 없다. 또 일체중생을 전부 제도하려고 마음을 먹는다.

이런 경지에 이르기까지는 세 가지 문제가 있다. 첫째, 보살은 모든 중생의 행복을 위해서 산다. 둘째, 모든 중생을 행복하게 했어도 자기 때문에 행복을 얻었다는 마음이 조금도 없다. 셋째, 조금이라도 스스로 했다고 생각하면 이미 보살이 아니다.

4상에 집착하지 말라

아상 · 인상 · 중생상 · 수자상이 중생의 마음이다. 옛날부터 이에 대한 해석이 다양하다. 이 4상에 대하여 여러 책에서도 저마다 해석이 달라서 분명하지 않다. 구마라습은 상sañjñā을 현장처럼 일반적 한문 역어인 想이 아니라 相으로 옮기고 있다. 상은 어원 그대로 해석하면 '같게 인식하는 것'이며 합지合知라고 한다. 대상을 받아들여 이름붙이는 작용이 합지다. 영어로는 perception(인식)으로 옮기기도 하고 apperception(통각)으로 옮기기도 한다. 현각玄覺(1964~)스님은 새들을 자유롭게 방생하면서 새들의 본성과 우리 인간의 본성이 분리되어 있지 않고 똑같다고 깨달았으며 본래 너와 내가 따로 분리되어 있지 않음이 상相이라고 했다. 각묵角默(1957~)스님은 단순히 인식하고 생각하고 상상하고 마음을 쓰는 차원을 넘어서 마음에 어떤 모양相을 굳게 그리고 만든 상태를 구마라습이 상이라 파악했다고 평가하고 있다. 종범 큰스님의 아주 멋진 해석과 함께 각묵스님의 원전역해를 여기에 소개한다.

아상我相에서 모양 상相은 생각 상想과 같은 뜻이다. 왜 같을까? 아주 묘한 번역인데, 생각이 있어야 모양이 보이기 때문이다. 마음을 두지 않으면 전혀 보이지 않는다. 아상이란 '나'라는 생각이다. 그러면 '나'라는 생각이 도대체 무엇인가? 어느 해석에는 '나'라는 생각을 탐심貪心이라고 하였다. 탐하는 마음이 '나'라는 생각이고 '아상'이다. 이 해석이 아주 재미있다.

중생은 탐욕적이다. 무엇이든 끝없이 탐한다. 그것은 무엇 때문에 일어날까? 다른 사람 때문이 아니라 자기 좋으려고 일으키는 것이다. 그것이 우리 욕심이며, 이게 전부 '아상'이다. 욕심이 많든 적든, 누구를 위했든 결국 자기를 위한 것이다. 아들딸에게 공부 잘해라, 부자 되라, 출세하라는 것도 결국 자기 욕심이다. 다른 아이들한테는 하지 않는다. 내 아이들이니까 잘 되어야 한다. 결국 자기가 거기에 들어가 있는 것이다. 자기를 둘러싸고 있는 모든 욕심은 결국 '나' 라는 생각으로 뭉쳐진다. 원하는 것 전체가 다 아상이다.

각묵스님은 「금강경 원전분석 역해」에서 이를 자아自我(ātman)라는 산냐想로 옮기고 있다. 인도사상과 인도수행에서 자아는 비상비비상처非想非非想處로서 수행의 최고 경지이다. 인도사상에서는 정통철학은 물론 자이나교까지도 자아를 인정하고 있기 때문에 자아 없이는 존재할 수 없다. 몸은 비록 윤회전생하지만 이 자아는 생사를 초월해서 생사에 걸리지 않는다고 한다. 우리의 몸이나 인식의 한계를 초월한 절대적 존재가 자아(아뜨만)이고 그것이 바로 브라흐만이다. 자아의 부정은 자신의 존재를 부정하는 것이다. 그러나 그것은 생각이고 개념일 뿐이다. 자아는 그것을 초월해 있다. 각묵스님은 무엇이든 부정할 수밖에 없는 경지가 자아라고 말한다. 스님은 이런 부정할 수밖에 없는 자아의 경지가 불교의 4처四處(空無邊處, 識無邊處, 無所有處, 非想非非想處)의 맨 마지막으로 설정한 경지라고 한다. 부정한다는 말은 상이 아니라는 말非想이요, 그렇다고 자아가 존재하지 않는 것은 아니라고 하니 이것은 상이 아님도 아니다非非想. 상 중에서 가장 먼저 극복해야 할 것이 아뜨마산냐我相라고 한다. 그래서 부처님은 비상비비상처는 구경의 경지가 아니라고 하여 버리고 안아뜨만anātman(無我)을 힘주어 강조하고 있다. 인도사상은 자아를 인정하는데 불교는 무아를 표방한다. 내가 없다 보니 모두가 평등하다. 카스트제도의 힌두교와 불교가 양립할 수 없는 이유다.

인상人相은 무엇인가? 진심瞋心, 성내는 것, 화를 내는 것을 말한다. 성은 왜 내는가? 자기한테는 성을 안낸다. 다른 사람他人이라는 생각 때문에 화를 내는 것이다. 다른 이보다 더 심한 사고를 쳐놓고도 자신에게는 화를 안 낸다. 그런데 다른 사람이 조금만 잘못하면 화를 낸다. 다시 말하지만 화내는 것은 내가 아니고 다른 사람이라는 생각 때문이다. 성내는 것은 무조건 '인상' 이다. 틱낫한스님은 구름, 공간 등과 같은 인간이 아닌 요소를 이른다고 말한다.

빠알리어로는 뿌드갈라pudgala(人)로서 개인, 인간, 인격 등 집단으로서가 아닌 개인으로서의 인간이라는 개념으로 쓰인다. 각묵스님은 이를 개아(個我)라 번역하였다.

이제 중생상衆生相을 얘기해보자. 이는 치癡, 즉 어리석음을 말한다. 중생은 어리석다. 어리석음을 빼놓으면 중생이 아니다. 너무 어리석어서 참이해를 못한다. 다른 사람 늙는 줄은 알지만 자신이 늙는 줄은 모른다. 다른 사람의 죽음을 보면서도 자신의 죽음을 모른다. 그렇기 때문에 죽음이 갑자기 오는 것이다. 죽을 준비를 한다는 것은 평소에 자기 물건으로 되었던 것을 죽기 전에 다 임자를 정해주는 일이다. 재벌이든 그렇지 않든 자기 목숨에 애착이 많고 돈이 많을수록 이를 분명하게 정해주지 않고 죽으면 이것 때문에 형제 간에 싸움이 일어난다.

젊은 사람들은 자기가 늙는다는 걸 꿈에도 모른다. 그러나 눈 깜짝할 사이에 늙는다. 피천득은 그의 시 '오월' 에서 '내 나이를 세어 무엇하리 / 머문 듯 가는 것이 세월인 것을' 이라고 노래하고 있다. 어리석기가 그지없는 게 중생이다.

사뜨와sattva는 깨달음을 성취하지 못한 모든 생명체를 말한다. 구마라습은 중생衆生으로 현장은 유정有情이라고 옮겼다.

다음은 수자상壽者相이다. 끊임없이 애착을 느끼는 것이 수자상이다. 한 십 년 쯤 살았으면 됐는데 자꾸 애착을 느껴서 더 살려고 하고, 또 더 살려고 하는 것이 수자상이다. 어떤 사람은 팔십을 살았는데도 불쌍하다고 운다. 햇빛만 보고 죽는 것만 해도 고맙게 생각해야 하건만, 삶에 대한 애착은 끝이 없다. 자기 것이 됐는데도 계속 더 가지려고 하는 것이 수자상이다. 수명을 계속 유지하려고 하고, 물건도 계속 더 가지려고 한다. 사람도 그렇고 재산도 그렇고 다 마찬가지이다.

수壽는 지와jīva라고 하며 '목숨' '생명' 이라는 말이다. 특히 자이나교에서는 생사를 초월해 있는 존재로서 인정하는 개념이다. 현장은 명命으로 옮겼다. 각묵스님은 이를 '영혼' 이라 옮기고 이런 불생불멸의 참생명이 있다는 상을 가지지 말라고 설하기 위하여 이 지와산냐를 정형화했다고 간주한다.

중생에게는 이렇게 끝없는 탐욕과 남을 원망하고 미워하는 마음이 있다. 그리고 끝없는 어리석음과 애착이 있다. 이것이 4상四相이다. 보리심을 일으킨 보살은 4상을 비워야 한다. 그렇다면 그것은 어떻게 가능한가? 온 중생의 행복을 간절하게 원할 때 4상쯤은 저절로 없어진다. 그래서 발심發心 자체를 항복으로 본 것이다.

넓은 마음이란 무엇인가? 온 중생의 행복을 원하는 마음이다. 간단하게 이 마음만 가져도 보살이다. 보살이 왜 이런 마음을 일으키게 됐는가? 자기 문제는 이미 해결되었기 때문이다. 불생불멸을 믿는 순간에 자기 문제는 끝난 것이다.

우리는 불생불멸에 대한 깨달음을 얻지 못해 늘 걱정하며 산다. 하루 살면 하루 걱정하고 이틀 살면 이틀 걱정한다. 그러나 반야바라밀에 삶과 죽음이 없다는 내용을 알면 하루를 살아도 기쁨이다. 중생들은 무슨 걱정이 그리 많은지 마치 걱정하려고 태어난 사람들처럼 보인다. 세상일은 걱정하는 대로 되지 않는다. 또한 걱정 안한다고 안 되는 것도 아니다. 자기가 노력하고 준비한 만큼, 다 될 만큼 되는 것이다. 그것을 인연법因緣法이라고 한다.

이것이 다 중생 문제이지만, 중생은 어차피 반야바라밀의 불생불멸을 모르기 때문에 아상·인상·중생상·수자상에 하루하루가 찌들어 간다. 끝없는 탐심·끝없는 원망·끝없는 어리석음·끝없는 애착 속에서 매일같이 괴로움에 시달리지 않을 수 없다. 중생은 고해苦海다. 어떤 중생이든 고통이 없는 사람이 없다는 말이다.

마음을 크게 가지고 일체중생의 행복을 위해서 발원을 한다. 그러나 중생을 행복하게 했으되 행복했다는 마음이 없어야 한다. 여기까지가 발심부분이다. 이 부분이 첫 번째 질문 '무엇을 원해야 합니까?'에 대한 대답이다.

그렇다면 깨닫지 못한 사람은 무엇을 위해 사는가? 돈 벌고 싶다. 건강하고 싶다. 그것이 일반적인 목표다. 출세하는 것도 삶의 목표 중 하나고, 재산 많은 것도 하나의 목표가 되고, 또한 권력도 마찬가지이다. 애정을 이루는 것도 기분 좋은 일이다. 사실 마음대로 안 되는 것이 애정이다.

결국 인정받고 사랑받고 싶은 것이 인간의 기본적인 욕망이다. 인정이나 사랑을 못 받으면 살맛이 안 난다. 보통은 돈을 벌고, 출세를 하고, 권력을 갖고, 원만한 가정과 애정을 이룩한다. 이는 일반적인 세속적 욕구다. 그러나 세속적인 욕구나 목표를 위해서 살다보면 언젠가는 허무해지기 마련이다. 간절함의 깊이를 채우지 못하는 허전한 현실. 목마름은 항상 목마름으로 남는다. 자식은 부모에게 있어 기쁨이요 희망이다. 그런데 재롱부리는 시기를 지나 자아가 생기면서부터 부모가 생각하는 방향과 영 반대로 나가면 허탈해진다. 재산이 삶의 목표였는데 어느 날 갑자기 물거품이 되어 버릴 때, 그럴 때 나는 지금까지 무얼 위해서 살았나 허무해진다. 권력이 있을 때는 많은 사람들이 찾아 왔는데, 권력을 잃게 되면 아무도 찾아오는 사람이 없다. 이럴 때는 허망하고 허탈할 수밖에 없다. 이런 문제는 결국 세속적인 것으로는 채우지 못하는 또 하나의 부족함이다. 우리가 끊임없이 잡으려고 애쓰지만 확실하게 잡히는 것은 하나도 없다. 젊어서는 모든 사물이 온통 눈부신 슬픔이고 아름다운 상처라 했던가. 하지만 그것도 어느 사이엔가 그냥 어디로 없어져 버린다. 나이가 들면 천하장사도 없고 미스코리아도 없다. 무언가 잡으려고 끊임없이 노력을 하는데 잡히지 않는 것이 현실이다.

우리는 불생불멸을 모르니까 삶에 자꾸 매달리게 된다. 인간은 누구나 다 살려고 한다. 그것은 짐승들, 동물들 또한 마찬가지다. 살아 보았자 소의 한 평생이라는 것이 뭐 그렇게 신통한 게 없다. 그런데도 그 소가 살려고 얼마나 몸부림을 치는지 모른다. 그러니 불생불멸을 모르는 우리 인생에게 반야심경般若心經의 불생불멸不生不滅 불구부정不垢不淨을 읽어 보았자 '쇠귀에 경 읽기'이다. 우주의 근본 진리가 삶과 죽음을 초월해 있는데, 그 원리를 스스로 확실하게 깨달았을 때 삶과 죽음에 대한 문제가 없어져 버린다. 그 경지에 서면 사는 것에 대한 집착도 없어지고, 죽는 것에 대한 두려움도 없어진다.

불생불멸이 자기 깨달음으로 확실히 들어오면 죽든 살든 전혀 문제가 안 된다. 불생불멸을 깨닫는 순간 개인의 욕망은 해결된다. 세속적 욕구에 매달리는 건 오래 살려는 것인데 삶과 죽음을 초월한 세계에 들어가 버리면 그런 마음이 다 없어져 버린다. 개인문제는 불생불멸이라고 하는 깨달음 하나로 해결되었다. 다음 문제는 아직까지도 불생불멸의 원리를 깨닫지 못하고 세속적인 욕구를 위해 헤매고 있는 중생을 제도하는 것이다.

그래서 짧지도 않지만 길지도 않은 한평생 무엇을 위해서 살 것인가 하는 것은 대단히 중요한 일이다. 중생들은 대부분 삶의 목표가 없다. 그저 돈 벌어서 여유 있으면 놀러 다니고 그냥 그렇게 세월이 가는 것이다. 많은 사람들이 나름대로 생의 목표를 갖고 살겠지만 생의 뚜렷한 목표를 갖지 못하고 살아가는 것이 대부분 우리 중생의 삶이다.

그런데 보살은 중생을 복되게 하고 중생을 평화롭게 하고 중생을 지혜롭게 하는 것이 삶의 목표다. 그것은 불생불멸을 믿고 자기문제로 받아들이면서 자연스럽게 나온다. 중생을 복되게 하려는 염원이 간절하고 철저할수록 보살의 공덕생활은 끊임없이 나온다. 염원이 있기 때문이다.

중생 제도를 위한 믿음은 어디서 생기는가? 이른바 신심信心은 우주의 근본 알맹이가 불생불멸이라는 것을 믿는 데서부터 나온다. 진리의 근본은 삶과 죽음을 초월해 있다. 우주의 근본 진리는 모든 것이 늘어나는 것도 아니고 줄어드는 것도 아니다. 이것을 자기 깨달음으로 받아들였을 때 삶의 목표가 달라진다.

일체중생을 부처님의 복된 광명의 세계로 인도하는 것이 보살의 목표지만 어떻게 달성해야 할까? 공덕생활을 통해서 달성해야 한다. 그것은 무엇인가? 바로 육바라밀의 생활화이다. 다음 제4분의 '마음 닦는 법妙行無住分'은 그 육바라밀을 자기생활로 이루어가는 것에 대한 이야기이다.

4. 마음 닦는 법

妙行無住分 第四

위의 수보리가 수행하는 법문을 청할 때 '어떻게 마음이 머물러야 하는 가應云何住?' '어떻게 수행해야 하는가云何修行 云何降伏其心?' 라는 두 가지 질문을 했다. 그 첫 번째 질문은 '마음 머무는 법'에서 '네 가지 마음에 머무르되 4상을 항복시키라'고 했고, 여기서는 그 두 번째 질문에 대한 대답이다.

"보살은 육바라밀을 수행해야 하며, 그것을 완성하기 위해서는 4상에 집착하지 말라." 이것은 보이는 세계, 들리는 세계, 우리 눈앞에 펼쳐진 현상세계, 세속적인 세계에 욕심을 내거나 집착하지 않는 것이다. 육바라밀을 닦는다는 말을 부주상보시, 무주상보시라고 한다. '보시'라는 말 속에는 육바라밀이 다 들어있다. 반야바라밀의 수행은 무주상보시이다. 무주상보시는 색성향미촉법에 집착하지 않고, 보시를 닦고, 지계를 닦고, 인욕을 하고, 정진을 하고, 또 선정을 닦고, 지혜를 닦는 보시이다. 그러나 집착하지 않고 닦기 때문에 닦기는 수없이 닦지만 닦는다는 마음은 없다.

"또 수보리야, 보살은 온갖 법에 대하여 마땅히 머무름이 없이 공덕을 닦아야 하나니. 이른바 보이는 것에 집착하지 아니하고, 소리에 집착하지 말고, 좋은 냄새, 맛있는 음식, 여러 가지 촉감, 자기주장에 집착하지 아니하고 공덕을 닦아야 하느니라.

수보리야, 보살은 마땅히 이렇게 보시를 행하여 겉모습에 집착하지 않아야 되느니라. 무슨 까닭이겠느냐? 만일 보살이 이런 세속적인 욕망에 끌리지 않고 중생의 행복을 위해서 공덕을 닦으면 그 복덕은 헤아릴 수가 없느니라.

수보리야, 네 생각은 어떠하냐? 동쪽에 있는 허공을 생각하여 헤아릴 수 있겠느냐?"

"못하옵니다, 세존이시여."

"수보리야, 남쪽 서쪽 북쪽 네 간방과 위아래에 있는 허공을 생각하여 헤아릴 수 있겠느냐?"

"못하옵니다, 세존이시여."

"수보리야, 보살은 이 현실적인 욕망에 끌리지 않고 중생의 평화와 행복을 위해서 공덕생활을 하는 공덕도 그와 같아서 생각하여 헤아릴 수 없느니라. 수보리야, 보살은 단지 이렇게 가르쳐 준 대로만 실천해야 할 것이니라."

復次 須菩提 菩薩 於法 應無所住 行於布施

所謂不住色布施 不住聲香味觸法布施

須菩提 菩薩 應如是布施 不住於相 何以故

若菩薩 不住相布施 其福德 不可思量

須菩提 於意云何 東方虛空 可思量不

不也 世尊 須菩提 南西北方 四維上下虛空 可思量不

不也 世尊 須菩提 菩薩 無住相布施 福德 亦復如是 不可思量

須菩提 菩薩 但應如所教住

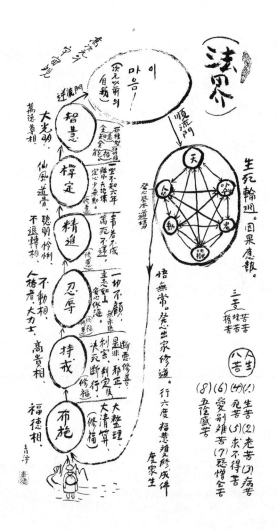

현상에 집착하지 말라.

현상에 집착하면 결국은 잡히지도 않고 끝내 허망할 뿐이다.

육바라밀을 수행하라

'또 수보리야' 는 앞에서 한번 말했기 때문에 '또復次' 라고 말하는 것이다.

'보살은 온갖 법法에 대하여 마땅히 머물러 있는 생각이 없이 보시를 해야 하나니菩薩 於法 應無所住 行於布施' 는 '보살은 어떤 경계에 머물러서 보시를 해서는 안 된다' 는 말이다.

'온갖 법' 은 물질과 정신을 통틀어서 이르는 말로 색성향미촉법 등 육근의 대상인 '육경六境·육진六塵' 을 말한다. 보이는 세계, 들리는 세계, 냄새나는 세계 등 이런 세속적인 모든 현상이다. 여러 세속적인 것을 다 법이라고 한다. 현장은 이를 사事라고 옮겼다. 불교에서 만법이라고 말하는 것이다.

초기 불교에서는 안이비설신의를 한문으로는 의미심장하게 뿌리 근根이라 옮겼다. 이를 인드리야indriya라고 하는데, 이것은 인드라indra에서 파생되었는데 이는 인도의 신들 중에서 가장 힘이 센 왕이다. 그런 힘을 가진 것을 감각기능이라 표현하는 것이다. 색성향미촉법은 우리가 빠져들고 움켜쥐고 연연하는 대상으로서 수행자가 반드시 극복해야 할 것들이다. 감각기능 자체인 육근과 그 대상인 육경을 12처라 한다.

무색계無色界의 사선四禪(jhāna), 즉 공무변처, 식무변처, 무소유처, 비상비비상처를 부처님은 사처四處(ayatana)라고 하여, 수행자가 반드시 극복해야 하는 상相이라고 했다.

'머무른다' 는 말은 머무를 주住의 세 번째 뜻인 집착을 의미한다. 보살이 세속적인 것에 집착하면 목표도 세속적인 것이 된다. 그래서 중생을 제도하고자 하는 염원이 흐려진다. 항상 목표와 현실이 문제인데, 자기 욕망을 이루면 중생을 제도하는 불심이 약해지니 중생을 복되게 하려는 목표를 위해 보살은 세속적인 집착을 버려야 한다. 그래서 머물러 있는 생각은 집착이다.

'보살은 마땅히 이렇게 보시를 행하여 겉모습에 집착하지 않아야 되느니' 菩薩 應如是布施 不住於相'에서 겉모습을 현장은 상상相想, 구마라습은 그냥 상相으로 옮기고 있다. 각묵스님은 이를 앞서의 4상의 상相과 구분한다. 4상은 산냐 sañjñā로서 마음에 무엇이 개념화되고 이념화 내지는 음운화, 관념화된 것인 반면, 여기의 상은 니밋따nimitta로서 마음에 어떤 것이 형상화visualization된 것이라고 해석한다.

예를 들어 수행자가 성불이라는 개념이나 이념을 만들어 낸다면 그것은 산냐이며, 마음에 극락세계를 무릉도원으로 형상화한다면 그것은 니밋따인 것이다.

'보시布施'는 범어 단나檀那(dana)의 번역인데, '공덕을 닦는다', '육바라밀을 닦는다'는 뜻이다. 보시는 내용에 따라 재물을 주는 재시財施와 진리를 일러주는 법시法施 그리고 두려움을 없애고 안도감을 주는 무외시無畏施로 나눈다. 또 보시의 형태로 보아서 유주상보시有住相布施와 무주상보시無住相布施로 나누는데, 전자는 마음에 보시한다는 자취가 있는 것이며, 후자는 아무런 자취도 없고 머무름도 없는 보시이다.

부주상보시나 무주상보시는 앞글자만 틀린 뿐 같은 내용이다. 상에 집착하지 않고 보시한다는 뜻이다. '상'은 현실적인 여러 가지 내용, 즉 보이고 들리고 냄새나고 맛보는 세속적 욕망이다. 현실적인 내용에 집착하지 않는다는 말은 자기 욕구에 매달리지 않고 중생의 평화와 행복을 위한 공덕생활을 한다는 뜻이다. 따라서 깬 사람은 중생의 행복을 원하게 되지만, 못 깬 사람은 자기만의 행복을 원하게 된다.

중생의 행복을 위해서 공덕을 닦으면 자기도 행복하고 중생도 행복하다. 이를 자리이타自利利他라고 한다. 자신만의 행복을 추구하다보면 결국 자기도 물론 중생도 괴로움에 빠지게 된다. 우리는 흔히 자기 이익을 위해 다른 사람에게 손해를 끼친다. 그러면 결국 자기도 파멸하고 손해를 당한 사람은 큰 고통을 당한다. 그렇기 때문에 부주상보시를 하라는 것이며 그것이 바로 육바라밀이다.

보시 · 지계 · 인욕 · 정진 · 선정 · 지혜는 재물보시 · 무외보시 · 법보시로서 모두가 보시布施이다. 깨우침을 줄 사람에게는 깨우침을, 위안을 줄 사람에게는 위안을, 또 재물이 필요한 중생에게는 재물을 주며 사는 것이 보살이다.

중생은 손해 보는 일을 하지 않는다. 왜 그럴까? 자기 목표가 있기 때문이다. '나는 행복하게 살고 싶다, 사랑받고 싶다, 출세하고 싶다, 부자가 되고 싶다.' 그러니 다른 사람을 위해서 무엇을 하는 것이 쉽겠는가. 수재의연금이나 불우이웃돕기 성금을 내라고 하면 그것이 어디에 쓰이는지 의심스럽고, 체면 때문에 안 낼 수도 없고 아주 괴롭다. 그런데 보살은 같은 돈을 내면서도 기쁘게 낸다. 아들딸들에게 주는 건 기분이 좋은데, 엉뚱한 사람에게 줄 때는 억울하다. 전부 마음먹기 달린 것이다.

미국 인디언들의 전설에는 레인메이커Rain maker를 칭송하는 내용이 있다. 그들에게는 곡식이 자라는 데 필요한 단비를 내리게 하는 주술능력을 가진 이의 역할이 절대적이었다. 비가 내리지 않으면 가뭄에 시달리다 끝내 자신들의 생활터전을 옮겨야만 했기 때문이다. 요즘은 이 말이 매출을 늘리는 영업사원이나 신규회사의 창업자, 또는 이를 도와주는 자본투자가, 사회에서 소외받고 있는 사람들을 도와주는 자선사업가 등의 의미로 쓰인다. 비는 보슬비일 수도, 소낙비일 수도, 장맛비일 수도 있다. 그러나 어떤 비든 간에 그것은 보살행에 속한다. 초기 로마시대의 왕과 귀족들이 보여준 솔선수범과 공공봉사, 자발적인 기부와 헌납 등으로 표현되는 '노블레스 오블리주 noblesse oblige'도 이에 속한다 할 수 있다.

오늘날 기업경영도 그렇다. 처음 조그맣게 자기사업을 할 때는 자기 이익을 챙기게 된다. 그런데 기업이 커져서 국가적 산업으로 발전할 때는 자기 자신이나 가족의 이익만 생각할 수는 없다. 그에 딸린 종업원들이나 그들의 가족, 나아가서는 국가산업도 생각하지 않을 수 없다. 얼마 전 빌 게이츠 마이크로소프트 회장은 가난한 사람들을 도울 수 있어야 한다며 창조적 자본주의 Creative Capitalism를 주장하였다. 이와 같은 기업문화에서 결국 남을 위하는 이타주의利他主義가 생겨나는 것이며 그 행위로 자신이 만족하고 즐거워한다면 자리이타自利利他가 되는 것이다.

마음에서 나오는 목표의 차이는 이렇게 다른 결과로 나타난다. 보살은 깨달음을 통해서 중생을 복되게 하고자 하는 목표가 있기 때문에 보시생활을 할 수 있는 것이다. 이것이 바로 금강경에서 말하는 보살행이다. 세속적이고 현상적인 데 너무 집착하지 마라無住相 不住相. 금강경에서는 중생제도를 위한 보살행을 강조한 반면, 세속적인 욕망에 끌리지 말라고 경고한다. 그 경고가 금강경 제일 마지막 부분까지 나온다.

현상에 집착하지 말라. 현상에 집착하면 결국은 잡히지도 않을 뿐만 아니라 마지막에는 허망할 뿐이다. 이것이 금강경이 강조하는 점이다. 모든 중생의 행복을 위해서 열심히 공덕을 닦아라. 그게 부주상보시이다. 하지만 우리는 그 두 가지가 다 안된다. '현상에 집착하지 말라'고 하는데 집착하게 되고, '보시'를 하지 못한다. 하지 말라는 것은 잘하고, 하라는 것은 못한다. 그러니까 중생이다. 담배 피우고, 술 먹고 노는 것 같은 세속적이고 현실적인 것은 가르쳐 주지 않아도 아주 잘 한다. 그런데 진리는 두세 번씩 가르쳐 주어도 모른다.

'가르쳐 준 대로만 머물지니라但應如所敎住.' 여기에서 '머문다'는 말은 머무를 주住가 의미하는 두 번째 뜻인 실천實踐을 뜻한다. 그렇다면 가르쳐 준 것은 무엇일까? 현실적으로 너무 집착하지 말고 부주상보시, 즉 공덕생활을 하라는 것이다. 그렇게 되면 자신도 행복하고 옆 사람들도 다 행복해진다. 그게 바로 중생의 행복을 염원하는 보살의 삶이며 그 보살행을 하면 성불하게 되는 것이다.

5. 실상 그대로의 진리를 보라

如理實見分 第五

이 경의 구성은 수보리가 속으로 의심하고 부처님이 겉으로 설명하는 형식을 취하고 있다. 그 첫째 의문은 부처가 되기 위해서 보시를 한다는 것도 현상에 집착하는 것이 아닌가 하는 것이다. '실상 그대로의 진리를 보라' 는 말을 현각스님은 '여래를 바로 보라' 는 뜻으로 풀이한다. 이는 성불成佛을 의미한다. 모든 현상은 참된 상이 아니다. 보이는 상도 보이지 않는 상도 참된 상이 아니라는 것은 덧없는 상이라는 말이다. 보였다가 보이지 않기도 하고 보이지 않다가 보이기도 하기 때문에, 유상이라고 하면 사는 것이고 무상이라고 하면 죽는 것이다. 살고 죽는 것이 덧없는 것이다. 태어났다가 죽기도 하고 또 죽었다가 태어나기도 하고, 그러기에 살고 죽는 것이 덧없는 상인 줄을 확실히 알면 그때 여래를 볼것이다. 여래는 죽고 사는 데 초월하고, 보이고 안 보이는 데 초월하여 자유자재한 부처를 말한다. 이러한 상태가 반야바라밀의 성불이다. 반면에 소승불교는 마음속의 번뇌만 없어지면 그걸 성불로 본다.

"수보리야 네 생각이 어떠하냐? 몸의 형상으로써 여래를 볼 수 있겠느냐?"

"못하옵니다, 세존이시여. 몸의 형상으로써 여래를 볼 수는 없습니다. 무슨 까닭인가 하면, 여래께서 몸의 형상이라고 말씀하신 것은 참모습이 아니기 때문입니다."

부처님께서 수보리에게 말씀하시되, "일반적으로 존재하는 온갖 겉모양은 모두가 허망하여, 만약에 모든 현상이 참모습이 아닌 줄을 알면 바로 여래를 보리라."

須菩提 於意云何 可以身相 見如來不

不也 世尊 不可以身相 得見如來 何以故 如來所說身相 卽非身相

佛告須菩提 凡所有相 皆是虛妄 若見諸相 非相 則見如來

보이는 것이 참모습인가,

아니다. 안 보이는 게 참모습인가,

아니다. 그것은 오직 깨달음을 통해서만 얻을 수 있다.

모든 현상이 참모습이 아닌 줄을 보라

부처님은 '몸의 형상(부처님의 32상)으로써 여래를 볼 수 있겠느냐?' 라고 하여 이야기의 실마리를 풀었다. 이는 수보리의 의문을 미리 앞질러 물은 형식이지만 실제는 '그럴 수는 없다' 는 의지를 강력히 보인 것이다.

부처님은 32상이 있다. 즉 32가지 특이하고 뛰어난 모습(정수리 위의 살상투, 양미간의 흰 털, 온몸에서 발하는 빛, 평평한 발바닥 등)을 갖고 있는데, 이는 부처님이나 전륜성왕에게만 있다고 한다. 그런데 유감스럽게도 32상은 여자가 아니라 남자모양이다. 그래서 '32상이 부처님 모습' 이라고 확정해 놓으면 여자는 성불할 수 없다. 그런 이유로 후대에는 부처님의 모습을 32상 하나로만 한정하지 않는다. 남자가 필요할 때는 남자로 현신하고, 여자가 필요할 때는 여자로 나타나며, 아이가 필요할 때는 아이로, 어른이 필요할 때는 어른으로 현신한다. 이게 부처님의 백억화신, 천수천안이다. 부처님이라고 하면 우리는 먼저 그 모양을 생각하지 않을 수 없다. 그러나 그 모양은 결국 허망한 것이다. 금강경에서 부처님의 형상이 참모습일 수가 없다는 이야기가 설득력을 갖는 이유이다.

부처님의 실체는 불생불멸의 실체를 가지고 있는 것이지 중생에게 보이는 것만으로 여래의 모습이라고 할 수가 없다. 여래의 모습이나 실체에 대해서 현장은 諸相으로 구마라습은 身相이라 옮겼다. 각묵스님은 「금강경 원전 분석 역해」에서, 구마라습이 똑같이 상相으로 옮겼지만, 앞의 마음 머무는 법 大乘正宗分에서의 '4상四相' 은 마음에 무엇이 관념화된 것이라 하였다. 또 마음 닦는 법 妙行無住分에서는 '부주어상不住於相' 의 상을 마음에 어떤 것이 관념화된 것이 아니라 형상화된 것, 즉 형상, 표식 등의 일반적인 '겉모양' 을 의미한다고 하였다. 그런데 여기에서 신상身相이라고 할 때의 상은 빠알리어로 락샤나 laksaṇa, lakkhaṇa로 표현하였는데 몸에 나타나는 여러 가지 '특별한 상' 혹은 '독특한 상'을 뜻한다. 관상, 수상, 족상 등에 나타나는 특상特相이라고 할 수 있다. 앞에서 부주어상을 '겉모습에 집착하지 말라'고 하였다면 여기서는 그 연장선상에서 여래가 '32상'을 갖추었기에 여래가 되었다고 생각하지 말라는 것이다. 다시 말해서 '여래는 어떤 특별한 상을 가지고 있지 않다'는 것이다.

지금도 인도에는 카스트제도가 있다. 브라만(승려), 크샤트리아(무사, 왕족), 바이샤(상공업 종사자), 수드라(농민 등) 이렇게 네 계급이 있다. 물론 카스트제도는 법으론 폐지됐다지만 현실에선 결혼과 교육, 사회 곳곳에 깊숙이 뿌리내려 있다. 인도에서는 인구의 50%에 이르는 수드라계층을 배려하는 차원에서 공무원이나 대학 신입생을 뽑을 때 특례 배정을 하고 있다. 인도 수드라 중에서도 최하층 '불가촉不可觸 천민'인 달릿계급 출신의 나라야난은 1997년 대통령이 되었다. 2006년에는 발라크리슈난이 대법원장이 되었다. 오늘날 인도 경제는 위로 치받고 올라가려는 천민들의 의지가 중요한 성장동력이 되고 있다.

크샤트리아족은 어깨가 딱 벌어지고 아주 잘 생겼다. 크샤트리아족이라고 하면 선도 안보고 혼인할 정도다. 전쟁과 정치를 통해서 골격이 그렇게 진화해온 것 같다. 부처님도 크샤트리아족이라서 키도 크고 몸매가 훤칠하고 이목구비가 뚜렷하다. 인도사람들은 양미간에 흰 털이 모여 있는데, 보는 모습에 집착하는 중생들은 부처님의 그런 모습을 연상한다. 그런 모습은 오기도 하고 가기도 하기 때문에 항상 있는 게 아니다. 부처님의 신체적 모습이 전부가 아니다. 그러면 부처님의 실체는 무엇인가?

부처님의 질문을 재빨리 간파한 수보리는 지체 없이 얼른 말꼬리를 내린다.

"못하옵니다. 세존이시여, 몸의 형상으로써 여래를 볼 수는 없습니다."

그리고 부처님의 모습이 있으리란 의문을 거두어들인다.

"여래께서 몸의 형상이라고 말씀하시는 것은 참모습이 아니기 때문입니다."

그건 몸의 형상이 아니다. 그냥 인연 따라서 오고 가는 것이니 진짜 참모습이 아니다. 이게 색즉시공色卽是空이며 불교의 인연법이다. 왜 참모습이 아닌가? 인연 따라 오고 가는 것이니 그것은 완전한 것도 아니고 영원한 것도 아니다. '곧 아니다卽非'라는 것이다. 잡아보면 아니다. 인간은 열정적으로 무엇을 이루려고 하는데, 막상 이루어보면 만족하지 못한다. 또 다른 것을 찾는다.

어떤 사람이 집 하나만 사면 죽어도 원이 없겠다고 한다. 하지만 그는 집을 사자마자 또 보다 넓고 큰 집을 찾는다. 아기를 못 낳은 사람이 아기만 낳으면 모든 소원이 다 이루어지는 것일까? 천만에 말씀이다. 아기를 낳자마자 기쁨도 잠시, 아이가 자라면서 또 다른 걱정이 생기게 마련이다. 이처럼 인간이라는 게 끊임없이 노력하면서도 잡고 나면 허망해진다. 끊임없이 잡으려고 반복할 뿐이다.

보이는 것이 참모습인가? 아니다.

그러면 안 보이는 게 참모습인가? 그것도 아니다.

그럼 참모습은 대체 어디에 있는가?

그것은 오직 깨달음을 통해서만 얻을 수 있다. 그것이 여래의 세계다.

우리는 귀로 듣고 눈으로 보려 한다. 그러나 매일 들었지만 들리는 것은 참소리가 아니고, 평생을 보았지만 그것 또한 참모습이 아니다. 오온에서 말하는 형상色이란 12처에서 말하듯이 눈에 보이는 대상일 뿐이다. 우리 눈앞에 펼쳐지는 것은 끊임없이 흘러가며 변한다. 자기 모습도, 여러 주변사람의 모습도 흘러간다. 가난했던 어린시절 꽃대궐 같던 고향의 모습은 시가 되고 노래가 되었다. 과거의 모습이 없다. 그래서 무상하다고 한다. 소리도 끊임없이 지나간다. 소리, 냄새, 맛, 촉감, 마음의 대상도 변하기에 고苦를 수반하는 것이며, 변하기 때문에 '내 것'이라고 주장할 수 없다無我(아나따)는 것이다.

32상에 관한 한 그것은 단지 색의 한 모습일 뿐이다. 그런데 우리 중생은 외모나 외관에 대한 집착이 크다. 따라서 부처님은 특별한 외모를 가진 것이 아니니 그 상에 집착하지 말고 '여래를 바로 보라'고 한다.

부처님께서 수보리에게 말씀하셨다. '일반적으로 존재하는 온갖 겉모양은 모두가 허망하니, 만약에 모든 현상이 참모습이 아닌 줄을 알면 바로 여래를 보리라.' 무슨 이야기인지 쉽게 이해할 수 없다. 각묵스님은 '32상과 32상이 아닌 두 측면을 다 고려해서 여래라는 견해를 가져야 한다'는 의미라고 하였다. 그런데 구마라습은 이 구문을 멋지게 의역하여 금강경의 대표 구절로 승화시킨다.

凡所有相 皆是虛妄 범소유상 개시허망
若見諸相非相 則見如來 약견제상비상 즉견여래

일반적으로 존재하는 온갖 겉모양은
모두가 허망하여
만약에 모두가 참모습이 아닌 줄을 알면
바로 여래를 보리라

흘러가고 지나가기 때문에 모든 모습은 허망하다. 내 모양도 허망한 것이고, 존재하는 모든 것도 결국은 허망한 것이다. 몇 년 후에 허망하게 될지 그 시간의 문제지 결국은 허망하게 된다. 살아있는 내 몸, 눈앞에 있는 책상, 마을의 집들, 이 모두가 언젠가는 사라진다. 잠시 동안 보이는 모습이지 진짜가 아니다. 옛날 힘이 센 공룡도 자취 없이 사라져버렸다. 인간도 계속 존재하지 않을 수도 있다. 끝까지 남는 것은 없다. 그러니까 범상凡相이 허망虛妄이라고 함은 모든 현상은 결론적으로 허망하다는 말이다.

만약 모든 현상이 참모습이 아닌 줄 알게 되면 곧 여래를 본다고 했다. 모든 상 중에서 유상有相은 보이는 것, 무상無相은 보이지 않는 것이다. 이 세상에는 보이는 것, 보이지 않는 것 두 가지 밖에 없다. 그런데 보이는 것도 허망하고 보이지 않는 것도 허망하다. 다시 말해 그것은 진정한 모습이 아니기 때문이다.

현각스님은 강물이 흐르는 소리, 바람이 부는 소리가 바로 부처라고 했다. 부처는 어떤 특별한 모양이나 상이 없다. 느끼는 바로 그것, 우리의 마음, 진정한 본성이 부처다. 아무 모양도 없고 상도 없다. 아무 형상이 없는 그것이 바로 부처다. 그래서 초기 불교에서는 몇 백 년 동안 불상도 없었다.

진상眞相이라는 말이 있다. 있는 것도 없고 없는 것도 없다는 말이다. 도대체 무슨 소리인가?. 우리는 늘 '있다' '없다'에 꼼짝없이 걸려 있다. 사는 건 있는 것이고 죽는 건 없어지는 것이라고 생각한다. 생사生死문제이기에 보이는 것에 집착하고, 안 보이는 것을 두려워한다. 그게 우리 인간이다. 죽음은 어떤 세계인가? 죽어보지 않았으니까 죽음이라는 게 어떤 세계인지 우리는 모른다. 그러면서 죽음 때문에 우리는 괴로워한다. 죽어보지도 않고 왜 죽음을 그렇게 두려워하는가?

만능 탤런트 김종민은 고소공포증 때문에 번지점프를 3번이나 실패했다. 그리고 또 다른 프로에서 봅슬레이 체험에 도전하였다. 그는 2시간 동안이나 도전과 공포의 망설임을 반복한 끝에 눈 딱 감고 손을 놓아 버렸고 결국 3초 만에 성공하였다. 성공 소감을 묻자 그가 대답했다.

"아무 것도 아니네요."

그렇다. 공포란 이처럼 극복하기 위해서 있는 것인지도 모른다. 깨달음 속에서 보면 있는 것이 없다. 있는 것처럼 보이지만 잘 들어가 보면 있는 게 아니다. 또 없는 것처럼 보이지만 잘 들어가 보면 없는 게 아니다.

'있는 것이 없는 것과 다르지 않고 없는 것이 있는 것과 다르지 않다色不異空 空不異色'

'있는 것이 없는 것이고 없는 것이 있는 것이다色卽是空 空卽是色'

'있는 것도 아니고 없는 것도 아니다不生不滅'

'더러운 것도 아니고 깨끗한 것도 아니다不垢不淨'

'불어나는 것도 아니고 줄어드는 것도 아니다不增不減'

모두 같은 말이다. 부처님의 세계에 들어간다는 것은 보이는 것과 보이지 않는 것의 세계를 초월하는 것이다. 그 다음에는 어떻게 되는가? 보이기도 하고 안 보이기도 한다. 유에도 능하고 무에도 능하다能有能無. 이것이 진상이다.

금강경이나 반야심경의 근본세계는 여래세계이다. 여래의 세계는 생멸유무生滅有無를 초월한다. 참 생명이라고 하는 것은 보이고 안 보이는 게 아니다. 보이고 안 보이는 것을 초월하는 것이다.

소금의 짠 맛은 물에 녹든 뭉쳐있든 상관없다. 마찬가지로 우주의 기운도 모양이 나타나든 안 나타나든 그대로 있는 것이다. 기공을 오래 수련한 사람은 몸 안에서 기가 움직이는 기감氣感을 느낀다고 한다. 어느 정도 경지에 오르면 보통 사람은 맡지 못하는 향기가 난다고도 한다. 또 보통사람은 사람이 아주 가까이 왔을 때 비로소 냄새를 맡을 수 있지만 이들은 멀리 떨어져 있는 사람의 냄새도 맡는다고 한다. 높은 단계까지 기를 단련하고 강화한 사람은 기를 몸 밖으로 발사할 수 있으며 양 손에서 궁굴린다고 한다. 그러나 보통 사람들 눈에는 보이지 않는다. 무협영화 같은 데서는 이를 장풍掌風이라 했고 의술로는 포기布氣라 한다.

무착보살의 아우인 세친보살世親菩薩은 금강경을 해석하면서 금강경은 심심인과深心因果, 즉 심心이 깊은 인과라 했다. 발심과 수행과 성불이 깊다는 의미다. 발심은 자신만의 성불만이 아니라 모든 중생의 성불을 원하기 때문에 깊다. 집착하지 않기 때문에 수행이 깊은 것이다. 성불했으되 보이고 안 보이는 것을 모두 초월해서 때로는 보이기도 하고 때로는 보이지 않기도 하여 자유자재한다. 초월과 자재가 바로 성불이다.

6. 바른 믿음은 참으로 훌륭하다

正信希有分 第六

위 '실상그대로의 진리를 보라如理實見分'에서는 우리가 구해야 할 부처는 형상으로 논할 바가 아니라 그를 초월해야 된다고 했다. 이를 위해서 공덕을 아무리 닦아도 닦는다는 마음이 없고, 성불을 해도 한다는 마음이 없이 무공용으로 하라고 한다. 이래서 불교가 어렵다.

그래서 수보리는 중생의 입장을 대신해서 성불을 했으면 마땅히 나는 성불을 했다는 마음이 있어야지 어떻게 성불했다는 마음이 없느냐, 보살행을 했으면서도 했다는 마음이 어찌하여 없느냐고 묻는 것이다. 그러자 부처님은 그런 수보리의 뜻을 알고 '그런 말 하지 말'고 한다.

수보리가 부처님께 여쭈었다.

"세존이시여, 퍽이나 많은 어떤 중생들이 이러한 말씀이나 글귀를 듣고서 믿음을 내겠습니까?"

부처님께서 수보리에게 말씀하셨다.

"수보리야, 그런 말을 말라. 여래가 열반에 드신 후 나중 오백 년이 지나가도 계戒를 지키고 복을 닦는 사람들은 부처님 말씀을 듣고 믿음을 내어 이를 진실이라 여길 것이니, 마땅히 알라. 이런 사람은 한, 두 부처님이나 셋, 넷, 다섯 부처님께만 선근공덕을 심은 것이 아니라, 전생에서부터 이미 헤아릴 수 없을 만큼 많은 부처님께 인연공덕을 쌓았으므로 이 경전을 듣고 보거나 잠깐 생각만 해도 청정한 믿음이 생길 것이니라.

수보리야, 여래는 이 중생들이 이렇게 한량없는 복을 받을 것이라는 것을 다 알고 다 보느니라. 왜냐하면, 이 중생들은 아상·인상·중생상·수자상이 전혀 없으며, 법상(옳은 것)도 없고 비법상(그른 것)도 없기 때문이다."

須菩提 白佛言 世尊 頗有衆生 得聞如是 言說章句 生實信不

佛告須菩提 莫作是說

如來滅後 後五白歲 有持戒修福者 於此章句 能生信心 以此爲實

當知 是人 不於一佛二佛三四五佛 而種善根

已於無量千萬佛所 種諸善根 聞是章句 乃至一念 生淨信者

須菩提 如來 悉知悉見 是諸衆生 得如是無量福德

何以故 是諸衆生 無復我相人相衆生相壽者相 無法相 亦無非法相

중생이 고해를 건너갈 때 부처님의 말씀이 필요하다.
부처님의 법문은 단지 이 강을 건너가는 배에 불과하다.

그토록 깊은 법을 누가 믿으랴?

수보리가 그토록 깊은 법이 정말로 옳다는 믿음을 누가 낼 수 있는지 부처님께 묻는다. 그러자 부처님은 '그런 말을 말라'고 물음을 일축한다.

'멸후'는 '열반에 드신 후'라는 뜻이다. '나중 오백 년'은 부처님께서 오백 년을 한 단위로 하여 다섯 단위로 나누었는데 마지막 오백 년을 말한다. 제1 오백 년, 제2, 제3, 제4, 제5 오백 년이 있는데, 그 마지막이다. 따라서 부처님께서 열반하신 뒤 이천오백 년 뒤를 말한다.

부처님이 열반하신 후 이천오백 년 내지 삼천 년 뒤에도 '계를 지킨다'는 뜻은 다른 사람에게 고통을 주지 않는다거나 도덕적 윤리적으로 좋은 특질을 나타낸다는 이야기이다. '복을 닦는다'는 말은 좋은 일을 자꾸 만들어 가는 것이다. 현장은 이를 구덕具德이라 옮겼으며 이는 덕을 가졌다, 공덕을 쌓는다는 말이다.

여기서는 나쁜 것은 안 만들고, 좋은 것을 만들어가는 사람은 이 금강경의 말씀을 듣고 진실이라 여길 것이라고 하였다. 반야든 성불이든 보살행이든 그 근본은 선행善行이다. 선행은 흙과 같아서 아무리 종자가 좋아도 흙이 없으면 싹이 돋아날 리 없다. 부처님의 법음이 아무리 훌륭해도 선행이 없는 중생에게는 법음이 들어가지를 않는다. 여시아문如是我聞, 즉 부처님 말씀이 내 귀에 이와 같이 들렸다고 한 아난존자는 벌써 선근공덕善根功德이 있는 사람이다.

근본적으로 공덕이 쌓여야 보살행이 된다. 이 공덕에서부터 문제가 출발하는 것이다. 그런데 복을 닦는 사람이 공덕만 쌓는다고 그냥 될까. 아니다, 인연이 있어야 한다. 조금이라도 선행을 닦아가는 사람들은 전생부터 많은 인연이 있어야 한다.

'이런 사람은' 다섯 부처님뿐 아니라 헤아릴 수 없이 많은 부처님께 선근을 심었기 때문에 경전을 보거나 잠깐 생각만 해도 청정한 믿음이 생긴다고 했다. 이 말은 아무리 세월이 오래가도 조금이라도 공덕을 짓고자 하는 사람은 이 금강경을 다 받아들이게 되어 있다는 말씀이다. 그 이유는 과거에 많은 부처님들이 나오셨을 때 온갖 중생들이 그 부처님과 인연을 맺었기 때문이다. 이 말은 부처님께 공양을 올리고 기도하고 하는 것이 전생에서부터 많은 인연이 있어서 됐다는 것이다. 우리가 경을 읽고 믿음이 생기는 것은 아주 오래 전부터 쌓였던 불교와의 인연이 있었기 때문이다. 불교는 단 한 권의 불교 서적을 읽거나 한 번의 설법을 듣는다고 마음에 와 닿는 것이 아니다. 한 번의 만남으로 쉽게 인연이 된 것이 아니라, 아주 깊고 깊은 인연이 있는 것이다. 우리가 먹는 과일이나 반찬도 오랫동안 여러 과정을 거쳐서 입안으로 들어오듯이, 인연은 갑자기 아무렇게나 오지 않는다. 아주 오래된 인연들이 만나게 되어 있다. 현각스님은 더 나아가서 우리가 말하는 수많은 부처는 우리의 모든 경험을 의미한다고 말한다.

'여래는 다 알고 다 본다悉知悉見' 라 함은 부처님은 금강경에 대해서 조금이라도 믿는 마음을 갖는 사람은 한량없는 복을 받을 것이라는 것을 다 알고, 또 다 본다는 말이다.

부처님은 위의 말을 규명하면서 중생들이 아상·인상·중생상·수자상이 전혀 없고, 법상, 비법상도 없기 때문이라고 한다. 즉 중생이 이 경의 말씀을 진실이라 믿으면 한량없는 복덕을 받으리라는 확답을 받게 된 까닭은 아집我執과 법집法執이 없기 때문이라고 한다. 아집은 4상이고, 법집은 법상이다.

법상法相은 옳다고 주장하는 것이다. 비법상非法相은 그르다고 주장하는 것이다. 법이라는 관념, 이것만이 진리라는 관념은 인간을 편협하게 만들고 나아가서는 무리를 만들어 그것에 동의하지 않는 무리들과 싸우게 했다. 이것이 바로 중생의 모습이다. 나는 옳고 너는 그르다.

그나마 옛날에는 나이 많은 사람의 생각을 인정했다. 옳고 그름을 어른이 판정했다. 그런데 요즘은 어른이 없는 사회가 되었다. 우리나라의 일인당 국민소득은 2만 달러 가까이 되었고 가구당 한 대꼴로 자가용이 보급되었지만 1960년대만 해도 식량사정이 극도로 어려워지는 이른바 보릿고개를 겪어야만 할 정도로 어려웠다. 당시에는 한 집에 형제 서 넛은 기본이었고 7~8명의 자녀도 쉽게 볼 수 있었다. 많은 자손은 바로 노동력이었고, 조상에게는 후손을 번성케 하는 도리였다. 하지만 년 3%의 높은 인구증가율은 경제성장의 걸림돌이 되었다. 그리하여 1962년부터 가족계획 사업이 시작되더니, 70년대에는 둘만 낳아 잘 기르자는 구호가, 80년대에는 하나만 낳기 운동까지 벌어졌다. 그 결과 1970년에 평균 4.53명에 이르던 출생률이 2006년에는 1.08명에 이르러 이제는 세계에서 최저 출산국이 되었다. 한 가정에 아이가 하나 혹은 둘이다보니 아이들은 타인에 대한 배려가 부족하고 개인주의적인 성격이 강하게 되었다.

오늘날 중국에는 소황제小皇帝란 말이 등장하였다. 그것은 독생자녀제(1가구 1자녀 낳기)에 출발했다. 마오쩌둥은 세계인구의 1/6이나 되는 자국의 인구가 기하급수적으로 늘어나는 것을 막기 위해 1970년에 이를 구상하였고 1979년에 덩샤오핑이 착수한 것이다. 하나뿐인 자식을 최고로 키우자는 인식 아래 과보호 속에서 자란 아이는 이기적이고 독선적으로 변하게 되었다.

1980년부터 태어난 이들을 바링허우八零後세대라 하는데 주링허우九零後세대와 더불어 얼마 전 베이징올림픽 성화 릴레이시 파리와 서울 한복판에서 문제를 일으키기도 하였다.

우리나라의 치맛바람이나 중국의 소황제나 지나친 자식 사랑으로 인해 자식을 자기중심적으로 자라나게 하였다. 그러다보니 나만 있다. 잘난 나, 똑똑한 나만 있으니 다른 건 다 필요가 없다. 내가 주장하는 것이 옳고 다른 사람의 이야기는 그르다고 하는 게 요즘의 중생이다.

이렇게 자기가 본 것만이 진리라는 주장 자체가 상에서 기인했다는 걸 아는 사람은 거기에 얽매이지 않는다. 그리고 그것을 진리나 법이라고 주장하지도 않는다. 문제는 항상 옳은 것과 그른 것의 싸움이다. 그런데 반야바라밀에서 보면 이런 생각을 다 초월하게 된다. 반야바라밀은 중생들이 따라갈 수 없는 높은 차원이다. 그것은 무쟁삼매無諍三昧의 세계다. 반대로 중생은 만나면 다툰다. 안 싸우는 사람이 없다. 형제간, 친구간에도 싸우고, 이웃간에도 싸우는 게 중생이다.

반야바라밀을 자꾸 닦으면 모든 진의를 '색불이공 공불이색 색즉시공 공즉시색' '불생불멸 불구부정 부증불감' 같은 높은 차원에 오르게 되므로 싸울 일이 없다. 즉 공리公理에 철저하게 되어 다투는 일이 없게無諍 되는 것이다.

무쟁이 되려면 아상·인상·중생상·수자상·법상·비법상이 없어져야 된다. 좋은 일을 많이 하고 지혜를 닦아서 선근과 반야가 완전히 무르녹아 익어지면 반야바라밀이 된다. 반야바라밀이 되면 욕심나는 생각, 화나는 생각, 어리석은 생각, 집착하는 생각, 옳다는 생각, 그르다는 생각의 여섯 가지 상에서 홀홀 다 벗어난다.

살면 살고 죽으면 죽는 것, 생사에 걸림이 없다. 잠 잘 자는 사람은 눕자마자 잔다. 자려는 마음이 없다. 그게 반야바라밀과 똑같은 것이다. 해야 한다고 마음만 벼르면 못한다. 벌써 마음이 앞서고 걸린 것이다. 내가 잘해야 한다, 예쁘게 보여야 한다. 이런 생각이 문제다.

죽는 데도 안 걸리고 사는 데도 안 걸리면 그게 해탈解脫이다. 보살은 보살이라는 데 걸리지 않고, 여래는 여래라는 데 걸리지 않는다. 보살행은 별다른 게 아니다. 절대 억지로 하는 게 아니다. 물이 흐르는 이치와 같다. 물은 저절로 흐르는 것이다.

우리는 항상 마음속으로부터 무쟁이 안 되어 다툰다. 이것은 좋지만 내가 못하고, 또 다른 것은 나쁘지만 해야 한다. 중생마음이 마치 등나무 얽히듯이 얽혀 있다葛藤. 이런 중생이 선근을 자꾸 닦으면 그 다음 단계에 반야바라밀로 들어간다.

"무슨 까닭인가 하면, 이 중생들이 만일 마음에 상이 있으면 이는 곧 아상·인상·중생상·수자상에 얽매이게 되는 것이고, 만일 법상에 걸리더라도 아상·인상·중생상·수자상에 집착하게 되는 것이기 때문이니라.

　무슨 까닭인가 하면, 만일 비법상에 걸리더라도 또 아상·인상·중생상·수자상에 집착하게 되기 때문이니라. 그러므로 법상에도 걸리지 말아야 하고 비법상에도 걸리지 말아야 하나니, 그렇기에 여래가 항상 말하기를 '너희 비구들은 나의 설법을 뗏목같이 여기라' 하였나니 법상도 버려야 하거늘 하물며 비법상에 있어서랴."

何以故 是諸衆生 若心取相 則爲著我人衆生壽者

若取法相 卽著我人衆生壽者

何以故 若取非法相 卽著我人衆生壽者 是故 不應取法 不應取非法

以是義故 如來常說 汝等比丘 知我說法 如筏喩者 法尙應捨 何況非法

법음을 뗏목같이 여겨라

'약심취상若心取相'은 '그 마음에 존재의 상을 갖는다', 즉 현상에 걸린다는 뜻이다. 우리 눈에 들어오는 것, 귀에 들어오는 것들은 전부 현상인데 사실은 우리가 여기에 걸려 있다는 말이다. 보고 듣는 데 걸려 있다. 말이나 바람이나 결국 같은 것인데 우리는 그 말에 너무 걸려 있다. 조금 듣기 좋은 말을 하면 좋아하고, 듣기 싫은 말을 하면 잊어버리지 않는다. 자기가 좋아하는 말만 더 좋아하는 사람이 있다. 싫어하는 말을 들으면 원수같이 여겨서 가슴속에 쌓아 두었다가 한꺼번에 터뜨리는 경우도 있다. 이러한 일이 전부 다 걸리는 것이다. 사실은 아무것도 아닌데 중생은 그렇게 걸린다. 특히 법 또는 비법에 대한 상相이 있으면 아 · 인 · 중생 · 수자의 4상의 실체에 대한 집착이 되고 만다.

'약취법상若取法相'은 '법에 상을 취한다'가 아니고 '법의 상을 취한다'는 뜻이다. 즉 법의 객관적 존재를 직접 인정하는 것이다. 일단 집착이 생기면 이것은 나중에 다시 아 · 인 · 중생 · 수자 등의 실체가 있다는 견해로 자리 잡는다. 상은 아직 의도적인 행위로는 발전되지 않은 마음속의 관념이나 이념, 인식, 개념인데 여기에 집착하게 되면 강력한 의도行 중 하나인 집執이 된다.

법상은 4상을 끊은 뒤 나타나는 현상인데, 법집이 다한 뒤 법집이 다했다고 생각하면 도리어 비법상에 걸리고, 그러면 아집의 바탕인 4상이 되솟아난다고 보는 것이다. 마치 홍수에 강둑 한 곳이 터지면 온 둑이 다 터지는 이치와 같다.

현상에 걸려도 그렇고, 옳다는 데 걸려도 그렇고, 그르다는 데 걸려도 그렇고 항상 아상 · 인상 · 중생상 · 수자상이 따라 다닌다. 마음이 훤하게 트이지 못하고 어딘가에 짓눌려 있다. 중생의 마음은 탁 트이질 못하고 가려져 있거나 뒤덮여 있다. 그렇다면 중생이 돌아가야 할 영원한 마음의 안식처는 없다는 말인가?

좋은 것을 갖고 싶은데 갖지 못한다. 출세하고 싶은데 그것 또한 쉽지 않다. 하지만 출세한다 해도 자기보다 더 나은 사람이 보인다. 올라가면 올라갈수록 더 힘들다. 더구나 밑에서는 또 치받고 올라온다. 그것도 걸리는 일이다. 학벌, 재산, 인물, 명예 등 모든 것에 걸려 있다. 다른 집 남편이 아주 잘하더라는 말을 들으면 괜히 질투가 나고 어느 집 아이가 자기 아이보다 공부를 잘하면 또 속이 상한다. 이래서 법상에 걸려도 화가 나고 또 그르다는 데 걸려도 아상 · 인상 · 중생상 · 수자상에 걸린다.

법상에도 비법상에도 걸리지 말아야 한다. 그러기에 여래가 항상 말하기를 '너희 비구들은 나의 설법을 뗏목같이 여기라' 하였다. 이는 당초 그토록 깊은 법을 누가 믿느냐는 의문에서 출발했다. 선근을 깊이 심은 사람은 4상이 없어져서 분명 믿음을 내어 법상 · 비법상에 걸리지 않고 중도의 법을 닦으리라는 것이다. 그렇게 되면 부처님의 법문은 단지 강을 건너는 뗏목에 불과하다는 것이다.

뗏목은 강을 건너가는 배다. 배는 강을 건너갈 때만 필요하다. 강을 건너고 나면 뗏목은 필요 없다. 그래서 중생이 깨달음을 얻으면 부처님의 가르침조차 버려야 한다는 것이다. 중생의 생사고해生死苦海에 부처님의 말씀이 그곳을 건너가는 배라는 말이다. 우리는 이 고통에 걸려 고통받고 있다. 모든 것이 고해인데 태어난 이상 괴로움이 없는 중생은 하나도 없다. 돈 때문에 괴롭고, 사람 때문에 괴로움을 당한다. 갈등 때문에 괴롭고, 사랑 때문에 괴롭다.

명예를 얻었으나 몸이 아프면 해친 건강 때문에 괴롭다.

부자가 되면 없는 괴로움은 없어지지만 있는 괴로움이 또 생긴다. 잘났으면 잘난 대로 못났으면 못난 대로 괴로움을 겪는다. 어릴 때는 어른만 되면 괴로움이 없을 것 같은데, 웬 걸 어른이 되면 고통이 더 많다. 이게 바로 고해다. 부처님의 반야바라밀이라 하는 이 가르침은 고해를 건너가는 배라는 말이다.

'법상도 버려야 하거든 하물며 비법상에 있어서랴.'

'옳다'는 생각도 안하는데 '그르다'는 데 매달릴 수 있는가? 살려고도 않는데, 하물며 죽으려고 하겠는가? 법상·비법상이라는 게 이런 이야기다.

불교는 하나를 버리고 다른 하나를 택하는 것이 아니다. 두 개를 다 초월한 다음 두 개 다 자유자재하는 것이다. 그게 무애無碍다. 그리고 다음에는 살고 죽는 것에 대한 집착을 초월한다. 옳고 그른 것도 초월하고, 크고 작은 것도 다 초월한다. '나'도 버리고 '공'도 버리고 '가르침'도 버리라. 모두 다 내려놓으라. 사실 우리가 가질 수 있는 것은 아무 것도 없다. 금강경은 단지 우리에게 이 가르침을 전달하는 뗏목과 같다.

그러면 우리는 어디에 걸려 있는가? 하늘도 나를 걸리도록 묶어 놓지 않았고 땅도 나를 묶어 놓지 않았는데, 내 마음이 나를 묶은 것이다. 자기 마음이 자기를 묶은 것이다. 다른 것 아무 것도 없다. 묶은 장본인이 나 자신이다. 자기의 마음이다.

괴롭히는 마음이 번뇌망상이다. 누가 나를 괴롭히는가? 나의 번뇌가 나를 괴롭힌다. 그런데 반야는 태양 같아서 중생의 어두운 번뇌를 다 녹여버린다. 그리고 배와 같아서 중생의 고해에서 평화 해탈의 세계로 인도한다. 반야바라밀은 중생을 여러 가지 고뇌와 속박으로부터 구제하는 말씀이다. 그렇기에 아무리 오랜 세월이 흘러도 복을 짓는 중생은 이 반야바라밀의 말씀을 아주 간절하게 믿게 될 것이다. 그러니까 부처님은 '이런 말씀을 누가 믿겠는가?' 하는 걱정은 아예 하지 말라고 설명하고 있다.

7. 깨달은 법도 없고 가르친 법도 없다

無得無說分 第七

앞에서 '32상相으로써 여래를 보지 말라'고 했다. 그렇다면 부처는 눈
으로 보거나 손으로 잡을 수 있는 유위有爲의 존재가 아니란 말인가?
상相이 없는 부처가 어떻게 상이 있는 설법을 했을까? 그렇다면 부처
님은 무슨 목표가 있어 무진 애를 써서 성불하고, 또 설법을 했는가? 부
처님은 그렇게 해 놓고 모양도 없고 옳은 것도 없고 그른 것도 없다는
이야기는 이해가 안간다. 수보리는 그런 생각을 했던 것이다.
그렇기 때문에 반야바라밀의 세계에서 성불하신 의미가 무엇이며, 반
야바라밀의 세계에서 설법하신 의미가 무엇인가. 그것을 여기에서 이
야기하고 있다. 반야경, 금강경은 처음부터 끝까지 반야바라밀에 대한
대화다.
사는 건 똑같은데 어디에 걸려서 사느냐, 걸리지 않고 사느냐. 이러한
차이가 반야바라밀이냐, 아니면 중생의 무명 속에서 방황하는 것이냐.
결국 이 문제로 귀결된다.

"수보리야, 네 생각이 어떠하냐? 여래가 아뇩다라삼먁삼보리를 얻었다고 여기느냐? 여래가 또 설법한 것이 있다고 여기느냐?"

수보리가 대답하였다.

"제가 부처님의 말씀하신 뜻을 알기로는 여래가 '이것이 무상정등정각이다'라고 철저히 깨달았다고 이름할 만한 그 어떠한 법도 없으며, 여래께서는 그러한 어떤 법을 설하지도 않았습니다. 무슨 까닭인가 하면, 여래께서 철저히 깨달으셨거나 말씀하신 그 법은 모두가 잡을 수도 없고 설명할 수도 없으며 법도 아니며 비법도 아니기 때문입니다. 어찌하여 그러냐 하면, 온갖 현인이나 성인들이 모두가 무위법을 삼으나 여러 가지 차별을 이루기 때문입니다."

須菩提 於意云何 如來 得阿耨多羅三藐三菩提耶 如來 有所說法耶
須菩提言
如我解佛所說義 無有定法 名阿耨多羅三藐三菩提 亦無有定法 如來可說
何以故 如來 所說法 皆不可取 不可說 非法 非非法
所以者何 一切賢聖 皆以無爲法 而有差別

마음이 청정해지면 무위가 된다.
그렇게 되면 이 세상 만물이 부증불감 불생불멸임을 알게 된다.

상이 없다면 어떻게 설법했나?

부처님은 수보리의 의문을 풀어주시기 위하여, 먼저 그의 생각이 어떤지를 다정하게 묻는다. '아뇩다라삼먁삼보리無上正等正覺'는 '위 없는 바른 깨달음'이라는 뜻이다. 그것이 최고의 바른 깨달음, 바로 성불成佛이다.

중생에게 가장 중요한 것은 행복이다. 부처님의 행복은 바로 아뇩다라삼먁삼보리다. 부처님은 성불을 했고, 성불을 하게 되면 자연히 설법이 나온다. 왜냐하면 그 설법은 자신의 행복을 중생과 똑같이 나누려는 것이기 때문이다. 설법은 부처님이 이룩한 행복을 나누는 일이다.

부처님은 첫째는 성불했고 둘째는 설법했다는 것이 중요하다. 성불을 안 했다면 부처님일 수 없는 것이고, 설법을 안 했다면 역시 부처님이 아니다. 수보리는 왜 부처님은 성불도 했고 설법도 했으면서 옳은 것도 그른 것도 다 없다고 한다면, 부처님은 어떻게 무엇 때문에 성불을 했고 또한 설법을 한 것일까 하고 생각했던 것이다.

금강경에서의 대화를 보면, 눈빛이나 얼굴만 보고도 무슨 생각을 하고 있는지 다 안다. 부처님은 수보리가 묻지 않아도 '네가 이런 생각을 하고 있지?' 하고 미리 말한다. 수보리가 의심하는 마음을 헤아려서 부처님이 먼저 묻는다. '여래가 성불했다고 너는 생각하고 있다. 또 여래가 설법했다고 생각하고 있다. 그렇지 않느냐?'

이렇게 두 가지로 되집어 물으면서 그렇지 않다는 것을 보여 주려는 것이다. 그러니까 수보리가 처음에는 있다고 생각했는데, 부처님이 '너는 그렇게 생각하고 있느냐'고 물으니 이것도 표정만 보고 알았다. '아! 이것이 없구나!' 이걸 아는 것이다.

부처님 자신이 깨달은 '무상정등정각'이라고 주장할 법이 실제로 존재하느냐고 묻고 있는 것이다. 만일 실제로 존재한다면 그것은 마음의 대상일 뿐이며 마음이 12처에 기능하여 집착이 생기고 강한 의도有爲를 수반하게 되고 만다. 그러니 깨달았다 할 만한 법도 없다. 단지 법을 위한 법은 여래가 결코 설한 적이 없다고 하고 있다.

다음이 설법인데, 성불과 더불어 부처님의 마음을 잘 아는 수보리가 대답한다.

"여래가 '이것이 무상정등정각이다'라고 철저히 깨달았다고 이름할 만한 그 어떠한 법도 없고, 여래께서는 그러한 어떤 법을 설하지도 않았습니다. 무슨 까닭인가 하면, 여래께서 철저히 깨달으셨거나 말씀하신 그 법은 모두가 잡을 수도 없고 설명할 수도 없으며 법도 아니고 비법도 아니기 때문입니다."

이는 성불이나 설법에 대하여 '그렇다 할 만한 정해진 그 어떤 법이 없다無有定法'는 이유를 밝히려는 것이다. 현장은 이를 소법少法으로 옮기고 있다. 구마라습은 여래가 철저히 깨달아서 법을 설하기는 했으되 그 설한 법을 고정불변의 정해진 법으로 받아들여서는 안 된다고 해석하고 있다. 그의 의역이 돋보이는 부분이다. 본래 여래의 말씀은 진리인데, 진리는 있는 듯 하되 찾으면 없고, 없는 듯 하되 사물의 일마다에 나타난다. 그것이 본래 여래의 말씀이다. 그래서 잡을 수 없고不可取, 말할 수도 없다不可說. 즉 진리는 이처럼 소유할 수도 없으며 말로 설명할 수도 없다는 것이다.

법이 아니다非法 함은 온갖 법이 일정한 개체가 형상이 없기 때문이며 비법이 아니다非非法 함은 진리 또한 비법상에 묶여 있는 것이 아니라는 것이다.

불가취 불가설 비법 비비법은 결국 잡을 수 있다거나 잡을 수 없다는 것도 아니다. 부처님은 있다, 없다의 두 극단에 서지 않는다. 옳다, 그르다의 두 극단이 아니라 인연중도법因緣中道法을 이야기한다. 인연중도가 불가취 불가설 비법 비비법이다.

이 세상 천지만물은 다 확실히 있는 게 아니며, 그렇다고 확실히 없는 것도 아니다. 그러나 중생은 있다고 집착하고 없다고 집착한다. 우리가 무명망식無明妄識으로 보기 때문이다. 부처님께서 말씀하신 법은 있다고 주장하는 법도 아니고 없다고 주장하는 법도 아니다. 그럼 무엇인가? 깨달음의 세계, 반야바라밀의 세계로 인도하는 것뿐이다. 그렇기 때문에 금강경은 물을 건너가는 배와 같다고 한 것이다. 흔히 우리는 꿈을 꾼다. 그런데 꿈에서 깨어나면 꿈은 실제가 아니라는 것을 안다. 이런 경험도 일종의 작은 깨달음이다. 여기서 말하는 아뇩다라삼먁삼보리는 바로 그 많은 깨달음 중에서 가장 으뜸의 깨달음을 말한다. 그래서 중생이 갖고 있는 집착의 꿈을 깨는 데까지는 금강경이 꼭 필요한 것이다. 꿈 깨고 나면 그대로 세상이니까 더 이상 필요가 없다. 배는 물을 건너가고 나면 소용이 없다. 그래서 금강경의 말씀이 뗏목의 비유와 같다고 하였다. 금강경의 말씀은 공空인데, 공은 취할 수 없고 말할 수 없고, 법도 아니고 비법도 아니다.

깨달음이라는 것은 특별한 무엇을 얻는 것이 아니다.

무위법과 노장의 무위사상

'어찌하여 그러냐 하면, 온갖 현인이나 성인들이 모두가 무위법無爲法에서 여러 가지 차별을 이루기 때문입니다.'

여기서 '무위'의 위爲자에 주목해보자. '위'는 '함'을 말한다. 이는 옳다고 생각하는 것, 그르다고 생각하는 것, 있다고 생각하는 것, 없다고 생각하는 것, 산다고 생각하는 것, 죽는다고 생각하는 것 등을 말한다. 따라서 유위有爲가 의도적인 행위를 뜻한다고 하면 이는 모든 현상계를 뜻한다. 반대로 무위無爲는 이런 의도적 행위나 현상계를 초월해 있다는 의미이며 열반涅槃의 동의어로 쓰인다. 깨달음을 얻은 성자들은 이런 모든 의도가 소멸되었으므로 여기서는 '무위로 나타난다'고 표현하고 있다.

『반야심경』에서 말하는 '불생불멸 불구부정 부증불감'이 무위법이다. 불어나는 것, 자꾸 줄어든다고 생각하는 것이 증감이다. 그러나 부증불감不增不減은 늘지도 줄지도 않음이다. 또한 불구부정不垢不淨은 우주의 원리는 더럽고 깨끗한 게 없다는 것이다. 하지만 우리 눈에는 보이는데 왜 더럽고 깨끗한 게 없는 것인가?

이 세상에는 매일같이 태어나는 사람도 있고 죽는 사람도 있고, 또 깨끗한 것도 더러운 것도 있고, 막 불어나는 것도 없어지는 것도 있다. 그러면 그것들이 왜 있는가?

끊임없이 이런 질문을 하다보면 깨달음의 지혜를 통해 '공空'의 세계를 바라볼 수 있다. 그것이 반야바라밀이요, '지혜의 완성'이라고 설명했다. '공'을 설명하는데 그 의미를 오해하니까 그 오해를 풀어주기 위해서 가르침이 베풀어졌다.

이에 대한 해답이 유식唯識이다. 중생들은 오로지唯 식識을 통해 좋다고도 느끼고 나쁘다고도 느낀다. 유식은 공을 설명하는 한 방법이다. 여기서 식識은 인식작용을 말한다. 그렇다면 살고 죽는 것이 없는데 왜 내게는 그것이 이렇게 심각한가? 공만을 이야기하면 이런 문제에 대한 해답이 없다. 그것은 나의 인식작용에 의해 나타난 것이다. '그건 오로지 네 마음에서 나온 것이니라.' 이것을 불교에서는 심식心識이라고 한다. 마음과 인식에서 나왔다는 뜻이다. 이는 일체유심조一切唯心造와 통한다. 또한 불생불멸인데 생사가 왜 있는가? 생사 또한 일체유심조다. 결국 생사는 내 마음에서 나오는 것이다. 이것이 깨달은 세계와 못 깨달은 세계와의 차이점이다.

달은 하나인데 보는 사람에 따라 울기도 하고 웃기도 한다. 그림을 보면서 잘 그렸다고도 하고 못 그렸다고도 한다. 잘 그렸다고 보는 것도 내 마음이고, 못 그렸다고 보는 것도 내 마음이다. 이것이 유식이다. 심식에서 여러 가지 번뇌와 집착이 생기지 않는 것을 무위無爲라고 한다.

가령 좋은 사람도 있고 나쁜 사람도 있다. 하지만 그것은 보는 사람 마음이다. 좋다고 보면 좋게 보이고 나쁘다고 보면 나쁘게 보이는 것이다. 그 사람은 생각만 해도 기분이 좋다. 좋은 음식을 생각하면 금방 침이 넘어간다. 예전의 슬펐던 일을 생각하면 눈물이 주르르 난다. 느낌에 의해 나타나는 이것이 다 유식이다.

그런데 부처님은 모든 중생이 평등하게 보인다. 왜 그런가? 좋다는 생각을 하지 않기 때문이다. 그게 무위다. 좋다는 생각도 나쁘다는 생각도 안 한다. 그걸 청정심淸淨心이라고도 한다. 마음이 청정해지면 무위가 된다. 그렇게 되면 이 세상 만물이 부증불감 불생불멸임을 알게 된다.

그래서 모든 차별差別은 그런 무위법에서 다 나오는 것이다. 본래는 차별이 아닌데도 중생들은 그렇다고 생각한다. 부처님은 어리석은 중생에게는 그에 알맞게 설법을 하고, 유식한 중생에게는 그에 알맞게 설법을 하고, 지혜로운 중생에게는 또 그에 알맞도록 설법을 한다. 그게 차별이다. 차별은 그렇게 번뇌망상이 아니라 평등한 마음을 가지고 나타난다. 부처님의 마음은 똑같지만 중생의 마음에 따라서 차이가 나게 말씀하시는 것이다. 결국 부처님은 반야바라밀에 의해 설법하시기 때문에 아무리 많은 법을 설해도 내가 설법을 한다는 생각이 없다는 것을 말하는 것이다.

노자老子의 『도덕경』에서 나온 무위는 '하지 않는 것'이다.

물 위에 표주박을 띄워 놓고 한쪽 끝을 누른 다음 다시 놓으면 표주박은 완전히 중심이 잡힐 때까지 양 쪽으로 뒤뚱거린다. 이 운동은 표면적으로는 균형 법칙에 의하여 움직이는 듯이 보이지만 그것은 물이 있기 때문에 가능하다. 물은 표주박을 움직일 생각이 전혀 없다. 단지 저절로 그렇게 될 뿐이다. 도道는 아무것도 하지 않는다. 그러니 어떠한 법칙도 이치도 없다. 그러나 그 도로 인해 모든 것이 이루어진다. 깨닫고 통달할 수 있는 이치나 법칙은 표면적인 유위有爲의 법칙일 뿐이다.

성인은 함이 없는無爲 일을 하며 살아가고 말 없는 가르침을 행하며
숱한 일이 일어나지만 물러나지 않고 행하지만 자취를 남기지 않으며
이루지만 쌓아두지 않는다. 대저 쌓아두지 않으니 잃을 것도 없다.

聖人處無爲之事 行不言之敎 성인처무위지사 행불언지교
萬物作焉而不辭 爲而不志也 만물작언이불사 위이불지야
成而弗居 夫唯弗居也 是以弗居 성이불거 부유불거야 시이불거

무위란 말 그대로 아무것도 하지 않는다는 뜻이다. 하지만 도는 무위이화無爲而化, 즉 아무것도 하지 않지만 모든 것을 이룬다. 말 없는 가르침이란 잘

못이나 부족함을 고치려고 하는 게 아니라 단지 교화가 자신을 통해 일어나는 것을 지켜볼 뿐이다. 눈앞으로 뭔가 날아오면 의도하지 않더라도 저절로 눈이 감긴다. 피리가 소리를 낼 수 있는 이유는 자기 속을 비워 바람이 지나갈 수 있게 하였기 때문이다. 도가 무위라고 해서 아무것도 하지 않고 복잡한 일을 피해 뒤로 물러서는 것은 아니다. 행하되 자신의 뜻을 펴려고도 하지 않고 자취를 남기지 않는다. 『채근담菜根譚』에 나오는 다음의 시구와도 통하는 말이다.

바람이 성긴 대숲을 지나가매 그 소리를 남기지 않고
기러기가 늦가을 호수를 지나가도 그 그림자를 남기지 않으니
이처럼 군자도 일이 생기면 비로소 마음이 움직이고 일이 없어지면
마음도 따라서 비워지는 것이다.

風來疎竹 風過而竹不留聲　풍래소죽 풍과이죽불류성
雁度寒潭 雁去而潭不留影　안도한담 안거이담불류영
故君子 事來而心始現 事去而心隨空　고군자 사래이심시현 사거이심수공

『도덕경』의 무위는 자연自然이다. '자연'이 스스로 되는 것이지 무엇을 하지는 않는다. 그래서 노자, 장자는 무엇을 애쓰지 말라고 한다.
　장자는 그의 저서 『장자』에서 다음과 같이 말하고 있다.

물오리의 다리가 짧다고 하여 그것을 늘이거나

학의 다리가 길다고 하여 그것을 자르지 말라.

鳧脛雖短 續之則憂 부경수단 속지즉우

鶴脛雖長 斷之則悲 학경수장 단지즉비

사물에는 자연히 주어진 성질이 있으므로 과부족이 없다. 그것을 사람이 함부로 손을 대면 그들을 해치게 된다. 이렇듯이 인위人爲는 자연을 훼손한다. 도道는 어떤 것을 욕구하거나 사유하지 않으므로 무위無爲하다. 도는 스스로 자기 존재를 성립시키며 절로 움직인다. 그러므로 자연하다. 그게 무위자연無爲自然이다.

그러나 부처님의 무위는 노장의 무위와는 약간 다르다. 부처님의 무위는 분별이 없는 것, 생각을 안하는 것, 생각하는 일이 없는 것이다. 성불을 하고서도 성불을 했다는 생각이 없는 것, 설법했다는 생각이 없이 설법하는 것, 이것이 무위법으로서 차별이 있는 것이다.

왜 부처님은 야수다라를 찾아갔나

아무런 생각을 하지 아니하고 법을 설하는 데 차별이 있다皆以無爲法 而有差別.

법을 설하다 보면 자연히 이것은 되고 저것은 안 되고 하는 여러 차별법이 나온다. 성인들의 마음은 알 수가 없다. 부처님의 마음은 모른다. 왜 모르는가?

성불을 한 석가모니 부처님이 궁궐에 돌아와 머무르면서 설법을 했다. 싯달다(悉達多) 태자가 여래가 되어서 온다고 하니까 몇 날 며칠 맞을 준비를 하고 모든 사람들이 다 나와서 여래를 환영하였다. 여래는 그 당시에 모든 사람들이 기다렸던 성자(聖者)였다. 그런데 그 자리에 야수다라(耶輸陀羅)의 모습이 보이지 않았다. 그녀는 부처님이 태자로 있을 때 19세의 나이로 시집와 아들 라후라를 낳은 부인이었다.

부처님은 그것을 알고 야수다라의 방으로 찾아 갔다. 그 후로 야수다라의 마음이 좋아졌다. 왜 부처님이 일부러 그녀의 방을 찾아 갔을까? 무슨 말을 했을까? 아마 자신에게 한마디 상의도 없이 궁밖으로 수도의 길을 떠난 남편을 야속해하는 아내의 마음을 달래주지 않았을까?

또 이런 일화가 있다. 라후라는 12살 때 출가했는데, 너무 어려서 부처님 곁에서 수행하는 데 많은 고통을 느꼈다. 당시 스님들은 한 끼만 먹었다. 라후라는 어린데다가 궁중에서 잘 먹다 온 아이여서 새벽쯤이면 배가 고파 울었다. 그러자 아침에 죽 먹는 법을 만들어 냈다. 뿐만 아니라 라후라가 잘못을 하면 부처님은 많은 잔소리를 했다. 그것도 이만저만한 것이 아니었다. 그것을 본 이들이 이상하게 여겼다. 왜 부처님은 라후라한테만 잔소리를 하시지? 야수다라의 방에 일부러 찾아간 것도 그렇고, 라후라에게만 유독 나무라는 것도 부처님답지 않다. 그런데 사실 알고 보면 이런 게 다 차별이다.

부처님이 설법을 하는 목적은 중생을 편안하게 하는 데 있기 때문에 그들을 편안하게 해주고 행복하게 해주면 되는 것이다. 설법은 부처님 마음에 흡족하기 위해 하는 것이 아니다. 아둔한 중생에게는 지혜를 일깨워주고, 게으른 중생에게는 부지런함을 일깨워주고, 다투는 중생에게는 평화를 일깨워준다. 그게 부처님의 설법이다.

다시 말해 설법은 가르쳐주는 게 아니라 깨우쳐주는 것이다. 사람에게 편안함을 주고, 복덕을 주는 것이다. 그렇기 때문에 설법이 모두 다르다. 야수다라에게는 직접 찾아갔고, 라후라에게는 여러 가지 이야기를 했고, 또 어떤 사람에게는 아무 말을 안했다. 그래도 사람들이 깨달음을 얻는다. 이것이 차별이다. 그래서 법문이 8만 4천이나 되며, 이는 8만 4천 가지 차별이 있다는 말이다.

분별과 무분별

'아무런 생각을 않는다. 어떤 계교를 하지 않는다.' 그것을 한자문화권에서는 무분별無分別이라고 한다. 분별은 걱정하고 계획하고 근심하는 것이며, 이해득실을 하나하나 지나치게 따지는 것이다. 그러나 무분별은 그런 망상심이 없이, 일부러 쓸데없는 생각을 일으키지 않는 것이다. 그것이 불교에서 쓰는 무분별이다.

부처님에게는 무분별이 어떻게 나타나는가? 성불하고서도 성불했다는 마음을 안 일으킨다. 법을 설해도 했다는 생각이 없다. 그게 무분별이다. 무위는 바로 무분별이다.

수보리가 볼 때 '그럼 성불도 했고 설법을 했는데' 라는 말이 부처님에게는 통하지 않는다. 부처님은 '나는 부처다' 라는 생각이 없다. 그런 생각을 하게 되면 그건 분별이다. '나는 법을 말한다' 라는 생각을 가진다면 그것도 분별이다.

무주상보시無住相布施는 무분별 행위이다. 보살이 보살행을 할 때도 마찬가지이다. 공덕을 많이 닦지만 자신은 공덕을 닦는다는 생각이 없다. 그러나 생각이 없다고 해서 공덕을 안 닦는가? 아니 늘 공덕을 닦는다. 겉으로는 많이 닦되 속으로는 닦는다는 생각이 없어야 한다. 이것이 바로 부처님이다. 그러나 중생들은 생각은 많되 하는 것은 적다.

불교에서 쓰는 무분별과 일반적으로 쓰는 무분별은 다르다. 일반적으로는 '정신없는 것, 무언가를 모르는 것, 자기 주제를 모르는 것, 자기 분수를 모르는 것'을 무분별이라고 한다. 일반적으로 무분별한 사람이라고 하면 영 분별 없어서 정신 나간 사람을 일컫는다.

부처님이 말씀하시는 것과 중생이 이야기하는 것은 근본적으로 다르다. 부처님은 무위법으로 하는데, 중생은 항상 분별 속에서 한다. 분별은 가르는 것이다. 무엇을 자연스럽게 하지 못하고 이럴까 저럴까 망설인다. 분별 때문이다. 그러나 부처님은 수없는 법을 말씀하면서도 말씀한다고 하는 생각이 없다. 따라서 부처님은 설법을 하지만 설법하는 게 아니다.

중생은 분별이 너무 많아 자기를 괴롭힌다. 누가 말하지 않았는데도 스스로 불행한 사람이라고 생각한다. 나보다 행복한 사람이 더 많고, 거기에 비하면 나는 불행한 사람이다. 그것이 중생의 분별이다. 분별망상分別妄想이다. 분별 속에는 허망한 생각이 많이 일어난다. 중생에게는 분별망상이 많아서 억울하기도 하고 슬프기도 하고 분하기도 하고 괴롭기도 하다. 부처님도 차별법을 많이 썼는데, 부처님이 쓰는 차별법은 전부 이렇게 무분별의 세계에서 쓰는 것이다.

8. 바른 깨달음은 상을 버리라는 가르침으로부터 나온다

依法出生分 第八

부처님은 누가 칭찬을 하든지 비방을 하든지 신경 쓰지 않는다. 문제는 자기 자신이다. 스스로 그런 마음에서 해방이 되어야 한다. 그러면 늘 자유가 있고 생사를 초월해 걱정이 없는 곳에서 살아갈 수 있다. 그것이 반야바라밀이다. 그렇다면 누구나 다 그렇게 하면 되지 꼭 금강경을 공부해야 할 필요가 있는가? 이런 생각을 하니까, '그렇지 않다. 이 말씀을 통해서 중생이 그 세계로 들어갈 수 있다' 라고 한다. 그래서 이번에는 의법출생분依法出生分, 즉 법에 의해서 무한공덕이 출생하기 때문이다. 법은 부처님의 가르침이다. 그래서 부처님의 가르침에 의해서 무한한 보살행이 나온다.

"수보리야, 네 생각이 어떠하냐? 어떤 사람이 삼천대천세계에 칠보를 가득히 쌓아두고 모두 보시에 쓴다면 받을 복덕이 많지 않겠느냐?"

수보리가 대답하였다.

"매우 많습니다, 세존이시여. 무슨 까닭인가 하면, 이 복덕은 곧 복덕의 성품이 아니므로 여래께서 복덕이 많다고 하시기 때문입니다."

"만일 어떤 사람이 이 경 가운데서 사구게만이라도 받아 지니고 남에게 말하여주면 그 복덕은 칠보를 보시한 복덕보다 더 나으리니, 무슨 까닭이 겠는가? 수보리야, 여러 부처님들과 부처님들의 아뇩다라삼먁삼보리법이 모두 이 경에서 나왔기 때문이니라.

수보리야, 이른바 불법이라는 것은 곧 불법이 아니니라."

須菩提 於意云何

若人 滿三千大千世界七寶 以用布施 是人 所得福德 寧爲多不

須菩提言 甚多 世尊 何以故 是福德 卽非福德性 是故 如來說福德多

若復有人 於此經中 受持乃至四句偈等 爲他人說 其福 勝彼

何以故 須菩提 一切諸佛 及諸佛 阿耨多羅三藐三菩提法 皆從此經出

須菩提 所謂佛法者 卽非佛法

모든 것에서 떠나라.
가득 채우기 위해서는 남아있는 모든 것을 비워야 한다.

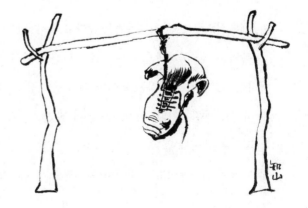

물은 위에서 아래로 흐른다

잡을 수도 없고 말할 수도 없는 것이 불법佛法인 줄은 알았으나 그렇다고 아주 '공' 한 것도 아니다. 경을 지닌 공덕이 칠보로 보시한 것보다 더 훌륭하다고 한다. 삼천대천세계에 가득한 보물들을 아낌없이 보시에 쓴다니 그 공덕이 많은 것은 자명한 일이다.

삼천세계는 소천세계, 중천세계, 대천세계를 말한다. 소천세계小千世界는 욕계, 색계, 무색계, 육욕천, 비망천 등 많은 세계가 합쳐진 것이다. 일세계一世界를 천 개 모은 것으로 수미산須彌山을 중심으로 하여 이루어진 한 세계를 말한다. 경전에 나오는 소천세계는 태양계가 천 개쯤 있는 것이다. 소천세계가 천 개가 되어야 중천세계가 된다. 그것이 또 천 개가 되어야 대천세계를 이룬다. 대천세계는 그 안에 중천, 소천세계가 이미 들어 있기 때문에, 그냥 대천세계라고 하거나 삼천세계라고만 해도 되는데, 흔히 삼천대천세계라 한다.

수보리가 '매우 많습니다. 무슨 까닭인가 하면' 하고 이유를 말하였다. 복덕의 성품이 아니라는 수보리의 말은 현실을 초월한 진리의 입장에서 보면 복덕의 공空함을 알기에 복덕은 그대로가 복덕일 뿐 달리 복덕이랄 것이 없지만, 세속적으로 보면 칠보복덕은 많다고 할 수 있다.

복덕은 '공' 하기에 물질적인 보시 또한 공하다. 다만, 공하다는 것은 쓸모없다는 것, 헛된 것이라는 뜻이 아니라 움켜쥘 수 없다는 뜻이다. 돈도 권력도 사랑도 마찬가지다. 어떻게든 손에 넣었더라도 영원한 것은 없다. 아무리 돈 많은 부자도 죽을 때 그것을 가져갈 수 없으며, 세상 산천초목을 두려움에 떨게 했던 진시황이라도 죽어서까지 권력을 움켜쥘 수는 없었다. 만사가 이러할진대 큰 것을 바란다면 오히려 버려야 한다. 욕심을 버리고 미움을 버리고 어리석음을 버리고 집착을 버려라. 마음을 비우고 정도正道를 걸으면 마음 속에 자연이 채워진다.

자연은 거짓말을 하지 않는다. 물은 위에서 아래로 흐른다. 골프에서 이 원리만 알아도 내리막 오르막에서 트러블 샷을 할 때의 요령을 터득할 수 있다. 볼도 자연의 이치에 따라 물이 흐르는 방향으로 흐르기 때문이다. 헤르만 헤세는『데미안』에서 "사랑은 간청을 해서도 안 되고 요구를 해서도 안 됩니다. 사랑은 자기 자신에게 확신을 갖는 힘이 없어서는 안 됩니다. 그렇게 되면 사랑은 끌리는 것이 아니라 끌어당기는 것이 되는 법입니다"라고 했다. 그 힘 역시 비움에서 나온다. 마음이 어디에 대롱대롱 매달려서는 아무것도 얻을 수 없는 것이다.

등산을 할 때도 그렇다. 정상을 향해 오르는 사람은 고개를 숙이고 걷는다. 그러나 정상에서 내려오는 사람은 대부분 고개를 젖히고 걷는다. 우리는 주변에서 검소하고 소탈하며 항상 낮은 사람에게도 공손히 머리를 숙이는 기업가들을 볼 수가 있다. 그들이 영위하는 사업은 하나같이 성장하고 발전한다. 그러나 평소 갑의 위치에서 수십 년간 근무하다 나와 사업하다가 실패하는 경우를 많이 본다. 마음에 옛날의 자기가 가득 차 있어서 그렇다. 인간은, 하나의 일을 이루기 위해서는 진실로 모든 것에서 떠나지 않으면 안 된다. 승부勝負, 그 자체에서 떠날 수 있을 때 무無의 경지에 이르는 것이다. 모든 것에서 떠나라. 가득 채우기 위해서는 남아있는 모든 것을 비워야 한다.

칠보는 경마다 다르나 대체로 귀금속이나 보석을 가리킨다. 보통 금, 은, 마노, 유리, 자거, 진주, 매괴, 파려, 산호 등을 들고 있다. 칠보는 물질 중에 가장 좋은 것이다. 요즈음의 다이아몬드이다. 금강경은 다이아몬드경이다. 중생은 다이아몬드가 얼마나 좋은지 잘 안다. 그런데 금강경을 통해서 얻어지는 그 말할 수 없고 잡을 수 없는 세계에 들어가는 복덕은 모른다. 금강경에서 칠보는 복덕성품도 아니지만 복덕 아닌 성품도 아니다. 그러나 중생들은 일반적으로 물질 중 칠보를 최고로 여긴다. 따라서 그걸 보시에 쓰면 다 복덕이 되는 것이다. 그러한 칠보 복덕보다도 금강경 복덕이 더 높다는 것이다.

위에서는 칠보복보다 금강경의 사구게만이라도 수지독송受持讀誦해서 다른 사람에게 알려준 복이 더 낫다고 한다. 사구게는 금강경에 여러 번 나오는데 한 구절에 8개의 음절이 들어 있으며 모든 산스끄리뜨 운문의 기본이 되는 운율이다. 베다로부터 나타나는 이런 운율은 후대에서는 가타gāthā라고 부른다. 일반적으로는 불교경전의 모든 시구를 가타라고 부르고 있다. 이러한 사구게의 가장 간단한 내용만이라도 자기가 먼저 독송하고 깨달아 다른 이에게 알려주면, 그 복이 칠보복을 받은 것보다 더 낫다고 한다. 부처님도 금강경에서 나왔고 부처님의 깨달음과 복덕도 금강경에서 나왔기 때문이다.

금강경에 부처님과 부처님의 아뇩다라삼먁삼보리법이 이 경으로부터 나왔다는 것은 한마디로 말해서 불교를 믿지 않으면 성불할 수 없다는 것이다. 경은 부처님의 말씀이기 때문이다. 부처님의 말씀을 들으면 부처가 될 수 있는 종자, 불종자佛種子가 심어진다. 경전을 듣고 공부하고 믿고 실행하는 것은 씨앗을 심어서 재배하고 가꾸어 열매를 따는 것과 같다.

결국 경의 말씀이 중생 속에 널리 심어져서 복덕의 씨앗을 심고 지혜의 씨앗을 심어야 된다고 한다. 모든 중생의 성불, 복덕, 행복이 이 경으로부터 나온다는 뜻이다. 그것이 의법출생분依法出生分이다. 상相을 버리라는 가르침으로부터 바른 깨달음이 나온다는 말이다. 현각스님은 이 부분을 현실에서의 어떠한 성공도 작은 복에 불과하다고 한다. 그러한 복은 이내 곧 변하여 사라지기 때문이다. 그보다 훨씬 더 큰 복은 바로 금강경을 공부하는 것이다. 그것은 내 자신의 마음공부이기 때문에 가장 위대한 복덕이라는 것이다.

그 금강경이란 어떤 경인가? '수보리야, 이른바 불법이라고 하는 것은 곧 불법이 아니니라.'

이 부분에 관해서는 종범宗梵스님의 아주 의미 있는 설법이 있다. 인도에 부처님의 불교사상이 있다면 중국에는 유교와 노장사상이 있는 것처럼 금강경을 해석하는 방법도 인도와 중국이 다르다. 금강경은 대단히 높은 경이라서 중생들이 모를 수 있다. 모르기 때문에 아니라고 하는 것이 인도의 공덕功德 해석법이다. 인도에서는 부처님의 말씀이 워낙 차원이 높아서 공덕이 부족한 중생은 모른다. 모르니까 아니라고 할 수 밖에 없다. 그래서 불법이 불법이 아니다. 이 말은 이 경의 말씀이 대단히 차원 높다는 뜻이다.

중국의 해석법은 좀 다르다. 금강경에 집착하면 이미 금강경이 아니다. 경을 경이라고 하면 경이 아니고, 불법을 불법이라고 하면 또 불법이 아니다. 이것을 무심無心 해석이라고 한다. 마음을 텅 비워야 올바른 세계에 들어가는 것이다. 무심으로 들어가야 한다.

9. 절대의 법은 존재가 없음이다

一相無相分 第九

무득무설분無得無設分에서 '여래가 말한 법은 모두가 잡을 수 없고 말할 수도 없으며 법도 아니고 비법도 아니다'고 했는데, 성문이 지위를 얻어 설법을 한 것은 붙잡음이나 말함이 아닌가? 이 의문을 수보리는 소승불교의 아라한의 위치에서 묻고 있다. 성문聲聞은 부처님의 음성을 직접 들은 제자라는 뜻이다. 이는 부처님 생존시 친히 뫼시던 1,255명의 제자들이겠으나, 요즈음의 우리들도 여기에 포함된다. 성문은 그 깨달음의 정도에 따라 지위를 나타내는 수다원, 사다함, 아나함, 아라한의 4과四果가 있다.

이것은 복잡한 번뇌를 끊고서 얻은 지위이며, 번뇌란 누구에게나 본능적으로 있는 5둔사五鈍使와 수행하는 과정에서만 나타나는 5리사五利使가 있다. 이 열가지 번뇌가 삼계에 두루 퍼져서 고苦·집集·멸滅·도道의 4성제四聖諦를 닦지 못하게 막고 있다.

이렇게 어려운 번뇌를 끊고 얻은 지위의 경우 첫자리가 수다원이니 그 마지막인 아라한이 끊는 번뇌는 얼마나 힘이 들까 짐작할 수 있다. 사다함은 일왕래一往來, 아나함은 불래不來, 불환자不還者, 아라한은 '다시 태어나지 않는 것', 즉 불생不生이 목적이다. 태어나서 깨닫고 열반에 들어 다시 환생하지 않는 것이다. 불교에서는 욕심도 없애고 화도 없애고, 모두 없애는 것이 궁극적 목표다. 그렇기 때문에 금강경 반야 바라밀에 의한 아라한들은 사다함이라 하더라도 사다함이라는 생각이 없다. 그게 금강경의 아라한들이다. 또 수다원이든 사다함이든 아나함 이든지 간에 그 지위에 관한 생각이 없다. 그게 금강경을 신봉하는 분들의 정신세계다.

"수보리야, 네 생각이 어떠하냐? 수다원이 생각하기를 '내가 수다원이 과위를 얻었다'고 생각하겠느냐?"

수보리가 대답하였다.

"그렇지 않습니다, 세존이시여. 무슨 까닭인가 하면, 수다원은 성인의 무리에 들어간 자入流라고 하지만 실제로는 들어간 일이 없으니 색·성·향·미·촉·법에 탐착하지 않음으로 이름을 수다원이라고 하나이다."

須菩提 於意云何 須陀洹 能作是念 我得須陀洹果不

須菩提言 不也 世尊

何以故 須陀洹 名爲入流 而無所入 不入色聲香味觸法 是名須陀洹

나타나고 안 나타나는 것에 대해서
마음이 평범해지면 그것이 성인이다.

6진에서 나왔으니 아무 것도 얻은 바가 없다

여기서 류流라는 것은 어떤 세계, 어떤 종류, 한계를 말한다. 수다원須陀洹을 현장은 예류자預流者라 옮겼다. 이를 입류入流라고 표현한 것은 성인의 무리에 처음으로 들어갔다는 뜻이다. 그러면 성인의 무리에 들어가는 것은 어떤 것인가?

전통적으로는 첫 번째, '나'가 있다고 생각하는 것有身見을 버려야 한다. 두 번째, 내가 믿는 종교나 종파만이 옳다는 형식적 계율과 의식에 대한 집착戒禁取見을 버리는 것이다. 세 번째는 불·법·승·수행의 필요성, 연기법 등에 대한 회의와 의심疑을 버리고 흔들리지 않는 믿음이 확립되어야 한다. 그리하여 어느 사상 어느 종교를 대하여도 지혜로서 걸림과 막힘이 없이 본질을 꿰뚫어 봐야만 참다운 불자의 반열에 든다고 할 수 있다.

성인의 무리에 들어간다는 것은 보이고·들리고·냄새나고·맛보고·느끼고·생각하는 것에 집착하지 아니하여 성인의 세계에 들어간다는 것이다. 색·성·향·미·촉·법의 이 여섯 가지 경계가 마음을 홀리는 것이 마치 먼지가 눈앞을 가리는 것과 같다는 뜻에서 티끌六塵이라고 한다. 성인의 무리에 들어가려면 6진에서 나와야 한다. 그러므로 입류入流가 곧 출진出塵이며, 출진하면 다시 '6진에 들지 않는다'고 할 수 있다.

6진에 들지 않는다는 것은 6진에 시달리거나 집착하는 마음이 없는 상태인데, 이렇게 집착하지 아니하고 초연하면 성인이 된다. 일부러 안 보려고 하는 것도 집착이다. 나타나고 안 나타나는 것에 대해서 마음이 평범해지면 그것이 성인이다. 성인은 좋아하지도 않고 싫어하지도 않는다. 이걸 평상심平常心 또는 본심本心이라고 한다. 평상 그대로의 마음, 그게 가장 큰 마음이다.

144

성인의 세계에 든다는 것은 보이고 들리고 하는 현상 세계에서 그냥 평범해지는 것이며, 본래의 마음을 간직하는 것이다. 그러나 중생은 그게 안 된다. 좋아하거나 싫어하는 차별의 마음이 일어난다. 그 차별심이 없어지면 성인이다. 성인은 마음이 탁 트여서 있으면 있는 대로 없으면 없는 대로 산다. 그런데 중생은 예를 들어 큰 손님이 오면 지나치게 대접을 하고, 작은 손님이 오면 지나치게 대접을 하지 않는다. 또한 중생은 손님이 오기 전부터 신경을 쓰고 없는 것을 있는 것처럼 보이려고 한다. 이렇게 중생의 마음이 복잡하다 보니 보이고 들리는 데 자꾸 얽매이게 되는 것이다.

그런데 가끔은 자연에 순응하면서 순박하게 살고 있는 농부들을 보면서 그 분들이야말로 4상四相이 무엇인지 몰라도 또 종종 그것에 걸리더라도 진정으로 그것을 벗어나지 않았나 느끼곤 한다. 없으면 없는 대로 있으면 있는 대로 산다. 아프면 아파하고 슬프면 울고 기쁘면 웃는다. 명예도 돈에도 집착하지 않는다. 그저 분수를 넘어선 욕심을 부리지 않는다. 도시에 나간 자식들에게 농사지은 쌀이나 채소 등을 주는 즐거움에 산다. 자식들이 무탈하고 행복하게 살기만을 바랄뿐이다. 봄이 오면 꽃이 피고 가을이 되면 낙엽이 지고 겨울에는 눈이 온다. 그리고 그들은 그 일부가 된다.

경북 포항에 별난세상 자장면 아저씨가 있다. 그는 산속에서 밭농사를 짓고 고물상을 해서 번 돈으로 재료를 사서 어린아이들에게 자장면을 만들어준다. 자신도 가진 것 없지만 경로당 노인들에게도 자장면을 만들어 나누어준다. 더우면 계곡에 몸을 담그고, 때가 되면 손수 가꾼 채소와 함께 계곡물에 밥을 지어 먹는다. 그는 어렸을 적 너무 가난해서 주위의 도움을 많이 받았다고 한다. 그래서 비록 없는 몸이지만 그때 받은 도움을 세상에 돌려주려고 한

단다. 그러기를 벌써 7년째. 나이 오십이 넘었으니 그동안 받은 도움을 다 못 돌려주고 가지 않을까 염려한다.

아주 오래전 서른여덟 살 때 회사에서 쓰러져 병원에 실려간 적이 있다. 병원에 가는 짧은 시간동안 죽음 앞에 선 사람의 마음을 느꼈다. 4시간여에 걸친 대수술로 살아났지만 실려가는 그 당시는 왼쪽 가슴이 아파 숨을 제대로 쉴 수가 없었으니 죽을 수도 있으리라 생각했다. 죽는다고 생각하니 지나온 38년이 너무나도 짧게 느껴지면서 지나간 세월이 영화필름의 파노라마처럼 스쳐 지나갔다. 지난 세월 무엇하러 그리 아등바등 살았는지 후회됐다. 하물며 내게 잘못했던 사람에 대한 미움도 없어졌다. 그리곤 부모님과 형제들, 아내가 차례로 떠올랐다. 마지막으로 네 살과 한 살된 두 아들이 가슴에 애처롭게 묻어났다. 죽음에 대한 공포가 엄습하였지만 이내 평온이 찾아왔다. 죽음 앞에 남은 것은 아무것도 없었다. 돈도 명예도 사랑도 죽음 앞에선 아무 소용이 없었다. 죽음에 대한 두려움조차 없어지니 마음이 편안해졌다. '아, 인간이 이래서 죽을 수 있는 것이구나' 하는 생각이 들었다. 지금 금강경을 공부하는 입장에서 보면 그때야말로 아상·인상·중생상·수자상을 버린 순간이었다. 돈과 사랑과 명예에 대한 욕심이 없어졌으니 그것이 아상我相을 버린 것이요, 남을 미워하는 마음이 없어졌으니 인상人相을 버린 것이요, 모든 것이 헛되고 어리석었음을 깨달았으니 중생상衆生相을 버린 것이요, 죽음에 대한 두려움이 없어졌으니 수자상壽者相을 버린 것이 아닌가.

'지금 당장 이 순간뿐이니 모든 것을 내려놓아라' 는 숭산崇山스님(1927~2004)의 설법이 이것을 말하는 것이 아닐까?

그런 마음으로 수행을 하면 그게 육바라밀이요 무주상보시에 해당될 것이다. 이런 경지에 이른 경우를 수다원의 세계라 하면 '수다원의 과위에 올랐다'는 '티'가 남아있지 않으며 이미 6진에서 나왔으니, 아무 것도 얻은 바가 없는 경지에 있는 것이다.

"수보리야, 네 생각이 어떠하냐? 사다함이 생각하기를 '내가 사다함의 과위를 얻었다'고 생각하겠느냐?"

수보리가 대답하였다.

"그렇지 않습니다, 세존이시여. 무슨 까닭인가 하면, 사다함은 이 세상에 한 번만 더 돌아온다—往來라고 하지만 실제로는 왕래함이 없으므로 이름을 사다함이라고 하나이다."

須菩提 於意云何 斯陀含 能作是念 我得斯陀含果不

須菩提言 不也 世尊

何以故 斯陀含 名一往來 而實無往來 是名斯陀含

일왕래하면 가고 옴이 없는 세계로 간다

수다원은 입류入流, 사다함斯陀含은 일왕래―往來라고 한다. 현장은 사다함을 일래자―來者라 옮겼다. 일왕래는 천상세계에 갔다가 한 번만 다시 돌아온다는 뜻이다. 한 번만 더 인간 세상에 왔다 가면 생사를 면하는 아나함阿那含이 되기 때문에 다시는 인간으로 태어나지 않는다. 중생세계에서 볼 때는 이렇게 가기도 하고 오기도 하는 것이지만 '실제로는 왕래함이 없다'는 말은 반야바라밀의 근본 세계에서 볼 때는 가고 오는 것이 없는 것이다.

중생들은 분별 속에서 살아가니까 가기도 하고 오기도 하는데, 원래 반야바라밀의 세계는 가고 오는 것이 없다. 참된 사다함이라 하면 가고 오는 것이 없는 세계에 들어간 것이다. 이는 내가 사다함이라는 생각을 하지 않는다는 말씀이다.

"수보리야, 네 생각이 어떠하냐? 아나함이 생각하기를 '내가 아나함의 과위를 얻었다'고 생각하느냐?"

수보리가 대답하였다.

"그렇지 않습니다, 세존이시여. 무슨 까닭인가 하면, 아나함은 이 세상에 다시는 돌아오지 않는다不來라고 하지만 실제로는 오지 않음으로 이름을 아나함이라고 하나이다."

須菩提 於意云何 阿那含 能作是念 我得阿那含果不

須菩提言 不也 世尊

何以故 阿那含 名爲不來 而實無來 是故 名阿那含

생각을 하면 힘이 생긴다

구마라습이 음역한 아나함阿那含은 불래不來, 즉 인간 세상에 다시는 돌아오지 않는다는 뜻이다. 현장은 이를 불환자不還者라 했다.

불래는 무래無來라고도 하는데 온다고 하는 것 자체가 없다는 것이며, 오지 않는다는 어떤 특별한 내용이 있는 것은 아니다. 불래의 세계로 올라간 사람은 자신이 불래의 세계에 올라갔다는 생각이 없다. 대통령은 내가 대통령이라는 생각이 없어야 한다. 그런 생각을 하고 있으면 대통령 노릇을 할 수 없다. 정말 어머니는 '내가 네 엄마다' 라는 말을 할 필요가 없다. 그런데 역설적으로 친엄마가 아닌 경우에 '내가 네 엄마다' 라고 자꾸 말하면 그게 된다고 한다. 자기가 새끼를 번식시킬 능력이 없는 나나니벌은 나비나 나방의 애벌레의 몸 속에 알을 낳아서 유충이 그것을 속에서부터 파먹고 자랄 수 있게 한다. 뿐만 아니라 애벌레의 신경절에 조심스럽게 침을 놓아서 마비시키되 신선도 유지를 위해 '죽이지 않게' 한다. 이같은 경우도 이와 비슷하다.

지금은 극락에 못 갔더라도 '나무아미타불' 을 자꾸 반복하면 극락에 가게 되고, 지금은 뭐가 잘 안된다 하더라도 '아제아제 바라아제 바라승아제 모지 사바하' 를 계속하면 빨리 이루어진다. 그것을 염원念願에 의해서 이루어지는 염피관음력念彼觀音力이라고 한다. 염력念力이라는 말이 있다. 생각을 자꾸 하면 힘이 생긴다. 흔히 무엇을 기원할 때 백일기도를 한다. 108배를 석 달만 해보라. 정말로 가슴에서 힘이 솟는 걸 느낄 수 있다. 독실한 기독교 신자가 암에 걸렸는데 오로지 하나님께 열심히 기도해서 완치된 경우를 본 적이 있다. 병 치료도 반 이상은 나을 수 있다는 의지에 달려있다.

2007년 미 LPGA 투어에서 모건 프레셀에게 2타 앞선 선두로 출발한 박세리는 초반에 연속 보기를 범해 역전을 허용했다. 더구나 프레셸이 홀인원을 하면서 승리의 여신은 그녀를 외면하는 듯 했다. 하지만 박세리는 한 홀 한 홀 버디를 추가하며 재역전에 성공, 마지막 홀에서 프레셸은 보기를 범하고 3타차로 우승을 하였다. 제이미 파 대회 통산 5번째 우승이면서 오랜 슬럼프를 한꺼번에 날려버린 우승이었다.

그녀는 인터뷰에서 이렇게 말했다.

"모건 프레셸이 홀인원을 하는 순간, '이번 대회도 내 것이 아니구나' 하는 생각이 들었어요. 약간은 황당하기도 했고요. 하지만 곧 '집중하자, 집중하자' 속으로 외쳤습니다. 이렇게 질 수는 없다고 생각했습니다."

모건 프레셸도 이에 언급했다.

"박세리는 정말 대단한 선수였습니다. 최후의 순간까지 싸워나가는 모습을 지켜보는 것 자체가 내게는 영광이었습니다. 그가 어떻게 명예의 전당에 오를 수 있었는지 이제야 알 것 같습니다."

원력願力과 욕심은 차원이 다르다. 대망大望을 품고 정상에 오르는 사람은 높고 위험한 계단을 올라가면서 내려갈 일에 마음 쓰지 않는다. 단지 오른다는 야망이 떨어지는 공포를 삼켜버리기 때문이다.

시켜서 하는 것은 얼마가지 못한다. 인간은 자기가 하고 싶어서 해야 몇 배의 힘이 나온다. 공부하기 싫은 자식에게 아무리 공부하라고 해도 아무 소용이 없다. 공부를 왜 해야 되는지 스스로 깨달아야 한다. 그런데 우리네 부모들은 남을 의식해서 제 자식을 달달 볶는다. 제가 하고 싶은 것을 하게 그냥 내버려두어야 한다. 정말로 하고 싶은 걸 할 때는 잠도 안 자는 법이다. 하기 싫은 일을 시켜보라. 안한다. 또한 인간은 한 만큼 인정을 받아야 그에 대한 일을 한다.

선생님이 학생들을 데리고 소풍을 갔다. 알밤이 땅에 많이 떨어져서 그것을 줍도록 했다.

"너희들 가서 밤 주워와라."

그랬더니 약삭빠르고 욕심 많은 학생들은 많이 주워왔고, 느린 학생들은 조금밖에 못 주워왔다. 선생님은 그걸 모아서 학생들에게 평등하게 똑같이 나눠주었다. 이듬해에 또 소풍을 갔다. 역시 밤을 주워오라고 하니까, 한 학생이 물었다.

"선생님, 이번에도 똑같이 가를 겁니까?"

"그럼, 똑같이 나눠야지."

학생들은 밤을 주워왔는데 이번에는 그전 해에 비해 반밖에 안 되었다.

"왜 조금 밖에 안 주워 왔니?"

"많이 주워오면 뭐해요? 어차피 똑같이 나눠줄 텐데요."

이 일화의 시사점은 이렇다. 오늘날 우리나라가 겪는 교육평준화정책이나 현실과 괴리된 노동정책, 혁신도시, 부동산정책 등 경제정책을 보자. 기업가의 최고의 선은 이익을 내는 것이다. 그러나 이윤을 창출하기 위해서 기업가가 지불해야 하는 고통은 이루 말할 수 없다. 수없이 판단하고 예측하고 결단을 내려야 한다. 비정규직 관련 이랜드 사태나 특수고용직보호법 입법추진 등 정치인 출신 노동부장관의 포퓰리즘(인기 영합주의) 정책이 노사관계를 더욱 꼬이게 만들고 있다고 재계는 물론 노동계 내부에서까지 비판한 적이 있다. 정치논리로 경제를 간섭하고 지배하려 하고 시장경제의 현실을 무시하고 평등주의에 기초하려 한다. 우리나라는 건국시대, 산업화시대, 민주화시대를 거쳐 이제는 국제화 정보화 다원화시대를 맞고 있다. 그러나 현재 정부의 경직된 기능과 기법으로는 국제 경쟁에서 이겨 나갈 수 없다. 정부 권한을 빼앗기지 않으려는 본능적 이기주의로는 시장경제원리가 접목될 수 없다.

감옥과 공원을 민간에 맡겨 경직된 정부보다 효율이 높았던 사례가 있다. 1980년대 미국 정부는 급증하는 죄수들을 기존의 예산으로는 감당할 수가 없어 민간에 맡긴다. 이들 민간 회사는 운영비를 최소로 줄이기 위해 정규직을 계약직으로 대체하고 교정 프로그램을 강화하여 기술을 연마하게 하고 인성교육도 강화한다. 그 결과 기업은 흑자를 내고 재범률도 눈에 띄게 낮아졌다. 우리 경제는 이미 정부가 통제할 수 있는 수준을 훨씬 넘어섰다. 서민을 위한다는 정책이 너무 이상적이면 거꾸로 서민들을 더 힘들게 한다. 시장경제를 지향한다는 보수정당조차도 자기색깔이 무엇인지도 모르고 표를 의식하는 포퓰리즘적 정책에 은근 슬쩍 동참하거나 때로는 더 앞서 나간다. 이렇게 되면 국가의 백년대계는 없다. 그것을 절충할 길은 없을까, 바로 그것이 불교에 있다.

"수보리야, 네 생각이 어떠하냐? 아라한이 '내가 아라한의 도를 얻었노라' 하겠느냐?"

수보리가 대답하였다.

"그렇지 않습니다, 세존이시여. 무슨 까닭인가 하면 실로 아무것도 아라한이라 할 법이 없기 때문입니다. 세존이시여, 만일 아라한이 생각하기를 '내가 아라한의 도를 얻었노라' 한다면 이는 곧 아상·인상·중생상·수자상에 집착되는 것입니다."

須菩提 於意云何 阿羅漢 能作是念 我得阿羅漢道不

須菩提言 不也 世尊

何以故 實無有法 名阿羅漢 世尊

若阿羅漢 作是念 我得阿羅漢道 卽爲著我人衆生壽者

참으로 없을 때는 소리가 없다

아라한阿羅漢은 성문의 마지막 과위로서 앞의 3위는 모두 과果로 되었는데 여기에서는 도道로 되어 있다. 이는 차별적 표현으로 수행이 극치에 이른 성인을 말한다. 아라한은 무적無敵, 즉 번뇌의 적이 없으며, 다시는 인간 세상에 태어나지 않기 때문에 불생不生이라고도 하고, 인간과 하늘이 올리는 어떤 공양도 받기에 충분하므로 응공應供이라고도 한다. 소승불교에서 부처보다는 아래의 위치이지만 인간이 수행을 통해 도달할 수 있는 최고의 경지이다.

앞에서 말했듯이 부처님의 법은 잡을 수 없고, 말할 수 없고, 법도 아니고, 비법도 아니다. 법이라고 해서 아라한이라고 할 아무것도 없기 때문이다. 그렇지만 세속제에 따라서 임시로 아라한이라 부를 뿐이다.

'내가 뭐다. 내가 뭐가 아니다'라고 하면 그건 벌써 중생의 망식妄識이고 헛된 생각이다. 아라한은 아라한이라는 생각도 아라한이 아니라는 생각도 없다. 그것은 잠에 푹 든 사람이 잠든다는 마음이 없는 것과 같다. 누군가 방문 앞에서 "방안에 누가 있습니까?"라고 물었을 때, "아무도 없습니다"라고 한다면 어찌되는가? 아무도 없다는 말은 있다는 표시다. 없을 때는 소리가 없다. 있다는 소리도 없고 없다는 소리도 없다. 이렇듯 아라한이 됐다 안 됐다라는 생각이 없을 때 진정한 아라한이다.

"세존이시여, 부처님께서 저를 일러 무쟁삼매를 얻은 사람 중에 제일이라 하셨는데 이는 욕심을 여읜 아라한 중에 으뜸이라는 말씀입니다. 그러나 저는 욕심을 버린 아라한이라고 생각지는 않습니다. 세존이시여, 제가 만일 생각하기를 '내가 아라한의 도를 얻었노라' 한다면 세존께서는 수보리가 다툼 없이 머무는 것을 좋아하는 사람이라 하지 않으셨을 것이오나, 수보리가 실로 그러하지 않았으므로 수보리는 다툼없이 머무는 것을 즐긴다고 하셨습니다."

世尊 佛說 我得無諍三昧人中 最爲第一
是第一離欲阿羅漢 我不作是念 我是離欲阿羅漢
世尊 我若作是念 我得阿羅漢道 世尊 卽不說須菩提 是樂阿蘭那行者
以須菩提 實無所行 而名須菩提 是樂阿蘭那行

무쟁의 행도-아란나행

무쟁삼매無諍三昧란, '이것이다, 저것이다'라고 시비 분별, 다툼이 없는 삼매란 뜻이다. 욕심의 번뇌가 다하여 '공'의 원리에 편안히 머무는 이의 경지를 말한다. 잘났다 못났다, 잘한다 못한다는 시비 분별이 없는 상태가 무쟁삼매다. 수보리는 교화활동을 벌일 때 다른 도를 구하는 사람들로부터 온갖 비난과 중상을 당했지만 그들과 다투거나 논쟁하지 않았다. 그래서 부처님께서는 그를 일러 무쟁삼매를 얻은 이 중에서 제일無諍第一이라 하였고, 또한 '공'의 원리를 잘 알기로 이름이 높아서 그를 해공제일解空第一이라 하였다.

욕심을 여읜 아라한이라 함은, 어디에 집착하는 마음, 그런 탐욕을 일으키는 마음을 떠나야 다툼이 없는 삼매에 든다는 말이다. 이는 탐욕을 떠난 아라한이라는 말이다. 정말로 부지런한 사람은 자신이 부지런하다는 것을 모른다. 정말로 마음이 넓은 사람은 자신이 마음 넓은 줄 모른다. 경지에 들면 내가 욕망을 여읜 아라한이라는 생각이 있을 수가 없다.

아란나행阿蘭那行은 '行'의 뜻 중에 길道路이라는 의미가 있으며 원문의 arana가 '다툼 없음'이란 뜻으로써 수보리가 무쟁의 행도行道를 얻었다는 말이다. 이는 무쟁삼매와 마찬가지로 남들의 어떠한 비난이나 비판에도 흔들리지 않고 마음의 평화를 갖는다는 의미이다. 다시 말하면 '공'의 원리를 알아 고요한 곳에서 법을 관찰하는 것을 즐기는 수행이다.

도루묵이라는 물고기가 있다. 임진왜란 중 선조가 피난을 갔을 때, 어부가 목어木魚라는 물고기를 올렸는데, 맛이 기가 막혔다. 그래서 그 물고기의 이름을 특별히 은어銀魚라고 지어 주었다. 선조가 다시 궁으로 돌아와 은어를

158

찾았다. 그러나 그 은어는 이미 옛 맛이 아니었다. 배고픈 피난길에서 느끼던 맛과 궁중에서 편안히 먹어보는 맛은 달라도 너무 달랐던 것이다. 그래서 그 물고기를 다시 목어라고 부르라 하였다. '도루목어'가 세월을 거치면서 '도루묵'이 되었다고 한다.

정말 맛이 있다면 시장할 때 먹든지 배부를 때 먹든지 맛이 있다. 정말로 잘난 사람은 언제 보아도 잘난 것이다. '진실'이 중요하다. 실제로 닦아서 실제로 이루는 것이 중요하다. 참선參禪을 일념삼매一念三昧라고 한다. 잡념 없이 일념으로 계속 정진하면 그게 삼매다. 일념삼매에 들면 참선하는 줄도 모른다. 자신이 참선하고 있다고 생각하면 일념삼매가 아니다. 이때는 하루 이틀 지나가도 모른다. 석가모니 부처님은 머리 위에 새가 올라 앉아 있는데도 몰랐다고 한다. 그게 진정한 일념삼매. 수보리는 무쟁삼매를 몸소 실천하고 있으므로 '함이 없다實無所行'는 말로 자신을 비우고 있다. 현장은 이 부분을 '어떤 것에도 머물지 않는다以都無所住'라 옮겼다.

바캉스vacance라는 말은 라틴어 바카티오vacatio에서 유래된 말로 원래는 '텅 비우다'라는 뜻이었다. 이 용어는 학생이나 교사, 혹은 법관 등에게 주어진 비교적 긴 휴가를 뜻하다가, 20세기 들어 일반인들이 휴가를 떠나는 경우를 가리키게 되었다. 프랑스에서는 휴가철에 국민의 80%가 집을 떠난다고 한다.

장 마리 위르티제 르노삼성 사장이 '휴가란 본래 구속과 의무에서 벗어나 자유로워지고 싶어서 떠나는 것이니 몸과 마음속에 자리 잡은 스트레스를 다 비우고 활력과 즐거움으로 재충전할 수 있기를 희망한다'는 메시지를 전임직원들에게 보냈다. 이른바 비워야 채울 수 있다는 '비움의 경영'인 것이다.

그런데 우리나라 사정을 보자. 임원들은 사장의 눈치를 보면서 그나마 주어진 휴가를 반도 못쓰고 되돌아온다. 사장 역시 회사 걱정에 휴가를 반납하고 일에 매달린다. 국가의 중요한 업무를 맡은 한 공무원은 거의 10여 년을 휴가를 반납하고 일에 매달렸다고 한다. 그러다가 어느 해 휴가를 가게 되었는데, 휴가중에 분명히 무슨 일이 나서 자신을 찾을 것으로 생각했다. 하지만 하루, 이틀, 사흘이 지나 일주일이 되도록 아무 일도 일어나지 않았다. 그때 그는 깨달았다고 한다. 세상은 비움이 곧 채움이라는 것을.

수다원은 수다원이란 생각이 없고, 사다함은 사다함이란 생각이 없다. 아나함은 아나함이란 생각이 없고, 아라한은 아라한이란 생각이 없다. 그렇기 때문에 부처님께서 정말로 무쟁삼매를 얻었다는 뜻이다. 부처님과 견주면 턱도 없이 낮은 지위인 성문들도 얻었다는 티가 없거늘, 하물며 부처님의 경지를 물어서 무엇하랴. 이렇게 여기서는 낮은 아라한의 경우를 들어 부처님의 경지를 설명하고 있다. 이는 '법은 잡을 수도 없고 설명할 수도 없다지만 성문의 네 과위만 해도 분명 끊고 얻은 바가 없지 않은데, 부처님인들 어찌 얻은 바가 없겠느냐?'고 의심하는 부분에 대한 대답이다.

10. 여래의 깨달음은 깨달음이라 말하지 않는다

莊嚴淨土分 第十

앞에서 얻는 바가 없음으로 참으로 얻은 것이라는 점은 알았다. 그러나 석가모니 부처님은 어떻게 91겁劫전에 연등부처님을 만나 앞으로 부처가 되리라고 한 수기授記를 얻었는가? 그것은 얻음이 아닌가?

앞의 제 9분이 아라한의 위치에서의 질문이라면, 여기에서는 부처님의 안목으로 보살의 관점으로 본 대답이다. 아라한의 경계에서는 깨달음의 단계를 말하고 그 다음은 청정함의 단계와 그 깊이의 차이를 이야기한다. 그러므로 부처님이 걸어 오셨던 진정한 '보살의 길'을 보여주고 있다.

법신法身부처님은 깨달음과 '진리의 본체'를 의미한다. 화신化身부처님은 우리가 보고 느낄 수 있도록 우리와 똑같은 모습으로 분장해 나타나신다. 보신報身부처님은 자신이 수행한 공덕의 결과를 다 받아 누리는 몸으로써 중생은 알아 볼 수 없으나, 10지地 이상에 오른 보살들을 위해 나타나신다. 보신부처님은 형태도 작위도 없는 경지에 이르렀을 때 얻어지는 것임을 수보리가 터득한 내용이다. 그러나 너무 높은 경지라 대중이 겁을 내어 중지하려는 이가 많을 것이므로 부처님은 큰마음을 도중에 버리는 일이 없도록, 이 경의 4구게만이라도 받아 지니고 외우면 찰나에 깨달을 수 있다고 강조한다.

부처님은 이와 같이 법신부처님, 화신부처님, 보신부처님의 3신三身으로 나타나는데, 세 부처님은 그 개체가 따로 따로 있는 것이 아니라 다만 세 측면에서 보았을 뿐이다. 마치 거울이 본래 그 본체와 거울의 맑음과 거울의 그림자 세 부분이 있는 것과 같다.

일상무상분一相無相分에서는 성문聲聞의 경우를 예로 들어 부처님이 얻은 바가 없음을 설명하였고, 여기에서는 부처님과 보살의 경우를 예로 들어 '3신'은 취할 수 없으니 얻은 바가 없다고 설명하고 있다. 그리고 구경무아분究竟無我分에서는 얻은 바가 없기 때문에 얻었다고 하는 점에 차이가 있다.

부처님께서 말씀하셨다.

"수보리야, 네 생각에 어떠하냐? 여래가 옛적에 연등부처님께 얻은 법이 있느냐?"

"아니옵니다, 세존이시여. 여래께서는 연등부처님께 실로 아무런 법도 얻은 바가 없습니다."

佛告須菩提 於意云何 如來 昔在燃燈佛所 於法 有所得不
不也 世尊 如來 在燃燈佛所 於法 實無所得

마음은 아무도 볼 수 없다.
그러나 마음이 없는 것은 아니다.
마음은 모습 없는 모습이다.

부처님이 연등불께 수기를 받다

석가모니 부처님은 과거 91겁劫 전에 수메다Sumedha라는 이름의 고행자였다. 이 고행자는 연등불이 지나가는 도로에 물이 고였을 때, 그곳에 몸을 뉘여 몸을 밟고 지나가시도록 했다. 또한 연꽃도 헌화하였다. 그리하여 연등불燃燈佛에게 설법도 듣고 공양도 하고 발심도 하여 수기授記를 얻었다. 수기란 부처님께서 제자들의 수행에 대해 '그대가 언제 부처를 이루리라'는 예언을 하여 지위를 인정하는 선언이다. 현재불은 석가모니불, 과거불은 연등불, 미래불은 미륵불이라고 한다.

세속적으로 보면 여래께서 연등부처님께 분명히 배우고 얻었다. 배운 사실이 있고 얻은 사실이 있는 것이다. 그런데 배웠어도 배웠다는 생각이 없고, 얻었어도 얻었다는 집착이 없는 것이 반야바라밀이다. 색성향미촉법의 세속적인 일에 탐욕을 내고 거기에 매달리다 보면 번뇌가 생긴다. 보이고 들리는데 매달리지 않으면 마음이 편안해진다.

중생에게는 8만4천 번뇌가 있다. 그 번뇌의 근본이 바로 집착이다. 하늘에 구름이 끼듯이 우리에겐 번뇌망상의 구름이 낀다. 그러나 보아도 아무런 집착이 없이 허공같이 담담한 생각을 갖게 되고, 좋은 소리가 들리거나 나쁜 소리가 들리거나 거기에 매달리지 않으면 번뇌가 없다. 그러므로 세속에 집착하지 않는 것이 반야바라밀이다. 티끌 하나 없는 마음이 곧 불성佛性이다.

아무것도 아니면서 모든 것이 다 되는 것, 그게 불생不生이면서 또한 불멸이다. 생生은 있는 것이다. 그렇다면 불생이란 없는 것인가? 아니다. 불생은 아무것도 없는 게 아니고 불멸, 즉 고도의 정신세계다. 정신세계는 있는 것이 없다. 그게 불생이다. 없는 것이 없다. 그게 불멸이다. 얻는 것이 없는 동시에 안 얻은 것도 없다.

노자가 말했다. 소인들은 도를 들으면 모르니 크게 웃고小人聞道 仰天大笑, 중간쯤 되는 사람들은 도를 들으면 반은 믿고 반은 의심하고中人聞道 半信半疑, 아주 높은 사람은 도를 들으면 바로 믿어서 실행하여 성취를 한다大人聞道 信而行之.

또한 장자는 말했다. 물고기는 물의 존재를 잊고, 사람은 도의 존재를 잊는다.

부처님은 수보리에게 '연등부처님께 법(수기)을 받았다고 생각하느냐?' 고 물음으로써 거꾸로 받은 바가 없다고 강조한다. 중생들이 금강경이나 또 다른 경의 설법을 통하여 아·인·중생·수자의 4상을 극복할 수 있다 하더라도, 그렇기 때문에 이를 가능케 했던 법상法相을 버리기는 어렵다. 이는 법을 실체라고 보기 때문이다. 여기에서 부처님의 뜻을 잘 아는 수보리는 '얻은 바가 없다' 고 대답한다. 분명 연등부처님께 설법도 듣고 깨친 바도 있어 수기까지 받았는데, 어째서 그런가?

그러면 얻지 않은 것은 있는가? 그것 또한 없다. 얻음도 없고 얻지 않음도 없는 그런 정신세계. 있기는 있는데 안 잡히는 것, 정신은 있는 게 아니지 않은가? 있는 게 아니라는 말은 보이는 게 아니다.

마음이라는 게 그렇다. 마음을 아무도 볼 수 없다. 그렇다고 마음이 없는 것은 아니다. 마음은 모습 없는 모습이다. 그러면 마음은 무엇으로 보아야 하는가? 눈치를 보아야 한다. 상대방이 마음속으로 나를 좋아하는지 싫어하는지는 눈에 보이지 않는다. 하지만 그것은 눈치를 보면 알 수 있다. 환하고 일그러지고, 구름이 끼고 사색이 되는 상대의 얼굴을 보면 마음이 보인다. 그래서 사람과 사람의 만남은 어떻게 이루어지는가. 처음에는 어디서 사는지, 어떻게 지내는지 말을 듣고 안다. 하지만 조금 깊이 가면 얼굴 표정만 보고 진실을 알 수 있다. 안색보다 바로 마음속으로 들어가서 통通하게 되면 최고로 높은 단계가 되는 것이다.

그렇다면 수기까지 받았는데 받은 바가 없다고 하는 이유는 간단하다. 연등부처님께서 말씀하신 것은 음성뿐이며, 석가모니 보살이 들은 것도 음성뿐이다. 음성은 실체가 없는 것이며 진실이 아니다. 부처님이 오늘의 부처가 된 것은 진실을 얻었기 때문이다. 오직 아무 것도 얻은 바 없는 경지에 이르러야 진실한 얻음이 된다. 진정한 깨달음은 실로 얻은바가 없음을 깨닫는 것이다. 그렇기 때문에 석가모니 부처님이 연등부처님께 얻은 바가 있으리라는 생각은 잘못된 일이다.

"수보리야, 네 생각에 어떠하냐? 보살이 불국토佛國土의 장엄을 이룩하였느냐?"

"그렇지 않습니다, 세존이시여. 무슨 까닭인가 하면, 불국토의 건설은 곧 건설이 아니라 그 이름을 불국토의 건설이라 하기 때문입니다."

"그러므로 수보리야, 보살마하살은 꼭 이렇게 청정한 마음을 내어야 하나니. 형상에 매여서 마음을 내지도 말고, 소리·냄새·맛·촉감·자기 생각에 머물러서 마음을 내지도 말아야 하나니, 어느 곳에도 머무르는 바 없이 맑은 마음을 응당히 그대로 내어야 할 것이다."

須菩提 於意云何 菩薩 莊嚴佛土不

不也 世尊 何以故 莊嚴佛土者 則非莊嚴 是名莊嚴

是故 須菩提 諸菩薩摩訶薩 應如是生清淨心 不應住色生心

不應住聲香味觸法生心 應無所住 而生其心

머무르는 바 없이 마음을 그대로 내어라

지금까지는 연등부처님에게 배운 걸로 반야바라밀을 설명하고, 여기에서는 보살이 불국토 세우는 걸로 반야바라밀을 설명하였다. 불토를 장엄하게 한다는 것은 불국토를 건설한다는 뜻이다. 불국토는 부처님의 나라를 말하며 정토淨土라 한다. 여기에서의 정토는 내세정토來世淨土로서 우리가 사후에 갈 곳으로 설정된 극락세계이다. 보살은 불국토를 끊임없이 세운다. 과거에도 극락세계를 건설하고 지금도 건설하고 날마다 불사를 해서 장엄하고 좋은 국토를 세운다. 보살은 그걸 한다는 집착이 없으니까 지칠 줄을 모른다. 보살은 끊임없는 보살행을 하면서도 허공계가 다하고 중생계가 다할 때까지 지칠 줄 모른다.

불국토를 건설하는 것은 재화나 눈에 보이는 것으로 하는 형상으로써가 아니라 정신세계로 승화시킨 마음으로 하는 것이다. 즉 내가 불국토를 만들고 있다고 하는 아상 없이 하는 것이다. 그때 비로소 건설한다고 말할 수 있다. 이렇게 보살은 전혀 한다는 집착도, 세속적인 집착도 없다. 그런데 우리 중생은 이것도 하고 싶고 저것도 하고 싶어 하지만 보이고 들리는 데 마음이 흩어지니까 제대로 할 수가 없는 것이다.

'청정한 마음'은 보이고 들리는 데 물들지 않음을 말한다. 보이는 데 매이면 생각이 그쪽으로 치우친다. 들리는 데 매이면 또 역시 들리는데 치우친다. 그게 물든 마음이다. 청정한 마음은 집착하지 않는 것이다.

不應住色生心 不應住聲香味觸法生心 불응주색생심 불응주성향미촉법생심

應無所住 而生其心 응무소주 이생기심

형상에 매여서 마음을 내지도 말고

소리 냄새 맛 촉감 자기생각에 머물러서 마음을 내지도 말아야 하나니

어느 곳에도 집착하여 머무르는 바 없이

맑은 마음을 응당히 그대로 내어야 할 것이다.

응무소주應無所住. 아무데도 머무는 데 없으면, 어떤 곳에도 집착해 치우치지 않으면 그게 청정심淸淨心이다. 가까운 데 집착하고 먼 데 집착하면 자연스럽지 못하다. 먼 데나 가까운 데나 큰 것이나 작은 것이나 집착하지 않고 환하게 밝으면 매임 없이 훤히 안다. 그것이 청정심이다.

부처님을 열 가지 호如來十號로 칭한다. 그 중에 '세간해世間解'와 '선서善逝'라는 호가 있다. '세간해'는 세상사가 지금 어떻게 돌아가고 있고 중생이 원하는 것이나 고통을 훤히 안다는 뜻이다. '선서'는 인因으로부터 과果로 가기 逝를 잘하여 돌아오지 않는다는 뜻이다. 부처님은 저 언덕에 가서 다시 생사해生死海에 빠지지 않기 때문에 그렇게 이른다. 집착으로 매달리지 않고 세간으로부터 마음이 다 초월해 있다. 즉 이 세상에 손님 같이 오셨다가 자기 집에 도로 가시듯 잘 가신다는 뜻이다.

골동품을 예로 들면, 고려시대나 신라시대 작품을 예술적 역사적 가치를 훤히 알면서도 소유하려는 집착이 없는 것, 잘 알면서도 집착을 안 하는 것, 그것이 바로 세간해이면서 선서다.

매달리면 시끄럽고 괴롭다. 매달리면 종奴隷이고, 매달리지 않으면 왕王이다. 돈 좋아하면 돈에 멍들고, 춤 좋아하면 춤에 멍드는 모든 것이 매달림이다. '선서'가 되지 않아서 그렇다. 남편이 늦게까지 귀가하지 않아 화가 잔뜩 나 있는데, 교통사고가 났다는 얘기를 듣는다면 지금까지의 화는 순간 없어

진다. 아이가 자기 생각대로 되지 않는다고 짜증이 난다면 해결책은 무엇인가. 아이에게 가지고 있는 기대와 욕심 때문이란 걸 자각하면 된다. 원불교 교무 권도갑씨는 "거울 속에 보이는 내 얼굴에 검정이 묻어 있으면 거울을 닦을 게 아니라 내 얼굴의 검정을 닦아내면 깨끗하게 보인다. 그것이 마음의 원리다"라고 말한다.

금강경 첫머리에서 수보리가 부처님께 "가장 올바른 깨달음을 이루고자 한다면 무엇을 원해야 하며, 어떻게 닦아야 하며, 또 어떻게 마음을 다스려야 하느냐?"고 물었다. 부처님께서는 '마음 머무는 법大乘正宗分'에서는 4상을 비우고 위 없는 깨달음을 성취한 뒤 법상法相을 극복하라 했다. '마음 닦는 법妙行無住分'에서는 집착하지 말고 보시하라고 하였다. 그리고 여기서는 머무르는 바 없이 보리심을 내라고 말하고 있다.

응무소주應無所住 이생기심而生其心, 즉 '머무는 데 없이 그 마음을 내라'는 구절은 중국 선종의 제6조 혜능慧能선사(638~713)가 깨달았다見性고 해서 유명해진 구절이다. 혜능은 어려서 아버지를 여의고 땔 나무를 팔아 어머니를 봉양하였다. 어느 날 장터에 나무를 팔러 갔는데 어떤 이가 금강경의 이 구절을 읽고 있었다. 그때 바로 이 소리를 듣고 크게 깨달아 출가할 발심을 하였다고 한다.

"수보리야, 가령 어떤 사람의 몸이 수미산 같다면 어떻게 생각하느냐? 그 몸이 크지 않겠느냐?"

수보리가 대답하였다.

"엄청나게 큽니다, 세존이시여. 왜 그런가 하오면 부처님께서는 몸이라고 하는 것은 몸이 아니라고 하셨습니다. 그래서 말하기를 큰 몸이라고 하기 때문입니다."

須菩提 譬如有人 身如須彌山王 於意云何 是身 爲大不

須菩提言 甚大 世尊 何以故 佛說非身 是名大身

수미산은 무엇을 뜻하는가

불교에서는 가장 큰 것은 수미산須彌山, 가장 작은 것은 일미진一微塵이라고 한다. 수미산(수메루산)은 어마어마한 산이다. 수메루산은 인도의 신화와 우주관에서 우주의 중심에 있는 전설적인 산이다. 우주 공간에 향수해香水海라는 바다가 있다. 그 바다에는 4대주가 있는데, 수미산은 그 복판에 우뚝 솟은 산이다. 그 정상에는 제석천帝釋天의 거소가 있는데 그것이 도리천忉利天이다. 모든 세계가 다 수미산에 있다. 그러니 몸이 수미산만하다면 얼마나 크겠는가? 이는 곧 보신을 뜻한다. 수미산이 높고 묘한 것처럼 보신은 지혜가 맑고 둥글어서 헤아릴 수 없음을 견주어 말한 것이다.

'몸 아님非身'은 현실을 초월한 진리로 보면 큰 몸이라 할 것이 아니라는 뜻이다. 아무런 집착이 없으면서도 제 역할을 다하는 산처럼 큰일을 해내는 사람이란 뜻이다. 수미산 자체는 스스로 크다는 생각이 없다. 수미산은 스스로 산이라는 생각이 없다. 부처님 몸도 내 몸이 크다는 생각이 없다. 수미산을 통해서 부처님의 몸을 나타내는 것이고, 수미산을 통해서 반야바라밀이 그 아무데도 집착함이 없음을 나타내는 것이다. 대신大身은 몸이 큰 사람이 아니라 마음이 큰 사람의 몸이다.

옛날 중국의 귀종歸宗선사에게 책을 만 권이나 읽어서 출세했다는 이만권이라는 사람이 찾아왔다. 그가 스님에게 물었다.

"불경에 겨자씨 속에 수미산을 넣는다는 구절은 허무맹랑한 거짓이 아닙니까?"

선사가 대답하였다.

"당신의 몸 어디에 1만 권의 책이 들어갈 수 있겠소?"

삼라만상 그 형상의 너머에는 우주의 본질이 있다. 겨자씨도 수미산도 우주도 모두 비어있기에 차있는 것이다. 거기에선 겨자씨 안에 우주가 녹아있고 우주 안에 겨자씨가 녹아있다. 겨자씨와 우주는 둘이지만 또 하나이기 때문이다.

11. 무위의 복이 가장 훌륭하다

無爲福勝分 第十一

인도의 고대문명은 인더스문명으로서 이집트문명, 메소포타미아문명, 황하문명과 더불어 세계 고대의 4대 문명에 속한다. 이 중에서 이집트문명과 메소포타미아문명이 BC 3500년 경에 제일 먼저 시작되었으며, 인더스문명은 오늘날 파키스탄의 편잡지역을 중심으로 인더스강 상류의 하라파Harappa유적과 하류의 모헨조다로Mohenjodaro유적으로 대표된다.

인더스문명은 BC 2500년경부터 BC 1700년경 사이에 융성했다. 원주민인 드라비다족에 의해 이룩된 이 문명은 비옥한 강 유역을 중심으로 발달되었는데 놀라운 건축술과 계획도시의 흔적을 보여주고 있다. 또한 후에 힌두교의 시바shiva신앙으로 자리잡은 초기 신들의 모습과 요가자세를 취한 수행자들의 모습이 인장과 조각상으로 발견되고 있다. 이 농경문화는 BC 1500년 경 아리안족의 이동과 더불어 대체되었다.

인더스문명의 정신적 유산은 이들 아리아인들에 의해 만들어진 힌두교 최고 경전 리그베다Rigveda를 통해 발전적으로 계승되었다. 그것이 브라만교와 카스트제도로 정착되었다. 이들 문명은 점차 동진하여 BC 1000년경에는 항하, 지금의 갠지스강 유역으로 옮겨 갔다. 그곳은 천당래天堂來, 곧 천당에서 직접 흘러나온 강이 흐르는 곳이었다.

"수보리야, 항하에 있는 모래처럼 많은 항하가 있다면 어떻게 생각하느냐? 이렇게 많은 항하의 모래 수가 많지 않겠느냐?"
수보리가 대답하였다.
"대단히 많습니다, 세존이시여. 단지 그 항하들만 하여도 오히려 엄청나게 많겠거든 하물며 그 여러 항하의 모래이겠습니까?"

須菩提 如恒河中 所有沙數 如是沙等恒河 於意云何
是諸恒河沙 寧爲多不
須菩提言 甚多 世尊 但諸恒河 尙多無數 何況其沙

모두가 본질이 '공' 하다는 것을 깨달아
모든 상에서 벗어나면 곧 무아에 들어간다.

항하의 모래

　인도 지도를 보면 히말라야가 북쪽에 있고 그 히말라야 밑에 네팔을 중심으로 강이 갈라진다. 서쪽으로 갈라지는 강은 인더스, 동남쪽으로 갈라지는 강은 갠지스다. 인더스강 유역은 브라만교라든지 전통문화의 세력들이 자리를 잡았다. 부처님을 위시해서 지나Jaina교나 유파철학자들 같은 신흥종교, 신흥사상가들은 인더스강 주변에 자리를 잡지 못하고 갠지스강을 중심으로 모이기 시작했다. 특히 녹야원鹿野苑이라는 지역에 많은 사상가와 신흥종교인들이 모였다. 지금 봄베이 있는 곳에서 밑으로 더 내려가면 스리랑카고, 그쪽에는 워낙 촌이라서 그 때는 사상이나 종교가 뒤떨어진 곳이었다. 그 이후에 대승불교는 인도 북부 파키스탄의 카슈미르지방에서 많이 생기고 거기서 다시 실크로드를 따라 티벳으로 넘어와서 서역으로 또 다시 중국으로 오게 된다.

　석가모니 부처님도 북쪽 룸비니에서 녹야원 쪽으로 나왔다. 부처님이 설산에서 도를 닦았다고 하는데, 이때 설산은 눈 덮인 히말라야가 아니고 갠지스강의 지류인 내란자라강 옆에 있는 조그만 산이다. 부처님의 출가수도는 산중에서 도시 쪽으로 향한다. 말하자면 강원도에서 서울 쪽으로 나온 것이다. 부처님은 녹야원에서 항하Gangā를 바라보면서 설법을 주로 하셨기 때문에 이 강에 대한 이야기가 많다.

　갠지스강 전체의 모래알 숫자가 얼마나 많겠는가? 더욱이 그 모래알 숫자와 같은 삼천대천세계가 있다. 그것은 정녕 가늠할 수 있는 것인가?

"수보리야, 내가 지금 참으로 말하노니, 만일 어떤 선남자 선녀인이 항하의 모래알같이 많은 삼천대천세계에 칠보를 가득히 채워서 보시에 쓴다면 그 복덕이 많지 않겠느냐?"

수보리가 대답하였다.

"매우 많습니다, 세존이시여."

부처님께서 수보리에게 말씀하셨다.

"만일 어떤 선남자 선녀인이 금강경 혹은 이 사구게만이라도 받아 지니고 읽고 외워서 다른 사람에게 설명해주면, 그 복덕은 앞에서 칠보로 보시한 복덕보다 더 수승殊勝하니라."

須菩提 我今 實言 告汝 若有善男子善女人 以七寶 滿爾所恒河沙數 三千大千世界
以用布施 得福 多不
須菩提言 甚多 世尊
佛告須菩提 若善男子善女人 於此經中 乃至受持四句偈等 爲他人說
而此福德 勝前福德

삼천대천세계에 가득 찬 칠보를 보시하는 것이 나쁜 것인가. 아니다, 여기서는 그것보다 더 좋은 것이 반야바라밀의 복덕이라는 사실을 말하고 있는 것이다. 그러면서 부처님은 '내가 지금 참말로 너에게 말하는데我今實言告汝'라고 표현하며 그 말을 믿지 못하는 제자들에 대한 답답한 심정을 드러내고 있다.

경전 중의 사구게라 함은 꼭 그 경전 자체를 의미하는 것은 아니다. 그런 글들만을 모아서 전달하는 것은 아무런 의미가 없다. 그보다는 그 말이 가르치는 뜻을 스스로 깨달아서 모든 만물의 본질이 '공' 하다는 것을 다른 사람에게 보여줄 수 있다면, 자기가 갖고 있는 전 재산을 보시하는 것보다 더 위대한 공덕이 된다는 것이다.

모두가 본질이 '공' 하다는 것을 깨닫는 것은 제상이 비상諸相非相임을 깨닫는다는 말이다. 이렇게 상에서 벗어나면 곧 무아無我에 들어간다. 물이 얼음도 되고 샘물이 되고 강이 되고 수증기로 올라가 구름이 되기도 하고 다시 비로 변하면 샘물이 되고 강이 된다. 이를 끓여서 차를 타먹으면 차가 된다. 이렇게 생겼지만 안 생긴 것과 똑같은 것이 무아다. 무아는 유식有識에서 벗어나는 것이다. 앞의 '깨달은 법도 없고 가르친 법도 없다無得無說分'에서 말했듯이 내 마음이 좋게 보면 좋게 보이고 나쁘게 보면 나쁘게 보이는 것이 유식이다.

하지만 청정심으로 심식心識에서 여러 가지 번뇌와 집착을 일으키지 않는 것을 무위無爲라 하였다. 여기에서 사구게만이라도 읽고 외워서 다른 사람에게 설명하여 준다는 의미는 곧 무위를 말함이 아닐까. 그래서 소명태자는 여기에 무위의 복이 가장 훌륭하다無爲福勝分라고 이름지은 것 같다.

12. 바른 가르침을 존중하라

尊重正敎分 第十二

일상생활에서 금강경이나 이 경의 사구게만이라도 지니고 잘 따라서 하면 꼭 법당에 가는 것보다 그 공덕이 더 훌륭하다. 특별히 성지聖地나 성물, 형상에 집착하지 말아야 한다. 즉 이 경이 있는 곳, 그 자체가 소중하기 때문이다. 그러므로 이 경은 인간뿐만 아니라 하늘이나 아수라들까지도 공경을 한다.

"또 수보리야, 어디서나 이 경을 말하되 사구게만이라도 말한다면 지금 금강경이 놓여있는 그 자리는 온 세계의 하늘 무리나 세상 사람이나 아수라들이 모두가 공경하기를 부처님의 탑과 같이 할 것이거늘, 하물며 어떤 사람이 끝까지 다 지니어 읽거나 외울 때이겠는가. 수보리야, 마땅히 알라. 이 사람은 가장 높고 제일이고 희유한 법을 성취하게 되리니, 이 경이 있는 곳은 바로 부처님과 지혜로운 스승들이 계신 곳이 되느니라."

復次 須菩提 隨說是經 乃至四句偈等 當知此處 一切世間天人阿修羅

皆應供養 如佛塔廟 何況有人 盡能受持讀誦

須菩提 當知 是人 成就最上第一稀有之法

若是經典所在之處 則爲有佛 若尊重弟子

깨달음은 특별한 것이 아니라
우리 마음 안에 이미 가지고 있는 것이다.

아수라장의 유래

　'천상 · 인간 · 아수라'의 삼선도三善道와 '지옥 · 아귀 · 축생의 삼악도三惡
道는 중생이 자기가 지은 업에 의해 생사를 반복하여 윤회하는 여섯 개의 길
이다. 도리천忉利天에는 하늘 무리天神와 아수라阿修羅가 함께 사는데, 도리천의
왕은 제석천왕(인드라신)이라 부른다. 하늘 무리는 신神을 의미하며 인간보다
수승한 천상의 존재들이다. 아수라는 조로아스터교의 아베스타에 나타나는
신이지만, 이란신화에서는 아후라로 나타난다. 하늘무리deva는 아수라와 함
께 선신善神이었으나, 이란신화에서는 거꾸로 격하되어 demon으로 악마가
되어버렸다. 그러나 금강경에서는 둘 다 불법수호의 신으로 쓰였다.

　하늘 무리에게는 좋은 음식은 있으나 예쁜 여자가 부족하고, 아수라에게
는 예쁜 여자는 있으나 좋은 음식이 부족하였다. 그래서 서로 상대방의 것에
탐을 내니 항상 싸움이 끊이지 않았다. 아수라장이란 말도 여기서 나온 것이
다. 하지만 이 두 무리도 금강반야바라밀경을 듣고 공경하는 점에서는 같다.
가장 높아서 따를 이가 없고, 제일이어서 모든 법보다 뛰어나고, 희유하여서
퍽 드문 법을 성취하기 때문이다.

　금강경이 있는 곳은 부처님과 제자들이 있는 곳이 된다. 금강경을 잘 받
드는 것이 그 만큼 거룩하다는 것이다. 이것이 이 경의 수지독송이 훌륭한 첫
째 이유이다. 설법을 듣는 것은 복덕의 종자, 지혜의 종자를 심는 것이다. 그
법을 글로 만들어 놓은 것이 경經이다. 따라서 경이 있는 곳은 바로 부처님이
계신 곳이고 부처님 제자들이 계신 곳이다. 경을 소중히 간직하면 그곳이 바
로 도량이다.

　탑묘塔廟의 원어는 짜이땨 부후따caitya-bhūta로서 탑과 묘가 있는 곳을 말

한다. 초기 경에서 나타나는 제띠야cetiya는 불교의 탑묘를 지칭하는 말이 아니다. 그것은 여러 종교의 수행자들이 거주하며 예배드리는 곳이었으며 부처님도 이곳에 많이 머물렀다. 그만큼 불교 사원에서 불상이나 탑을 모시고 예배를 드리는 신성한 곳은 탑묘라 표현하였다.

경이 있는 곳은 바로 그와 같이 신성하다는 의미이다. 여기서 말하는 진정한 가르침은 깨달음이란 어떤 특별한 것이 아니라 우리 마음 안에 이미 가지고 있는 것이다. 하지만 중생은 어떤 형상이나 특별한 성지나 구절, 성물聖物에 집착하기 때문에 모를 뿐이다.

이미 2000년 전에 사라진 우상을 숭배하다보니 성지를 자기들만이 지키려고 서로 죽이고 싸움을 한다. 같은 종교 안에서도 교리의 해석이 달라 서로 갈라져서 싸운다. 그러다 보니 세상이 온통 싸움이 끊이지 않는다. 눈에 보이는 어느 성스럽게 여기는 장소나 문자로 나타나는 문리해석에 집착하기 때문이다. 마음으로 느끼면 바로 그곳이 성지고 마음으로 깨달으면 문자해석에 그토록 매달릴 이유가 없다. 이 얼마나 어리석은 노릇인가? 우리 중생들의 삶 또한 마찬가지다. 굳이 부처님의 진신사리가 있는 적멸보궁에 가야만 영험한 힘을 얻는 것이 아니다. 그 믿음 자체가 마음이다.

종범스님은 이를 경계하여 "경전을 말로만 이해하면 경전을 암송하는 송경誦經에 그친다. 송경을 한 다음에는 옛 거울에 자기마음을 비춰보듯이 간경看經을 해야 성불할 수 있다. 그러니 경을 읽다가 글자에 빠져 문자에 의존하고 실상을 보지 못하는 함정에 걸리는 것을 조심하라. 송경에 그치면 총명은 얻지만 지혜는 없다"고 하였다.

법조문을 해석하는 경우에도 마찬가지다. 법제정의 원 취지를 이해하지 못하고 문자에만 매달리다 보면 원래의 뜻이 왜곡되는 경우가 많다. 그래서 법학을 공부하는 이들에게는 이런 격언이 있다.

You can not see the wood for the trees.
나무를 보다가 숲을 보지 못하는 우愚를 범하지 말라.

경이 있는 자리가 부처님이 계신 곳이고, 깨달은 마음이 있는 곳이 바로 부처님이 계신 곳이다. 그래서 일찍이 달마대사가 '네가 바로 부처다' 라고 하지 않았겠는가?

13. 법에 따라 받아 지니는 공덕

如法受持分 第十三

경의 이름을 묻는다는 것은 이제 금강경이 어느 정도 이루어졌다는 걸 뜻한다. 아이를 낳아야 이름을 짓는 것과 같은 이치다. 그처럼 경은 뒷부분에 가서 그 이름을 말하게 되어 있다. 따라서 경의 이름을 벌써 이야기하게 된다면 반야바라밀의 내용이 상당히 이루어졌다는 것을 의미한다. 에드워드 콘츠도 금강경이 바로 여기에서 그 중요한 내용이 끝난다고 보고 있다.

그때 수보리가 부처님께 사뢰었다.

"세존이시여, 이 경의 이름은 무엇이라 하며, 우리들이 어떻게 이것을 마음에 간직하면 되겠습니까?"

부처님께서 수보리에게 대답하셨다.

"이 경의 이름은 금강반야바라밀이니 이 이름으로 너희들은 마땅히 이와 같이 마음에 간직하라. 그 까닭이 무엇이겠느냐? 수보리야, 부처가 반야바라밀이라 말한 것은 곧 반야바라밀이 아니기 때문이니라."

爾時 須菩提 白佛言 世尊 當何名此經 我等 云何奉持

佛告 須菩提 是經 名爲金剛般若波羅蜜 以是名字 汝當奉持

所以者何 須菩提 佛說般若波羅蜜 則非般若波羅蜜

진리는 이름이 없다.
반야바라밀은 단지 이름일 뿐이다.
중요한 것은 마음으로 얻는 깨달음이다.

마음으로 깨달음을 얻어라

'지니다' '간직하다'는 말을 구마라습과 현장은 앞의 12분에서는 수지受持, 여기서는 봉지奉持라 했다. 금강경의 사구게만 지니고 외워도 많은 재물보시를 한 공덕보다 더 훌륭한 이유 중 하나는 금강경의 제목이 훌륭하기 때문이라고 하고 있다. 앞서 금강경의 성격에서도 설명했지만, '금강'은 모든 쇠 가운데서 가장 견고해서 다른 모든 것을 부술 수 있듯이, 번뇌의 어리석은 넝쿨을 제거할 수 있음을 뜻한다.

'반야'는 지혜다. 어리석음에 반대되는 의미의 이해득실을 따지는 지혜를 분별지分別智라 하는데, 반야는 성불하고서도 성불했다는 마음을 안 일으키는 무위無爲로서의 무분별지無分別智를 뜻한다. '바라밀'은 도피안到彼岸이라고도 하여, 모든 번뇌가 아주 사라진 열반의 세계, 곧 완성을 의미한다. 다시 말해서 '금강반야바라밀경'이라고 하면 '금강같이 굳은 무분별의 지혜로 무명의 어리석음을 끊고 밝은 생활 지혜로운 생활을 완성할 수 있는 법을 말씀하신 경'이라는 뜻이다.

이 경의 이름을 금강반야바라밀이라고 하였다. 금강은 비유고 반야가 그 핵심이다. 바라밀은 그 반야에서 나오는 공덕이고 그 작용이다. 반야는 가만히 있는 게 아니라 무엇을 자꾸 한다. 그게 바로 바라밀이다. 거울은 가만히 있는 게 아니라 뭔가를 자꾸 비추어서 자신의 힘을 나타내는 것과 같다. 어떤 형체가 있으면 작용이 있다는 말이다. 금강은 비유고 반야는 혜명慧明인데 그 혜명에는 무한 공덕이 나오니까 그걸 바라밀이라고 한다.

'부처가 반야바라밀이라 말한 것은 곧 반야바라밀이 아니다佛說般若波羅蜜則非般若波羅蜜.' 금강경을 공부하면서 가장 어려웠던 부분이다. 앞에서 '이른바 불법이라고 하는 것은 곧 불법이 아니다所謂佛法者 卽非佛法'라는 말은 종범스님의 해석을 소개하였는데, 여기에서는 '즉비則非'의 한자부터 틀리니 더욱 어려웠다. 왜 '곧 ○○이 아니다'라고 표현하는데 한 쪽에서는 卽非고 다른 쪽에서는 則非일까?

현장은 '즉비불법卽非佛法'을 '비제불법非諸佛法'으로, '즉비반야바라밀則非般若波羅密'을 '비반야바라밀다非般若波羅密多'로 옮기고 있다. 卽非와 則非를 그냥 非로 옮긴 것이다. 산스끄리뜨 원문에도 부정접두어 'a-'를 붙여서 abudd-hadharmā(非佛法) apārmitā(非般若波羅密)로 되어 있다.

이는 구마라습이 산스끄리뜨 원문을 매우 간결하게 축약하여 번역한 반면, '하이고何以故' '소이자하所以者何'처럼 문의의 다양성을 위해 표현을 약간씩 달리 썼기 때문이 아닌가 싶다. 그러나 한자어 卽은 이제 즉, 곧 즉今也, 가까울 즉近也, 진작 즉直時의 뜻으로 쓰인 반면, 則은 '칙' 또는 '즉'으로 읽히면서 법칙 칙常法, 법 칙天里, 모범 칙模範 및 곧 즉, 어조사 즉助辭, 그래서 즉及也의 뜻으로 쓰이고 있으니 양자간에 미묘한 어감의 차이는 있으리라. 정신희유분 正信希有分에서 '則爲著…' '卽著…'라고 표현한 것 또한 미묘한 의미의 차이를 주고 있는 것과 같다. 구마라습(344~413)은 긴 산스끄리뜨 원문을 음역과 의역을 이용하여 간결하게 처리함으로써 여러 역본 중 그 아름다움과 고결함이 단연 으뜸이다. 탁월한 문학적 번역 감각으로 실제적 의미에 따라 조금씩 읽기 쉽게 변화를 주고 있다.

이에 비해 현장(622-664)은 가급적 원문에 충실하게 번역하였다. 당나라 때의 국제적인 문화분위기를 보여주려고 시도하고 있다고 볼 수 있다.

먼저 종범스님은, 인도식의 해석으로는 반야바라밀이 너무 훌륭해서 중생들은 들어도 잘 모른다. 모르니까 아니라고 한다. '이 반야바라밀의 세계가 매우 깊고 높기 때문이다' 라는 말이다. 즉비반야바라밀則非般若波羅密이란, '즉비', 즉 '아니다' 라는 말은 그 의미가 너무 높아서 부처님만이 알 뿐이지 중생들이 알 수 있는 내용이 아니라는 뜻이다. 그런데 중국식으로 해석하면 '반야바라밀에 집착하면 반야바라밀이 아니다' 라는 뜻이다. 아무리 좋은 것이라도 집착하면 벌써 틀린 것이라고 한다.

월운月雲스님(1928~)은 '즉비반야바라밀' 의 참뜻은 이 경이 이름을 붙일 수 없을 정도의 초월적 지혜이기 때문에 중생들이 편하게 받아들일 수 있게 하기 위해 구태여 이름을 붙였을 따름이라고 한다.

현각스님의 설명은 좀더 구체적이다. 부처님께서 진리는 이름이 없다고 말씀하셨다. 부처님의 반야바라밀이라고 이름 지으셨지만 단지 이름일 뿐이다. 가르침이 따로 있는 게 아니라 '공' 한 마음을 여실히 보는 것이 진정한 가르침이다. 부처님은 모든 상이 아무런 의미가 없다고 가르쳤다. 그러니 그것에 따로 이름을 붙이거나 포장을 할 필요가 없다. 부처님께서는 이름을 지어달라 해서 이름을 마지못해 지으셨지만, 그 이름에는 아무 의미가 없다는 것이다.

틱낫한스님은 반야바라밀조차도 독립적으로 존재하는 법이 아니며 부처님의 가르침에는 독립된 본성이 없다는 사실을 깨달아야 한다고 말하고 있다.

우승택 합장은 그의 저서 『심상사성心想事成』에서 이를 약간 다른 각도로 설명한다. 불경에서의 '非' 는 '아니다' 라는 의미가 있지만 약한 부정, 즉 전제가 있는 부정으로 사용되는 경우가 많다. 그래서 '즉비반야바라밀' 의 속뜻은 마음으로 깨우쳐야 하는 혹은 문자의 의미에 끌려 다니지 않는 반야바라밀이다. 지혜의 반야바라밀은 학자들 펜 위에서 씌어질 수는 있지만 글로 표현되는 것에는 분명 한계가 있다고 한다.

현장스님은 이 부분을 다음과 같이 번역하고 있다.

'지혜의 완성'이라고 여래가 말한 것은 지혜의 완성이 아니다라고
여래는 설했다.
그래서 말하기를 '지혜의 완성'이라고 한다.

如是般若波羅蜜多　如來說爲非般若波羅蜜多
是故如來說名般若波羅蜜多

설명은 조금 다르지만 그 본질은 거의 대동소이하다. 반야바라밀이란 단지 이름일 뿐 아무 의미가 없다. 중요한 것은 마음으로 얻는 '깨달음'이다.

"수보리야, 네 생각에 어떠하냐? 여래가 법을 말한 것이 있느냐?"

수보리가 대답하였다.

"세존이시여, 여래께서는 법을 말씀하신 바가 없습니다."

"수보리야, 네 생각에 어떠하냐? 삼천대천세계에 있는 티끌이 많지 않겠느냐?"

수보리가 대답하였다.

"매우 많습니다, 세존이시여."

"수보리야, 이러한 모든 티끌은 여래가 말하기를 티끌이 아니라 단지 그 이름이 티끌이라, 여래가 말한 세계도 세계가 아니므로 그래서 말하기를 세계라고 이름하느니라."

須菩提 於意云何 如來有所說法不

須菩提 白佛言 世尊 如來無所說

須菩提 於意云何 三千大千世界 所有微塵 是爲多不

須菩提言 甚多 世尊

須菩提 諸微塵 如來說非微塵 是名微塵 如來說 世界 非世界 是名世界

세대차이는 세월을 먹고 산다

이 경의 사구게만 지녀도 훌륭한 공덕이 된다고 하는 다른 이유는 부처님은 가르쳤으되 가르쳤다는 생각이 없으셔서如來 無所說 수승하다는 것이다. 45년 동안 설법을 하고서도 법을 말씀한 바가 없다고 한다. 우리가 매일 잠을 잤지만 잠잤다는 생각이 없는 것과 같다. 법을 설했다는 집착이 없다. 그래서 설한 바가 없다고 한다. 법상에 머물거나 빠지지 말라고 강조하고 있는 것이다.

법法이란 물 수水변에 갈 거去자로, 말 그대로 물이 흘러가듯이 자연스럽게 행하는 것이다. 티끌微塵은 아주 작은 분자이지만 삼천대천세계는 우주다. 티끌은 없어지면 그만이니까, 고정불변한 티끌의 성품이 없고 또 티끌이 모여서 세계가 되는데, 중생이 볼 때 세계라고 공연히 집착할 뿐이지 세계의 근본이 없는 것이다. 세계는 그 근본이 있다가 없어지며, 또 생긴다. 그러니까 세계든 세계가 아니든 중요하지 않은데 중생은 여기에 매달리고 집착한다. 생각이 모든 것을 만들어 내서 그렇다.

물리적으로 분자가 모여서 물질을 이루고 이것이 다시 모여서 지구가 되고 태양계가 되고 은하계가 된다. 그 광대한 우주를 이루고 있는 변화의 질서에서 보면 인간사人間事가 거창할 리 없다.

어릴 때 유리병에 개미를 키우며 관찰해 본 경험들이 있을 것이다. 그 유리병은 개미의 세계다. 우리는 그들이 모래 사이로 집을 짓고, 부지런히 먹이를 나르는 것을 보면서 한동안 신기해한다. 그러다 싫증이 나면 밖에 나가서 병에 있던 모래를 싹 부어버린다. 개미의 세계는 갑자기 파괴되어 버린다. 이

때 우왕좌왕하는 개미들을 밟아버리기라도 한다면 그들은 곧 죽음에 직면한다. 개미들은 호소할 대상도 없이, 아무 이유도 모르는 채 죽어가야 할지도 모른다. 이것이 본질이 아닐까? 우리는 단지 어떠한 변화하는 대상에 대하여 티끌이니 세계니 이름을 붙이고 있을 따름이다. 그러니까 티끌은 티끌이 아니요, 세계는 세계가 아니다. 이게 바로 반야바라밀의 내용이고 깨달음을 통해서 말씀하는 내용이다.

칠순 노인과 스무 살 청년이 마주 앉아 이야기를 한다고 치자. 사람은 마주 앉았는데 대화가 통하지 않는다. 몸이 아무리 가까워도 통하지 못하는 게 정신이다. 스무 살 청년은 노인의 세계를 도저히 이해하지 못한다. 그런데 50년 쯤 지나 그 청년이 일흔이 되면, 그때 이 이야기가 비로소 통한다. 세월의 흐름을 기다리지 않고 정신이 그렇게 바로 통하면 이 세계가 굉장히 달라질 것이다.

정도전鄭道傳(1342~1398)의 신권사상臣權思想이나 요동이 명의 통치권 내에 있지 않다는 것을 인지한 요동정벌계획은 제1차 왕자의 난으로 비록 좌절되었으나 요즈음 새로이 평가받고 있다. 김옥균金玉均(1851~1894)의 갑신정변도 훗날 다시 평가 받고 있다. 박정희 대통령에 대한 평가도 엇갈리고 있으나 보릿고개를 기억하는 사람들은 비록 그 당시에는 그를 반대했어도 지금에 와서는 그가 선각자였음을 이해하게 된다. 반야바라밀에 대한 이해도 마찬가지이다. 늙는다는 것은 하늘과 통한다는 것인지도 모른다. 오감五感은 무뎌져도 육감六感은 날이 서는 것이다.

부부간에 운전을 가르치다 보면 대개 부부싸움을 하게 된다. 자기도 초보 운전 때는 잘 못했으면서도 조금 숙달되고 나면 '그것도 모르느냐'고 상대방에게 성질을 내게 되는 경우가 많다. 그게 바로 우리 중생들의 세계다. 지혜롭게 깨달아서 보면 아무것도 아닌데 중생이 깨닫지 못하다 보니까 그런 여러 가지 문제가 생기는 것이다.

"수보리야, 네 생각이 어떠하냐? 32상相으로서 여래를 볼 수 있겠느냐?"

"아니옵니다, 세존이시여. 32상으로는 여래를 보지 못하리니, 무슨 까닭인가하면, 여래께서 말씀하신 32상은 곧 상相이 아니므로 32상이라 이름하나이다."

"수보리야, 어떤 선남자 선녀인이 항하의 모래같이 많은 목숨을 보시하더라도, 또 다른 어떤 사람이 이 경에서 한 사구게만이라도 받아 지니고 다른 사람에게 말하여 주면 그 복이 목숨을 보시한 복보다 더 많으리라."

須菩提 於意云何 可以三十二相 見如來不

不也 世尊 不可以三十二相 得見如來

何以故 如來說 三十二相 卽是非相 是名三十二相

須菩提 若有善男子善女人 以恒河沙等身命 布施

若復有人 於此經中 乃至受持四句偈等 爲他人說 其福 甚多

사구게만이라도
다른 사람에게 말하여 주면 그 복이 크리라

경을 수지하는 공덕이 훌륭한 또 다른 이유로서는, 과위를 받되 독특한 겉모양(特相)을 버리기 때문이다. 앞에서 마음에 무엇이 관념화된 것을 4상이라고 하였다. 또 '不住於相'의 상을 니밋따nimitta라고 하여 마음에 어떤 것이 관념화를 넘어서 형상화된 것, 즉 일반적인 '겉모양'을 의미한다고 하였다. 그런데 '卽非身相'이나 '卽是非相'에서 말하는 부처님의 32상처럼 어떤 대상만이 가지고 있는 '특별한 상'을 락샤나lakṣaṇa라고 표현한다고 하였다. 구마라습은 다 같이 相으로 번역하였으나 원래의 범어는 이렇게 표현을 달리한다. 그 모두가 우리가 버려야 될 상相이다.

부처님의 모습은 32상相80종호種好를 갖추셨다. 이는 부처님이 전생에 하신 수행과 선업에 대한 결과로서 나타나는 신체상의 특징이다. 그런데 반야바라밀의 세계에서 보면 '그게 상이 아니다'라는 것이다. 본래 특별한 상이 없는 것인데 세속적으로 32상이라 하였다는 뜻이다.

중생은 상이랄 것이 없는데 그게 상이라고 집착한다. 나쁜 것이 없는데 나쁘다고 집착하고, 좋은 것이 없는데 좋다고 집착한다. 더구나 나쁘다고 생각할 때에 '나쁜 게 아니다'라고 해도 통하지 않는다. 게으른 아이에게 '소년은 늙기 쉬우나 학문은 이루기 어려우니 지금 이순간의 세월을 헛되이 보내지 마라少年易老學難成 一寸光陰不可輕'고 한 주자朱者(1130~1200)의 시구詩句를 아무리 일러주어도 소용없다.

여기까지 금강경 수지독송의 공덕이 크다는 것을 여러 가지로 비교하여 설명하였다. 경이 있는 곳은 바로 부처님이 계신 도량이라는 것은 설법을 들어야 성불할 수 있는 불종자를 심는다는 뜻이었다. 금강반야바라밀경의 제목이 훌륭하다고 한 것은 반야가 성불하고서도 성불했다는 마음을 안 일으키는 무위로서의 무분별지無分別智, 즉 '지혜의 완성'이기 때문이다. 부처님은 45년 동안 설법을 하시고도 가르쳤다는 생각이 없으니 이는 곧 법상에 머물거나 집착하거나 빠지지 말라는 강력한 가르침이다. 항하의 모래 수효만큼 가득한 칠보로 보시를 해도 티끌만도 못하다는 것은 티끌은 무기無記여서 선도 악도 아니지만 재물은 번뇌의 원인이 되기 때문이다. 우주만물이 변화하는 대상이니 그 정지적 개념에 대하여 마음을 비우라고 한 것이다. 특별한 상에 집착하지 말라는 것은 우리가 버려야 될 궁극적인 상相까지를 가르쳐주고 있다.

또한 갠지스강의 모래알만큼 많은 목숨을 보시한 것보다 더 훌륭한 복덕이 반야바라밀의 복덕이라고 설명을 하고 있다. 이런 방법으로 반야바라밀의 세계가 어떤 세계임을 거듭 강조해서 설명한다. 칠보로도 설명하고, 갠지스강의 모래에 비유해서 설명하고, 목숨으로도 설명한다.

반야바라밀의 세계는 보이고 들리는 데 집착을 하지 않고, 자기 자신이 이루어 놓은 것에 집착하지 않고, 끊임없이 공덕을 닦아서 한량없는 광명을 이룩하는 것이다. 그렇게 되려면 집착함이 없이 그 청정한 마음을 내야 한다應無所住 而生其心. 그런데 집착은 알고 보면 우리 마음이 전부 어딘가에 매달려 있는 것이다. 인간은 자만심과 우월감이 있는가 하면 열등감과 패배감이 있다. 이것 또한 집착이다. 집착함이 없이 편안한 마음을 가지고 있으면 고통스럽지 않다. 지혜롭게 정진하면 저절로 잘 된다. 가장 중요한 것은 끊임없이 노력하는 정진이다. 이 반야바라밀에서는 그런 지혜로 얻는 마음의 깨달음을 이야기하고 있다.

14. 상을 떠나서 적멸에 이르라

離相寂滅分 第十四

중생은 재물을 벌기 위해 한 생, 재물을 쓰기 위해 한 생, 재물이 없어진 뒤에 가난하게 살기에 한 생, 즉 세 생에 걸쳐 번뇌를 일으킨다. 그러나 티끌은 선과 악을 식별할 수 있는 유기有記에 비하여 선악의 어떤 결과도 끌어오지 않는 중간 성질인 무기無記여서 번뇌의 원인이 되지는 않는다.

수보리는 '공'의 이치를 잘 알기로 유명한 큰 아라한이다. 그러한 그가 금강경 사구게만으로도 그 어떠한 것보다 수승하다는 말씀을 듣고서 눈물을 흘리고 있다.

그때 수보리가 이 경 말씀 하시는 것을 듣고, 그 뜻을 깊이 깨닫고는 눈물을 흘리면서 부처님께 사뢰었다.

 "희유하십니다, 세존이시여. 부처님께서 이렇게 깊고도 깊은 가르침을 말씀해 주셨습니다. 제가 예로부터 얻은 혜안으로도 아직까지 듣지 못하던 가르침이옵니다."

爾時 須菩提 聞說是經 深解義趣 涕淚悲泣 而白佛言

希有世尊 佛說如是甚深經典 我從昔來 所得慧眼 未曾得聞如是之經

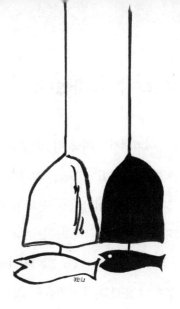

욕심이 없어지면 원력이 생기고,
원력은 큰 그릇을 만든다.

수보리는 왜 울었나?

여기에서는 지금까지의 금강경 말씀을 듣고서 수보리가 울었다는 이야기이다. 왜 울었는가? 산스끄리트 원문에는 '법력에 감응되어 눈물을 흘렸다. 그는 눈물을 닦고서…'로 되어 있다. 비상비비상처에 이를 때까지 따라붙어 괴롭히는 상을 극복하라는 부처님의 말씀을 듣고 수보리에게 지혜가 생긴 것이다. 현장은 이를 '문법위력 비읍타루 면앙파루 聞法威力 悲泣墮淚俛仰捫淚'로 직역하여 옮겼고, 구마라습은 '문설시경 심해의취 체루비읍 聞說是經 深解義趣 涕淚 悲泣'이라고 의역하였다. 울음이라는 것은 감격의 표시이다. 언어가 통하지 않아도 울거나 웃는 감정표현은 서로가 통한다.

수보리는 왜 울었을까. 먼저 그는 이 경전의 말씀을 듣고 깊이 깨달아 너무 기뻐서 울었다. 다음에는 억울해서 울었다. 금강경을 듣지 못하고 살아왔던 지난 세월이 너무 억울했던 것이다.

부처님의 가르침으로 수보리는 상에서 자유로워졌다. 모든 사람들이 갖고 있는 느낌이나, 감정, 선입견, 믿음 등 머릿속에서 일어나는 모든 것들을 다 놓아버리면 대 자유를 얻게 된다. 수보리는 이를 비로소 깨달았다. 그래서 눈물을 흘린 것이다.

하지만 우리는 울음은커녕 웃을 수조차 없다. 무슨 말인지도 모르고 마음이 통하지 않아서 그렇다. 인간이란 어리석으려면 기가 막히게 어리석고 지혜로우려면 한없이 지혜롭다. 그렇기 때문에 금강경을 통해서 마음이 열리려면 한없이 열리고, 또 마음이 닫혀서 느끼지 못하면 전혀 못 느끼는 것이다. 그러한 세계를 아는 것이 혜안慧眼이다. 이 혜안은 이후 일체동관분 一體同觀分에서 설명하는 '지혜의 눈'을 말하며 곧 아라한의 눈이다.

"세존이시여, 만일 어떤 사람이 이 경을 듣고 믿음이 깨끗해지면 실상을 깨달으리니, 마땅히 이 사람은 제일 훌륭한 공덕을 성취한 사람이옵니다. 세존이시여, 이 실상은 곧 상이 아니므로 여래께서 실상이라 말씀하셨습니다."

世尊 若復有人 得聞是經 信心淸淨 則生實相
當知是人 成就第一希有功德
世尊 是實相者 則是非相 是故 如來說名實相

실상은 상이 아니다

실상實相은 참세계, 참모습을 말한다. 여기서 말하는 실상은 흘러가는 모습, 지나가는 허망한 모습이 아니라, 변하지도 아니하고 흘러가지도 아니하고 없어지지도 아니하는 참모습을 말한다.

그렇기 때문에 보이는 모습, 들리는 모습이 아니다. 그것은 허망한 모습이 아니라 진실한 모습이다. 산스끄리뜨 원문에서는 이를 '참되다는 상'으로 표현하여 '존재하는 것＝진실, 사실'의 의미로 쓰였다. 참되다는 것도 금강경에서는 상相으로 나타내고 있다. 이는 참되다는 관념이나 판단도 그 자체가 곧 상이기 때문이다. 정신희유분正信希有分에서는 '생실신부生實信不' '능생신심이차위실能生信心 以此爲實'이라고 하여 '실신實信'으로 옮기고 있다. 현장은 직역하여 '실상實想'이라고 옮겼다.

그런데 '실상은 상이 아니다'라는 말은 중생들에게 보이는 모습은 참다운 모습이 아니라는 뜻이다. 우리 눈에 보이고 우리 귀에 들리는 것은 참모습이 아니기 때문에 흘러가 버리고 지나가 버린다. 그래서 잡아놓고 보면 그것은 헛것이다. 여기에서 허망虛妄함이 생기고 고통이 생긴다. 아무리 좋은 것이라도 잡아 놓고 보면 없어져 버리는 이유는 그것이 참모습이 아니기 때문에 그렇다. 결국 진실이라는 상에서 조차 떠나야 한다. 그렇지 않으면 진실이라는 또 다른 상에 빠져서 헤어나지 못하기 때문이다.

"세존이시여, 제가 지금 이 경을 듣고 그대로 믿고 깨달아 받아 지니기는 어렵지 않으나 만일 다음 세상 나중 오백 년에 어떤 중생이 이 경을 듣고 그대로 믿고 깨달아 받아 지닌다면, 이 사람이야말로 제일 희유하리니. 무슨 까닭인가 하면, 이 사람은 아상·인상·중생상·수자상이 전혀 없기 때문입니다."

"어째서 그런가 하면 아상은 상이 아니며, 인상·중생상·수자상도 상이 아니기 때문입니다. 그 까닭을 말하오면 이렇듯 온갖 상을 떠난 이를 부처라 하기 때문입니다."

世尊 我今得聞如是經典 信解受持 不足爲難

若當來世後五百歲 其有衆生 得聞是經 信解受持 是人 則爲第一希有

何以故 此人 無我相 無人相 無衆生相 無壽者相

所以者何 我相 卽是非相 人相衆生相壽者相 卽是非相

何以故 離一切諸相 則名諸佛

마음은 허공과 같아서
머무른 그 자리가 바로 머무를 자리이다

　'나중 오백 년'은 '이천오백 년 뒤에'라는 뜻이다. 이 경을 믿고 깨달아 받아 지니는 어떤 중생이 훌륭하리라 했는데, 의심 없이 이 경을 믿는다는 경지는 곧 4상이 없어졌다는 걸 의미하기 때문이다. 4상이 없어졌다는 것은 '나'라는 집착이 없어졌다는 뜻이다. 무아無我에 이르렀으니 훌륭하다고 아니 할 수 없다.

　우리 마음속에 탐욕이나 미움이나 어리석음이나 집착이 없어지면 무량대복을 받게 된다. 아상我相이라 함은 쓸데없는 탐욕인데, 쓸데없는 탐욕이 없어지면 복을 받는다. 어떤 사람은 '욕심이 없으면 어떻게 삽니까?'라고 묻는다. 여기서 묻는 욕심은 우리에게 고통을 주는 욕심이다. 하지만 욕심이 없어지면 오히려 원력願力이 생긴다. 무엇을 뚜렷하게 원하는 힘이 생기는 것이다. 원하는 힘이 분명하면 무지무지한 힘이 그 원願에서 나온다.

　중생은 무엇을 끝까지 해내지 못한다. 왜냐하면 딴 욕심이 두세 개 더 생겨서 그렇다. 미련해야 공부도 잘 한다. 영리한 사람이 공부를 잘 한다고 하는데 천만의 말씀이다. 너무 영리하면 오히려 공부를 못한다. 크게 이루려는 사람은 그 목적지만을 보아야 하는데, 이것저것 옆을 보고 편한 데에 집착하니까 그렇다. 요즈음 회사에서 신입사원을 뽑다 보면 여성이 남성보다 우수한 편이 많다. 필자뿐만이 아니라 다른 회사나 금융기관의 임원들도 그런 말을 많이 한다. 또 고시考試 합격율도 여성의 비율이 높아가고 있다. 양궁이나 골프 등을 보면 우리나라 여성들이 우수한 면도 있겠지만, 여자에 비해 남자들은 술도 먹고 여기 저기 호기심이 많아 한 곳에 집중을 하지 못해 그런게 아닌가 생각한다. 좋은 걸 좋은 줄 모르고 싫은 걸 싫은 줄 모르고 오로지 하나만 알아서 계속 나가는 사람이 크게 된다.

바둑기사 이창호의 별명은 돌부처石佛다. 그는 바둑을 이겨도 기쁜 표정을 드러내지 않는다. 바둑이 어려워져도 그저 눈만 껌벅 껌벅할 뿐이다. 그러나 그 요지부동 뒤엔 치열한 노력과 투혼이 있다. 그는 여덟 살 때부터 바둑 외길을 걸었다. 온종일 바둑만 생각하고 잠잘 때도 바둑 두는 꿈을 꾸었다. 그는 '바둑은 내게 요술거울이었으며, 나는 그 속으로 끝없이 들어갔다'고 회고한다. 그러던 그에게 서치書痴라는 새로운 별명이 생겼다. 그는 세상을 알고 싶어 시대와 분야를 막론하고 닥치는 대로 책을 읽으며 밤을 새웠다. 바둑판 361로路 밖으로 걸어 나간 것이다. 승부의 세계는 무심하고 비정하다. 그러나 인생을 생각하면 유심하고 유정해진다. 이로 인해 고도의 집중력이 단 1~2%만 분산되더라도 간발의 차로 강적에게 무릎을 꿇게 된다. 그래도 그는 책 읽기를 멈추지 않았다.

그러던 그가 2005년 들어 1승 5패라는 치욕의 전적을 기록하더니, 농심배에서 중국과 일본의 맹장 5명을 차례로 꺾고 기적의 5연승을 거두며 우리나라를 우승으로 이끌었다. 한·중·일에서 5명씩 출전한 이 대회에서 우리나라의 기사 4명이 모두 탈락한 상태였다. 이창호가 우승할 산술적 확률은 3% 남짓이었다. 중국신문은 그의 우승을 두고 '한 사내가 관문을 지키니 만명도 뚫지 못한다一夫當關 萬夫莫開'는 이백의 '촉도난蜀道難'의 한 구절을 인용했다. 이창호라는 관문이 촉蜀으로 가는 길목 검각劍閣만큼이나 험난하다는 이야기이다. 어느 분야든 한 분야에서 일가一家를 이룬 사람은 다른 분야에서의 최고 경지와도 만나게 되는 것 같다.

이런 것을 보면 '욕심 없으면 못 산다'는 말은 옳지 않다. 오히려 욕심은 고통을 안겨다 준다. 눈 앞에 있는 욕심 때문에 큰 일을 못한다. 큰 일을 하는 사람은 멀리 있는 것 하나만을 보고 비가 오나 눈이 오나 한결같이 나아가며, 그 사람은 결국 성공한다.

원력顧力이나 정신도 마찬가지이다. 어느 한 방향으로만 계속 노력하면 천재가 따로 없다. 다 힘이 나온다. 원력으로 하면 뭐든지 다 되는데 욕심으로 하면 안 된다. 욕심이 없어지면 원력이 생기고, 원력은 큰 그릇을 만든다.

'아상은 상이 아니며 인상·중생상·수자상도 상이 아니기 때문이다' 라는 말은 4상이 없는 것이라고 생각으로 아는 관념마저 없어진 경지를 의미한다.

'온갖 상을 떠난 이를 부처라 하기 때문이다離一切諸相 則名諸佛' 는, 무아無我를 깨닫고 4상이 없다는 관념마저 버리면 이를 부처라 한다는 말이다. 모든 것을 다 내려놓고 모든 것을 다 버리면 이미 완전한 존재이다. 모든 쓸데없는 근심 걱정을 떠난 사람이 바로 부처다.

종범스님은 마음세계는 가도 가도 끝이 없는 허공虛空과 같다고 하였다. 마음은 가도 가도 끝이 없다. 어떤 마음보다 더 깊은 마음도 있고, 그 마음보다 더 깊은 마음도 있고, 또 그 마음보다 더 깊은 마음이 있으니 그 깊이의 끝이 없다. 이것이 마음의 세계다.

그러면 언제 마음이 편안할 수 있는가? 허공이 끝없이 넓으니까 아무데고 정착하는 그곳이 바로 편안한 곳이다. 걱정은 지금 그 자리에서 버려야 끝난다. 집 한 채 있으면 걱정 없겠다, 고향에 한번 다녀오면 걱정 없겠다, 그 사람 한번만 만나주면 죽어도 여한이 없겠다는 말은 거짓이다. 왜냐하면 그걸 성취하고 나면 또 다른 걱정이 생기기 때문이다. 걱정하는 사람은 아무리 높은 자리에 올라가도 걱정을 하고, 걱정이 없는 사람은 아무리 낮은 자리에 있어도 걱정하지 않는다.

마음은 허공과 같아서 아무데고 머물러 있으면 바로 그곳이 머무를 자리이다.

허공은 내가 저만큼 가서 머물러야겠다 생각하고 가보면 갈 곳이 또 있다. 그것처럼 내가 내년쯤부터는 걱정 없이 살아야지 하지만 아무 소용이 없다. 바로 당장 그 자리에서 걱정을 탁 놓아버려야 한다. 얼마만큼 하면 걱정 안하겠다고 하면 걱정하지 않을 날이 없다. 마음세계란 이와 같이 묘한 것이다.

아무것도 없는 사람이 살려면 얻어먹어야 한다. 아무것도 없이 살아가는 것은 다 얻어먹는 입장이다. 자기 것이 없다. 인간은 맨 몸으로 나와 먹고 산다. 저 하늘에서 내려주는 비를 얻어먹고 땅이 길러주는 곡식과 채소를 얻어먹고 산다. 그러나 현대인이 고약한 것은 땅에서 얻어먹고 사는 주제에 땅을 아주 괴롭힌다.

서해안 안면도 꽃지해수욕장에 할미바위섬이 있다. 할아비바위섬과 함께 예전에는 정말 예쁜 섬이었다. 그런데 최근에 가보니 할미바위섬이 파도에 상당히 깎여 나가서 흉물스럽게 변해가고 있었다. 약 20년 전에 해수욕장과 방풍림 사이에 도로를 내고 모래 대신 옹벽 시멘트로 방파제를 세웠더니 파도가 밀려와 부딪히면서 모래와 바위가 깎여 나갔다고 한다. 자연을 함부로 대한 자연의 무서운 보복인 셈이다. 지구온난화처럼 자연의 경고가 계속되는데도 인간은 막무가내다. 원후취월猿猴取月(연못에 비친 달을 잡으려다 물에 빠져 죽은 어리석은 원숭이)이란 말이 있다. 이렇게 인간은 눈앞의 이익에 눈이 어두워 제 분수를 모르고 궤도를 이탈한다. 자연의 질책은 느리지도 빠르지도 않지만 결코 멈추지 않는다.

몇 년 전 전북 고창 선운사 앞의 인천강이 맑아지자 '풍천장어'가 되돌아왔다는 보도가 있었다. 지난 80~90년대 급속한 오염으로 풍천장어가 사라졌다. 그런데 오래 전부터 뜻있는 사람들이 강 주변에 쌓인 쓰레기를 치우고, 강 양안에 창포와 미나리 등 수질 정화식물을 심고, 장어가 서식할 돌무더기를 만들었다. 보洑에 어도魚道를 내고, 불법 어로나 폐수 방류를 단속하면서 마침내 장어가 되돌아 온 것이다.

식물은 물과 이산화탄소를 흡수하고 햇빛을 받아 포도당과 전분등을 만든다. 동물은 그 양분으로 생존한다. 그리고 죽으면 미생물에 의해 분해되고 화석원료가 되며 대기 중의 이산화탄소가 되어 순환한다. 이것이 우주만물이 순응하는 자연의 질서다.

모든 집착을 버리면 바로 부처다. 죽어도 그만이고 살아도 그만이고 생명에 대한 집착까지 없을 때 이를 부처라고 한다. 하지만 우리는 집착 때문에 괴로움을 당한다. 물질이 넉넉하면 굉장히 좋을 것 같은데 오히려 그걸 지키기 위해서 괴로움을 겪는다. 권력이나 명예도 얻기 위해서 괴롭고 지키려니 괴롭고 잃어버리고 나면 역시 괴롭다. 권력을 쥐거나 정상에 있을 때는 그것의 유한有限함을 잊고 만다. 하루도 마음 편할 날이 없으면서도 계속 쥐고서 놓지 않으려 한다. 그 모든 것을 버리고 났을 때의 편안함을 한 발 비켜서서 보면 다 보이지만 당사자는 모른다. 이것이 중생의 문제이다.

부처님처럼 모든 집착에서 다 벗어나면 아무런 문제가 없다. 하지만 그게 잘 안 되니까 금강경 말씀이 있는 것이다. 가수가 노래 부르는 이유도 자기보다 못 부르는 사람이 많이 있기 때문에 다른 사람에게 들려주는 노래를 부를 수 있는 것이다. 모두가 부처님이라면 경이 무슨 필요 있겠는가.

　모든 집착에서 벗어났기 때문에 부처님의 세계는 끝이 없다. 조그마한 일에 집착하면 멀리 볼 수 없다. 내 생명에 대한 집착까지도 없을 때 그게 부처님이다. 생명에 대한 집착이 없으면 빨리 죽어야 하나? 죽음에 대한 집착도 없다. 생명에 대한 집착도 없고 동시에 죽음에 대한 집착도 없다. 그렇기 때문에 금강경을 통해서 인연을 짓도록 말씀하신 것이다.

부처님께서 수보리에게 말씀하셨다.

"그러하니라. 그러하니라."

"만일 어떤 사람이 이 경을 듣고 놀라지 않으며 겁내지 않으며 두려워하지 않으면, 이 사람은 참으로 희유한 사람인줄을 알지니라. 어째서 그러냐 하면, 수보리야, 여래가 말하는 제일바라밀은 제일바라밀이 아니므로 제일바라밀이라 이름하기 때문이니라."

佛告須菩提 如是如是

若復有人 得聞是經 不驚不怖不畏 當知是人 甚爲希有

何以故 須菩提 如來說第一波羅蜜 非第一波羅蜜 是名第一波羅蜜

마음세계는 허공과 같다.

가도 가도 끝이 없다.

상을 버리라는 가르침이 최고의 바라밀이다

제일바라밀은 반야바라밀이다. 그런데 반야바라밀의 세계가 너무 높아서 보통 중생은 알 수 없다. '제일바라밀이 아니라'는 중국식 해석으로 '제일바라밀이라고 집착하면 제일바라밀이 아니다'는 뜻이다. 초월한 경지에서 보면 제일바라밀이랄 것이 없기 때문이며, 제일바라밀에 집착할까봐 세속적 언어로 제일바라밀이라고 이름했을 뿐이다.

선禪의 문으로 들어가기 위해서는 먼저 언어문자를 초월해야 한다. 그리고 난 뒤 다시 환원해서 언어문자를 재사용해서 설명하는 수단으로 활용할 수 있다. 이렇게 이 경은 언어문자로 이루어진 세속적 사고로는 이해하기 어려운 높은 경지임을 말해준다.

인도식으로 바라밀이 아니라는 것은 너무 높아서 모른다는 것이다. 모르니까 아니라고 한다. 그래서 깊은 바라밀의 세계라고 한다. 마음이 트여서 끝없이 넓어지면 거기에 참 자유가 있고 오묘한 기쁨이 있다. 그런데 우리는 그 넓은 마음의 세계를 체험하지 못했기 때문에 잘 모르는 것이다.

상相을 극복하라는 가르침은 불교의 핵심이며 최고의 가르침이다. 그 정신을 바로 전해 받은 금강경이야말로 최고의 바라밀이다. 그래서 이 경을 듣고 놀라거나 두려워하거나 공포를 느끼지 않는 자들이야말로 벌써 이 상을 벗어났기 때문에 최고로 경이로운 자들임에 틀림없다.

최고의 바라밀을 구마라습은 '제일바라밀'로 현장은 '최승바라밀最勝波羅蜜'이라고 옮겼다. 산스끄리뜨 원문에는 '제일바라밀이 아니다' 다음에 '여래가 최고의 바라밀을 설한 것 그것을 헤아릴 수 없이 많은 불세존들도 역시 설하나니(현장 역: 善現 如來所說最勝波羅蜜多 無量諸佛世尊所共宣說故)'가 들어가 있다. 이는 제불세존이 모두 '상을 버리라' 는 이 가르침을 설하시기에 최고의 바라밀이라고 한다는 것이다.

우리 인간에게는 고민이 있다. 그 고민은 어디에서 왔는가? 누가 갖다 주지 않았는데 고민이 있다는 것은 결국 자기 자신에게서 왔다는 얘기다. 한번 눈을 크게 뜨고 보면 사실 고민할 게 없다. 그러나 이는 아주 깊은 세계여서 이해가 안 된다. 허공도 고민하지 않고 땅도 고민하지 않는데 오로지 인간만 고민한다.

얼마 전 사회적으로 성공한 사람들의 자살이 잇달았던 적이 있다. 그들은 누가 보아도 남부럽지 않게 보였던 재벌회장부터, 자기 분야에서 성공한 사장들, 유명 배우나 가수들이었다. 경우는 다르지만 중생의 고뇌가 얼마나 큰 것인지 느낄 수 있다. 집착이 이만큼 무섭다. 집착은 망상妄想을 일으킨다. 집착하면 쓸데없는 불안이나 걱정이 생긴다. 걱정이 생기니까 못 견디는 것이다.

한 생각 비우면 바로 극락이고, 한 생각 사로잡히면 바로 지옥이다. 아상 · 인상 · 중생상 · 수자상이 없어지면 바로 그 자리가 극락세계다. 부처님은 아상 · 인상 · 중생상 · 수자상을 다 버렸기 때문에 부처인 것이다. 그 세계가 바로 제일바라밀이다.

"수보리야, 인욕바라밀을 여래는 말로만 하는 인욕바라밀이 아니라 하노니, 무슨 까닭이겠는가? 수보리야, 내가 옛날 가리왕에게 몸을 베이고 찢길 적에 아상도 없고 인상도 없고 중생상도 없고 수자상도 없었느니라. 그 까닭이 무엇인가 하면, 내가 옛날에 몸을 마디마디 찢길 적에 아상·인상·중생상·수자상이 있었더라면 응당 성을 내어 원망을 하였을 것이기 때문이니라. 수보리야, 또 저 옛날 오백 세 동안 인욕선인으로 살던 일을 생각하면 그때도 나에게는 아상·인상·중생상·수자상이 없었느니라."

須菩提 忍辱波羅蜜 如來說非忍辱波羅蜜

何以故 須菩提 如我 昔爲歌利王 割截身體 我於爾時

無我相 無人相 無衆生相 無壽者相

何以故 我於往昔節節支解時 若有我相人相衆生相壽者相 應生瞋恨

須菩提 又念過去於五百世 作忍辱仙人 於爾所世

無我相 無人相 無衆生相 無壽者相

불상의 오른손가락 동그라미의 뜻은?

오백 세의 세世는 우주의 생성과 소멸이 한 차례 끝나는 것을 한 세상—世이므로 아주 오래 전을 뜻한다. 석가모니 부처님은 옛날에 오백생을 참는 인욕보살忍辱仙人이 되었다.

불상을 보면 부처님이 오른손 셋째 손가락과 엄지손가락으로 동그랗게 하여 들고 있는데 이것이 바로 인욕忍辱이다. 참는 게 제일이라는 것이다.

참으면 도인이 되고 참으면 복을 받고 참으면 성공한다. 다 우리가 못 참아서 안 되는 것이다. 그런데 부처님의 인욕하는 방법이 본생담本生譚에 나와 있다.

가리歌利(kali)는 원래 인도 노름에서 제일 낮은 패를 나타내며 '불운, 최악, 패배'를 뜻한다. 현장은 갈리왕羯利王으로 음역하고 있는데 지극히 포악하고 나쁜 왕을 의미하는 보통명사로 보면 된다. 옛날 부처님이 찬디바리羼提波梨로 계시던 어느 전생에 인욕을 실천하기 위해 산중에서 홀로 수행하고 있었다. 때마침 가리왕이 많은 신하와 궁녀를 데리고 사냥을 나왔다. 왕이 점심식사 후 노곤하여 잠시 잠이 들었을 때 궁녀들은 찬디바리가 단정히 앉아 있는 모습을 보고 꽃을 꺾어 그 주위에 뿌리고 설법을 청하였다. 잠에서 깨어난 가리왕은 이 모습을 보고 질투심이 생겼다.

"넌 뭘 하는 놈인데 궁녀들을 데리고 설법하고 야단이냐?"

"인욕을 수행하고 있습니다."

"너는 '나'라는 것이 다 빈 것을 깨달았느냐?"

"깨달았습니다."

화가 난 가리왕이 다시 물었다.

"그러면 죽고 사는 데 두려움이 없느냐?"

"죽고 사는 데 두려움이 없습니다."

"네 이놈! 내 당장 네 인욕을 시험하리라."

가리왕은 검으로 찬디바리의 양 팔을 잘라버렸다.

"너 정말 뭐 하는 놈이냐?"

"인욕을 수행하고 있습니다."

화가 난 가리왕은 찬디바리의 양 다리와 코와 귀를 모두 잘라버렸다. 가리왕이 부처님의 몸을 갈기갈기 찢어 놓았지만 부처님은 성을 내지 않았다. 부처님은 아상·인상·중생상·수자상이 없기 때문에 몸이 갈가리 찢겨도 화를 내지 않는다. 그 모습이 너무나 안타까워서 제석천왕帝釋天王이 내려와서 다시 본래 모습으로 만들어 놓았다. 찬디바리의 인욕바라밀이 인증되는 것을 보고 가리왕은 크게 뉘우쳤다. 그리하여 찬디바리를 궁으로 모셔다가 잘 공양하였다. 그래도 부처님은 좋아하지 않았다. 이것이 부처님의 인욕이고 참음이다.

부처님은 화를 내고나서 참는 것이 아니라 아예 화를 내지 않는다. 화가 나는데 참는 것은 억지로 참는 것이다. 참는 실체가 없다. 실체가 있다면 악의는 생기게 마련이다. 내가 참고 있다는 의식마저 없는 것이 부처님의 인욕이다. 인욕이라는 상을 극복한 것이 참 인욕이다. 화가 나는데 억지로 꾹꾹 참으면 속병이 생기지만 그냥 내버려 두면 속병이 생기지 않는다.

요즈음 디지털시대의 자식들은 아날로그시대의 부모와 생각이 많이 다르다. 부모가 뭐라고 하면 자식 입장에서는 잔소리로 들린다. 한술 더 떠 대들기라도 하면 부모는 참을 수가 없다. 부모로서 인정받지 못하고 있다는 생각에 분이 풀리지 않는다. 자식을 헛키웠다는 생각마저 든다. 이는 자식에 대한 사랑이 너무 컸기 때문에 일어나는 것이다. 이것도 일종의 아상我相이다. 옛 성현의 말씀에 '공을 이루었으면 몸은 피하라功成身退'고 했다. 부모는 '내가 어떻게 키운 자식인데…' 하는 미련을 과감히 버려야 한다. 그러나 자식은 부모의 이러한 생각을 헤아리지 못한다.

당唐대의 시인 맹교孟郊의 집은 무척이나 가난했다. 그의 어머니는 아들의 뜻을 살리기 위해 힘든 일을 마다하지 않았다. 그는 46세가 되어서야 과거에 급제했기에 지방을 전전할 수밖에 없었다. 오래 헤어져 있던 어머니를 만난 그는 그리움을 '유자음游子吟'이란 시로 읊었다.

자애로운 어머니 손에 들린 실은 유랑하는 나의 몸에 걸친 옷에

떠나올 때 땀땀이 박아 주셨으니 이는 늦게 돌아올까 두려우셨음이라

누가 말했나 풀 한 치 마음이 봄 석 달 햇빛에 보답할 수 있겠느냐고.

慈母手中線 游子身上衣 자무수중선 유자신상의

臨行密密縫 意恐遲遲歸 임행밀밀봉 의공지지귀

誰言寸草心 報得三春暉 수언촌초심 보득삼춘휘

어머니 손에 들린 실이 아들의 옷에 땀땀이 매겨질 때의 그 마음이 아들의 몸에 그대로 옮겨지는 듯한 느낌이다. 한 치의 풀이 봄날을 가득 채우는 햇빛의 고마움을 어찌 다 알 수 있으리오. 밖을 떠도는 자식의 마음이 아무리 넓다한들 그를 한없이 감싸는 부모의 마음을 다 어림할 수는 없는 것이리라.

부처님은 인욕선인忍辱仙人이 되었을 때 가리왕이 그 몸을 갈가리 찢어 놓았어도 화를 내지 않았다. 반야바라밀의 세계가 바로 이런 세계다. 오묘하고

이상한 세계다. 이런 세계가 정말로 있을 수 있을까? 아무나 이렇게 되는 것은 아니다. 도가 높아지면 나를 나쁘다고 해도 그렇게 속상하지 않고, 좋다고 해도 들뜨지 않는 세계가 있다. 아무나 그렇게 되는 것은 절대로 아니다. 복이 점점 많아지고 정신세계가 높아지면 되는 세계이다.

"그러므로 수보리야, 보살은 마땅히 온갖 상을 떠나서 아뇩다라삼먁삼보리의 마음을 내야 하나니. 형상에 머물러서 마음을 내지도 말며, 소리와 냄새와 맛과 감촉과 법에 머물러서 마음을 내지도 말아야 하나니, 마땅히 아무 곳에도 머물지 않는 마음을 낼지니라. 만약 마음이 머무는 데가 있으면 그것은 참으로 머무르지 않음이기 때문이니, 그러므로 여래는 '보살은 마음이 형상에 머무르는 보시는 하지 말아야 한다'고 하였느니라.

수보리야, 보살은 온갖 중생을 이롭게 하기 위하여 이렇게 보시해야 하나니, 여래가 설한 온갖 상은 곧 상이 아니며, 또 온갖 중생은 곧 중생이 아니니라."

是故 須菩提 菩薩 應離一切相 發阿耨多羅三藐三菩提心
不應住色生心 不應住聲香味觸法生心 應生無所住心
若心有住 則爲非住 是故 佛說菩薩 心不應住色布施
須菩提 菩薩 爲利益一切衆生 應如是布施
如來說一切諸相 卽是非相 又說一切衆生 則非衆生

꽃을 꽃이라 하면 그것이 상이다

우리 인간은 상에 갇혀 있기 때문에 중생이다. 꽃은 꽃으로 알고 책은 책
으로 안다. 그렇게 모든 것을 있는 그대로 안다고 한다. 그러나 그 꽃이나 책
은 인간이 이름붙인 것에 불과하다. 꽃을 보고 꽃이라 인식하면 그 꽃이라는
상은 즉시 마노意의 대상(색·성·향·미·촉·법의 육경·육진)이 되고 이 둘이 부딪
치는 촉觸이 일어난다. 그러면 즐겁다樂, 괴롭다苦, 괴롭지도 즐겁지도 않다不
苦不樂는 느낌受이 생긴다. 느낌은 즉시에 갈애愛를 일으키고 만다. 갈애가 생
기면 움켜쥐고 거머쥐고 바둥대는 취착取이 뒤따르고 이렇게 우리의 존재有는
굴러가게 된다. 이렇게 식·근·경·촉·수·애·취·유가 찰나에 반복되어
흘러가는 게 중생의 삶이다. 이를 연기緣起라 한다. 우리의 생명은 그냥 존재
가 아니라 끊임없이 갈애와 취착을 통해서 '되어가는' 과정이고 이것이 우리
삶의 참모습이다. 상은 또한 느낌과 동시에 반응을 일으킨다. 그래서 반응,
즉 의도적 행위는 우리 삶을 고苦에 붙박게 만든다. 이렇게 매 순간순간 생겼
다가 사라지는 모든 형상이나 마음의 현상이 무상無常이다. 그래서 인생무상
人生無常이라고 하지 않는가.

예를 들어 부동산 문제만 해도 정치를 잘 못하게 되면 부동산 값이 폭등
을 하게 되어 여러가지 문제가 많이 발생한다. 정부는 부동산 값을 잡으려고
온갖 무리한 방법을 동원하게 되고 시장은 다른 곳에서 풍선효과를 일으키게
된다. 내 집이 없는 서민은 말할 것도 없고 보다 큰 집으로 옮겨가려고 하는
사람들조차 집 값이 올라 계획을 포기할 수 밖에 없게 된다. 이를 양도세나
종합부동산세 등으로 잡으려고 하면 부동산 거래가 얼어붙게 되고 미분양 사
태가 일어난다. 문제는 거기에서 그치지 않는다. 그 사람들은 거기서 오는 비

애감이나 열등감을 일으키게 된다. 왜 그런가? 분별심이 있어서 그렇다. 분별은 걱정하고 계획하고 근심하는 것이며, 이해득실을 하나 하나 지나치게 따지는 것이다. 집이라는 대상에 대한 상이 생기면 이렇게 내 집, 남의 집에 대한 분별이 생기고 그 분별은 즉시에 엄청난 집착으로 발전한다. 집착은 고苦를 수반하게 된다. 이렇게 얽히고 설키어 우리 중생의 삶은 순간 순간 굴러가고 있는 것이다.

'머무름 없는 마음을 낸다應生無所住心' 함은 마음과 인식에서 여러 가지 번뇌와 집착을 일으키지 않는 무위를 말한다. 아무데도 집착함이 없이 마음을 일으킨다. 즉 아무데도 걸린 데가 없음을 뜻한다.

'만약 마음이 머무는 데가 있으면 그것은 참으로 머무름이 아니다若心有住則爲非住' 라는 말은, 마음이 어디에 집착하면 올바로 살아가는 게 아니며 스스로 묶여 있는 것이라는 뜻이다. 남을 돕거나 좋은 일을 할 때도 무엇을 바라지는 않아야 하는데 중생은 마음을 어디에 자꾸 기댄다. 바라지 말아야 하는데 자꾸 바란다. 그러니 괴롭다. 바라는 것은 집착이다.

'보살들은 온갖 중생을 이롭게 하기 위하여 이렇게 보시해야 한다' 함은 보살들은 일체의 상을 버리고 모든 중생들의 이익을 위해서 보리의 마음을 내어 보시를 해야 한다고 강조하는 말이다. 반야바라밀을 잘 닦은 보살은 마음이 넓어지고 공덕이 일어나지만, 얽매이고 집착하면 공덕이 일어나지 않는다. 마음이 넓어지고 지혜로운 사람은 다른 중생에게 괴로움을 주지 않는다. 우리들은 자신도 모르는 사이에 다른 사람에게 많은 고통을 준다. 중생세계는 높은 지혜로 살지 못하기 때문에 도움과 고통을 함께 준다. 결국은 중생이 마음먹기에 달려 있다. 중생이 한 생각을 지혜롭고 넓게 일으키면 무진장한 공덕이 거기서 나온다. 하지만 반대로 한 생각이 어리석게 잘못 굳어지면 무진장한 죄악도 거기서 나온다.

"수보리야, 여래는 참된 말만 하는 이며, 진실다운 말만 하는 이며, 여실한 말만 하는 이며, 속이지 않는 말만 하는 이며, 다르지 않은 말만 하는 이니라. 수보리야, 여래가 얻은 이 법은 진실도 아니며 거짓도 아니니라."

須菩提 如來 是眞語者 實語者 如語者 不誑語者 不異語者

須菩提 如來 所得法 此法 無實無虛

법은 진실도 아니며 거짓도 아니다

진어자는 참된 말을 하는 자라는 말이다. 실어자는 진실을 말하는 자, 여어자는 크면 크다고 하고 작으면 작다고 하듯이 있는 그대로를 말하는 자라는 뜻이다. 불광어자는 속이지 않고 거짓되이 말하지 않는 자, 불이어자는 다르지 않게 말하는 자라는 뜻이다. 산스끄리뜨 원문에는 불광어자가 맨 나중에 나와 있다. 처음 넷이 진실을 말하는 자라는 뜻이고 마지막이 거짓되이 말하지 않는다는 뜻이니 결국 여래는 진어자라는 뜻이다.

'여래가 얻은 이 법은 진실도 아니며 거짓도 아니다'는 진실과 거짓을 다 초월한 그러한 말씀이라는 뜻이다. 여기에서 '진실도 아니다無實' 함은 '모든 현상이 참모습이 아니다諸相非相'라고 하신 말씀을 되풀이 한 것이다. '거짓도 아니다無虛' 함은 언어는 비록 무기無記여서 실체가 없으나 여래의 말씀은 진실이며 속이지 않아서 헛되지 않다는 말이다.

선善을 선이라 생각할 때 벌써 집착이며, 여래의 법이 진실하다 하였을 때 이미 집착으로 변하기 때문이다.

"수보리야, 어떤 보살이 마음을 법에 머물러 두고 보시하는 것은 마치 어두운 곳에 있는 사람이 아무것도 보지 못하는 것 같고, 어떤 보살이 마음을 법에 머물러 두지 않고 보시하면 눈을 가진 사람이 밤이 새고 태양이 떠올랐을 때에 햇빛 아래서 여러 가지 물건을 보는 것과 같으니라."

須菩提 若菩薩 心住於法 而行布施 如人入闇 則無所見

若菩薩 心不住法 而行布施 如人有目 日光明照 見種種色

사람은 거울을 닦지 아니하고 거울이 보이지 않음만을 탓한다

'심주어법 이행보시 여인입암 즉무소견心住於法 而行布施 如人入闇 則無所見'은 '무명無明(avidyā)'과 같은 이야기이다.

무명은 12인연十二因緣의 하나로서 미혹迷惑한 세계의 근본인 무지無知이다. 4제四諦와 연기 등의 올바른 세계관을 모르는 것을 말한다. 형상이란 눈에 비친 대상일 뿐이다. 그 대상은 변하는 것이다無常. 변하기에 고苦를 수반한다. 그렇기에 그것을 '나'라든지 '내 것'이라고 주장할 수 없다無我. 무명은 현상계의 모든 사물이 무상하기에 무아한 것을 모르고 갈애를 일으켜 윤회의 원인이 되는 것을 말한다. 그러므로 무명은 속세의 모든 악과 고통의 근본 뿌리이다. 이 때문에 지혜의 눈이 가리어 사물의 진정한 본성을 보지 못하는 것이다.

사람이 어디에 집착하면 깜깜한 데 머물러 있는 것과 같다. 중생은 자기 집착 때문에 스스로 거기에 빠져 있다. 아무것도 보지 못하고 자기 세계에 묶여 있다. 뻔히 보면서 모르는 게 우리 중생이다. 내 문제에 빠져 있어서 상대편을 전혀 헤아리지 못한다. 그래서 인간은 평생 자기 문제에 골몰하다가 죽는 것이다.

마음이 한 곳에 매이면 이렇게 어두워 보이지 않는다. 그러나 마음이 조금 넓어지면 태양 아래에서 세계를 보는 것과 같이 된다. 흔히 사람들은 제 스스로 거울을 닦지 않고 거울이 보이지 않음만을 탓한다. 불가에서는 이를 무명無明이라고 한다.

그 반대는 '심부주법 이행보시 여인유목 일광명조 견종종색心不住法 而行布

230

施 如人有目 日光明照 見種種色' 이다. 예를 들어 어두운 방안에서 촛불을 켜면 갑자기 방안이 환해져서 모든 사물이 보인다. 깨달음을 얻으면 이와 같이 무명으로부터 벗어날 수 있는 것이다.

"수보리야, 오는 세상에 선남자·선녀인들이 이 경을 받아 지니고 읽고 외우면 여래가 부처의 지혜로써 이 사람을 다 아시고 다 보시나니, 모두가 한량없고 끝없는 공덕을 이루느니라."

須菩提 當來之世 若有善男子善女人 能於此經 受持讀誦
則爲如來 以佛智慧 悉知是人 悉見是人 皆得成就無量無邊功德

'개득성취무량무변공덕하나니라' 는 뜻은 다 무량무변공덕을 성취한다는 이야기이다. 이 금강경 속에는 한량없고 끝없는 공덕이 있는데, 이것을 금강경을 통해서 다 얻게 된다는 말씀이다. 이렇게 무량무변공덕을 성취하게 되므로 이것이 금강경이다. 여기까지가 금강경의 상권으로 독송할 때 바쁘면 상권만 읽는다.

15. 경을 깨달음으로 인한 가치

持經功德分 第十五

이 세상의 수많은 생명 중에서 사람 몸 받아 태어나기가 그렇게 어려운
데, 그 몸으로 수없이 보시를 하여도 큰마음을 내지 못하면 의미가 없
다. 부처님은 게으른 사람이나 꿈이 작은 사람을 멀리 하였다. 이기심
이 강한 사람도 멀리 하였다. 다만 그 사람들의 업이 소멸하여 본래의
불성을 찾을 때까지 기다렸다.

자기 혼자서 도를 닦고 깨우침을 얻어 윤회의 고통을 벗어나겠다는 소
승의 법에 마음이 끌린 사람은 4상에 집착되기 때문에 이 경의 높은 말
씀을 바르게 이해하지 못한다. 오직 대승의 마음을 낸 이만이 아뇩다라
삼먁삼보리를 감당해 낼 수 있다.

"수보리야, 어떤 선남자·선여인이 아침나절에 항하의 모래알 수만큼 몸과 목숨을 바쳐 보시하고, 낮에도 항하의 모래알 수와 같은 몸으로 보시하고, 저녁에도 항하의 모래알 수와 같은 몸으로 보시하여, 이렇게 한량없는 백천만억겁 동안 보시한다 하더라도, 만약 어떤 사람이 이 법문을 듣고 믿는 마음이 우러나와 이를 비방하지 않는다면, 그 복이 앞의 목숨으로 보시한 복보다 더 수승하거늘, 하물며 이 경을 베껴 쓰고 마음에 간직하고 읽고 외워서 남에게 자세히 설명해 주기까지 함에 있어서랴.

수보리야, 중요한 뜻만을 들어서 말하건대 이 경에는 말할 수 없고, 생각할 수 없고, 측량할 수도 없고 끝도 없이 많은 공덕이 있나니, 여래는 대승의 마음을 낸 이를 위하여 이 경을 말했으며, 가장 높은 마음을 낸 이를 위하여 이 경을 말했느니라.

만일 어떤 사람이 능히 이 법문을 마음에 간직하고 읽고 외워서 널리 여러 사람들에게 일러주면, 여래가 이 사람을 다 알고 보시어 그들 모두가 한량없고 측량할 수 없고 끝없고 생각할 수 없는 공덕을 이루리니, 이런 사람들은 여래의 깨달음을 이룰 것이니라.

무슨 까닭이겠는가? 수보리야, 소승법에 만족하는 이는 아견·인견·중생견·수자견의 소견에 사로잡혀 이 경을 듣고 읽고 외우지도 못하여 남에게 이 가르침을 설명해 주지도 못하기 때문이니라.

수보리야, 어디에나 이 경이 있으면 온갖 하늘무리 세상사람 아수라 등이 공양을 올리리니, 응당히 이 곳은 곧 부처님의 탑과 같으므로 모두가 공경히 예배하고 돌면서 꽃과 향을 그곳에 흩으리라."

須菩提 若有善男子善女人 初日分 以恒河沙等身 布施

中日分 復以恒河沙等身 布施 後日分 亦以恒河沙等身 布施

如是 無量百千萬億劫 以身布施

若復有人 聞此經典 信心不逆 其福 勝彼 何況書寫受持讀誦 爲人解說

須菩提 以要言之 是經 有不可思議 不可稱量 無邊功德

如來爲發大乘者說 爲發最上乘者說

若有人 能受持讀誦 廣爲人說 如來悉知是人 悉見是人 皆得成就 不可量 不可稱 無有邊 不可思議功德

如是人等 則爲荷擔 如來 阿耨多羅三藐三菩提

何以故 須菩提 若樂小法者 著我見人見衆生見壽者見 則於此經 不能聽受讀誦 爲人解說

須菩提 在在處處 若有此經 一切世間 天人阿修羅 所應供養

當知此處 則爲是塔 皆應恭敬 作禮圍繞 以諸華香 而散其處

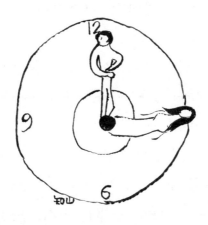

살아서 깨달음을 얻으라.
금강경의 의미를 알고 성취하는 사람은 그와 같이 된다.

경이 있는 곳은 부처님의 탑과 같다

앞의 내용들이 다시 반복된다. 목숨이 하나 밖에 없는데 아침나절 수 없는 목숨으로 보시하고, 점심때 또 그렇게 보시하고, 저녁때 한량없는 목숨을 바쳐서 보시하더라도 이 금강경에서 깨달음을 얻어서 이를 마음에 간직한다면, 더구나 이를 남에게 설명까지 해준다면, 그 한량없는 목숨을 보시한 복보다 더 높다는 말이다.

심신불역信心不逆을 현장은 불생비방不生誹謗으로 옮겼다. 이 법문을 듣고 믿는 마음이 우러나와 그 가르침을 반대하거나 비난하지 않는다는 뜻이다.

'대승의 마음을 낸 이發大乘者'나 '가장 높은 마음을 낸 이發最上乘者'는 그냥 신에 의지하고 불보살에 의지한다는 의미가 아니다. 이는 무상의 큰 보리심을 낸 이를 위해서 이 경을 설했다는 것이다.

금강경에서 깨달음을 얻은 사람은 부처님의 성불한 복덕을 책임질 수 있고 감당할 수 있다고 하고 있다. 구마라습과 현장 둘다 하담荷擔이라고 옮겼는데 '짊어진다, 걸러멘다, 책임진다', 즉 깨달음을 이룬다는 뜻이다. 죽어서 열반에 이르는 것이 아니라 살아서 깨달음을 얻는다는 말이다. 누가 이렇게 되는가? 금강경의 의미를 알고 성취하는 사람은 그와 같이 된다. 그것을 감당하지 못하고 확신을 갖지 못하여 소승법에 만족하는 자樂小法者, 조그마한 것에 만족하는 사람은 이 경을 책임지지 못한다. 현장은 이를 '낮은 확신을 가진下劣信解'이라고 옮겼다. 참으로 큰마음을 내지 않으면 모두 상에 빠지고 만다. 단지 서원만으로는 보살이 되지 않는다. 참 지혜나 안목, 견해, 확신을 가져야 한다. 상이 집착으로 이 집착이 다시 하나의 견해로 정립된다. 이 상相과 견見을 극복하라고 강조하고 있다.

236

부처님의 탑 안에는 사리가 모셔져 있다. 사리를 안 모시고 경만을 탑에 모셔도 된다. '경이 있는 곳은 탑과 같다若有此經 當知此處 則爲是塔' 라고 했다. 경에는 부처님의 원리가 다 들어있기 때문에 탑 속에 경만 모셔도 부처님의 사리를 모시는 것이다.

예를 다해 탑 주위를 에워싸고 빙빙 도는 것은 공양 의식이다. '돈다' 함은 보통 공경하는 대상의 시계바늘 방향으로 세 번 도는 것을 말한다. 앞의 '바른 가르침을 존중하라尊重正教分'에 이 부분을 첨가하여 설명함으로써 '상을 버리라'는 이 경의 가르침이 수승함을 계속해서 강조하고 있다.

'꽃과 향으로 그곳에 흩는다以諸華香 而散其處' 함은 향 공양과 꽃 공양을 올린다는 뜻이다. 아주 거룩한 공양의 경우 하늘에서 청·황·적·백의 네 가지 꽃과 향을 흩는다는 천우사화天雨四華를 본 뜬 것이다.

16. 업장을 소멸하라

能淨業障分 第十六

우리는 첫 머리에서 업에 대하여 살펴보았다. 업이라는 것은 행위이고 동작인데, 큰 것 작은 것, 흉한 것 고운 것 등은 현상이며 그러한 현상은 업에서 나온다. 크게 만들면 크게 되고 곱게 만들면 곱게 되는 현상이 바로 업에서 나온다.

그러한 업을 만드는 행위는 마음에서 나온다. 현상은 업에서 나오고 업은 마음에서 나온다. 대승불교에서는 현상보다는 마음을 중요시한다.

현세에서 받고 있는 고통이나 행복은 우리의 전생과 연결되어 있다. 전생에 죄를 많이 지으면 업장業障이 두터워서 어려운 일이 많이 생긴다. 이러한 업장의 소멸을 위해서 발심수행을 하여 공덕을 쌓으라는 것이다.

"또 수보리야, 만일 선남자·선녀인이 이 경을 배우고 간직하여 읽고 외우면서도 오히려 남에게 천대를 받는다면, 이 사람은 전생에 지은 죄업으로 악도에 떨어져야 하겠지만 금생에 남의 천대를 받음으로 해서 전생의 죄업이 모두 소멸하고 반드시 깨달음을 얻으리라."

復次 須菩提 善男子善女人 受持讀誦此經 若爲人輕賤
是人 先世罪業 應墮惡道
以今世人 輕賤故 先世罪業 則爲消滅 當得阿耨多羅三藐三菩提

업장을 소멸하려면 아상, 인상, 중생상, 수자상을 모두 버리라.
내 것도 모두 버리고, 내 마음마저 모두 비워라.

가득 채우기 위해서는 그릇을 다 비워야 한다

금강경을 독송하고 신앙생활을 잘 하더라도 고통과 장애와 걱정이 생긴다. 왜 그런가? 전생의 업장이 너무 두텁기 때문이다. 하지만 금강경을 독송하고 신앙을 했기 때문에 업장이 줄어들어서 그만큼 작아졌고 앞으로 바로 성불하게 될 것이라는 뜻이다.

오늘의 행복과 불행은 우연히 생긴 것이 아니라 전생과 연결되어 있다. 전생에 죄를 많이 지은 사람은 그만큼 업장이 두터워서 금생에 지독히 고생을 하다가 마침내 악도에 떨어지게 된다. 악도惡道는 전생에 지은 나쁜 업 때문에 떨어지는 세상으로 지옥地獄 · 아귀餓鬼 · 축생畜生을 말한다. 그러나 금생에 경을 받아서 지니는 공덕을 쌓으면 업장을 소멸하고 새로 오는 세상에는 반드시 깨달음을 얻어 부처를 이룬다.

중국의 철학자 루쉰魯迅(1881~1936)은 말했다.

"두려워할 것은 적이 아니다. 나의 가슴을 아프게 하고 실망시키는 것은 무엇보다도 내편에서 겨눈 화살과 그 화살로 내가 상처를 입은 것을 보고 웃는 그 얼굴인 것이다."

내가 지금 누군가에게 멸시를 받거나 억울한 일을 당하거나, 또는 믿던 사람에게 뒤통수를 맞는다고 원수로 갚는다면 그것은 업장을 쌓는 일이다. 잘못이 없는데도 그런 일을 당할 때는 오히려 전생의 죄업을 닦을 수 있는 좋은 기회이다. 그저 뒤통수 맞은 것으로 끝낼 때 그 악연은 소멸될 것이다. 그러면 욕을 한 사람이 도리어 불안해지거나 미안한 마음이 든다. 업장을 소멸하려면 아상 · 인상 · 중생상 · 수자상을 모두 버리고, 내 것을 모두 버리고, 내 마음을 모두 비우라. 금강경을 수지독송하고 내게 소중한 모든 것을 버리고 그 모든 것을 다 남에게 줄 마음을 가지라. 그런 큰마음을 내면 모든 것을 얻을 수 있다. 그래서 서경書經에서는 '남의 말이 마음에 거슬리거든 반드시 너의 마음대로 쫓지 말고 도리를 구해서 쫓으라' 고 말하고 있다.

최경주는 2007년 잭 니클라우스 오픈과 타이거 우즈 오픈에서 우승했다. 그가 영국 브리티시 오픈에서 8위를 하고서 인터뷰를 하였다. 골프는 마지막 라운드로 갈수록 압박감이 심해진다. 그래서 티샷을 한 후에 페어웨이를 걸어갈 때 대부분의 골퍼들이 코스 매니지먼트를 생각하겠지만 자신은 골프에 대한 생각을 버린다고 했다. 생각을 버리기 위해 그가 하는 방법은 성경 구절 외우기였다. 삶에서도 한꺼번에 여러 계단을 오를 수는 없는 것이라며 그는 담담하게 말했다.

"수보리야, 나는 지나간 세상 한량없는 아승지겁 동안 연등불을 만나기 전에 8백4천만 억 나유타의 모든 부처님을 만나서 모두 공양하고 받들어 섬김에 한 분도 빠뜨린 적이 없었다. 만약 다시 어떤 사람이 이 다음 말법 末法 세상에 이 경을 마음에 간직하고 읽고 외워서 얻는 공덕은 내가 부처님께 공양한 공덕으로는 백분의 일에도 미치지 못하며, 천분의 일, 만분의 일, 억분의 일에도 미치지 못하며, 산수나 비유로도 미칠 수 없느니라."

須菩提 我念過去 無量阿僧祇劫 於燃燈佛前

得値八百四千萬億那由他諸佛 悉皆供養承事 無空過者

若復有人 於後末世 能受持讀誦此經 所得功德 於我所供養諸佛功德

百分不及一 千萬億分 乃至 算數譬喩 所不能及

경을 지닌 복덕이 가장 높은 이유는?

부처님도 과거 무량아승지겁 동안, 다시 말해 연등불 이전에 이미 8백4천 만 억 나유타만큼의 많은 부처님을 만나서得値 모두 다悉皆 공양하고 섬기는 데 한시도 소홀히空過 한 적이 없었다. 연등불 이전이라는 말은 부처님이 수메 다라는 수행자 시절에 장차 석가모니라는 부처가 될 것이라는 수기를 내려준 연등부처님 이전을 말한다. 그럼에도 불구하고 다시 미래세의 후 오백세末世 에 정법이 쇠퇴할 시기에 이 경을 수지독송해서 얻는 복덕이 가장 높다고 말 한다. 그토록 오랫동안 많은 공덕을 쌓아도 경을 지닌 복보다 못한 이유는 지 혜를 얻느냐 못 얻느냐 여부에도 있지만 아상·인상·중생상·수자상이 없 어지는 공덕이 있기 때문이다. 4상을 버리라는 가르침을 깨달아 모든 것이 다 공空함을 안다면, 부처님들을 수백억 년 동안 섬기는 것보다 낫다는 뜻이 다.

아라비아 숫자는 원래 인도에서 만들어졌다. 그들은 '위치적 기수법'이라 는 기발한 아이디어를 창안하였는데, 100의 자리에 4가 있으면 자연스럽게 400임을 알게 되는 표기방식이다. 이런 표기가 가능하려면 자리값이 비어 있 음을 나타내는 0의 존재가 필요하다. 영零은 산스끄리뜨어로 수냐śūnya라고 하는데, 바로 공空을 뜻한다. 불교의 산술적 표현으로 항하사恒河沙는 10을 52 번 곱한 10^{52}라고 하는 것인데 '항하'는 갠지스강의 한자 표현으로 '항하사' 는 갠지스강의 모래만큼이나 많다는 뜻이다. 아승지阿僧祇는 10^{56}으로 인도에 서 최고로 많은 수효인 無數무수를 나타낸다. 나유타那由他는 10^{60}으로 천억, 말 로 표현할 수 없을 만큼 이상한 일을 뜻하는 불가사의不可思議는 10^{64}를 말한 다. 이는 너무 큰 수여서 상상조차 하기 힘들다는 측면에서 언어적 의미와 수

학적 의미가 연결된다. 그리고 무량대수無量大數는 10^{68}이며, 그 이상이 무량무수무변수無量無數無變數다. 겁劫은 시간이란 뜻인데 아주 오랜 세월을 표시하는 단위의 하나로 쓰인다.

"수보리야, 만약 어떤 선남자·선녀인이 이 다음 말법 세상에서 이 경을 배우고 마음에 간직하여 읽고 외우는 공덕에 대해 내가 만일 자세히 다 말하게 되면, 중생들은 이 말을 듣고서 마음이 미치고 혼란스러워서 믿지 아니하리라.

수보리야, 이 경은 뜻도 말이나 생각으로 헤아릴 수 없고, 과보果報도 말이나 생각으로 미칠 수 없음을 알아야 하느니라."

須菩提 若善男子善女人 於後末世 有受持讀誦此經 所得功德 我若具說者 或有人
聞 心則狂亂 狐疑不信
須菩提 當知 是經 義 不可思議 果報 亦不可思議

가르침을 실천하면 업장을 소멸할 수 있다

금강경을 읽으면서도 장애가 있는 사람은 전생에 업이 너무 많아서 여러 가지 고통을 당해야 하는데, 금강경을 읽음으로 말미암아 업장이 줄어든다.

심즉광란心則狂亂을 현장은 미민迷悶으로 옮겼다. 마음이 미혹되어 민망하고 비정상적으로 들떠버린 것을 뜻한다. 또 호의불신狐疑不信을 현장은 심혹광란心惑狂亂으로 옮겼는데, '狐疑'는 여우가 초봄에 얼어 있는 강물을 건너지 못하고 주저주저하는 모습에서 유래되었으며, 의심이 깊어 결심이 서지 않는 모습을 나타낸다. 앞의 제15분에서는 금강경의 의미를 감당하지 못하고 확신을 갖지 못하여 소승법에 만족하는 자若樂小法者라 표현되었다.

확신이 정말 부족한 중생들은 이 법문을 듣지 않는다. 또한 보살의 서원을 갖지 않은 중생들은 이 법문을 듣더라도 그 진정한 가르침을 이해하지 못한다. 그래서 이 법문의 공덕을 말하는 것을 들으면 마음이 돌기까지 한다고 하고 있다. 실제로 '무상'과 '무아'를 말하는 불교를 인도의 힌두교 입장에서 보면 힌두의 가치체계가 무너질까봐 두렵고 마음이 광란할 수도 있겠다.

이 경은 이치도 말이나 생각으로 미칠 수 없고, 과보도 말이나 생각으로 미칠 수 없다고 했다. 과보果報는 원래 '다르게 익는다'는 뜻이다. 구마라습은 이를 과일이 익는다는 의미로 果報라 했으며 현장은 원의미를 살려 이숙異熟이라 했다. 금강경의 뜻이 말할 수 없이 깊고 넓기 때문에 가까이 하고 외우고 읽는 공덕도 헤아릴 수가 없는 것이다.

17. 끝내 '나'를 버리라

究竟無我分 第十七

수보리가 어떻게 마음을 머물러야 하고, 어떻게 수행해야 하는가 하는 두 가지 질문을 하였다.

여기에 대하여 '마음 머무는 법大乘正宗分'에서 '네 가지 마음에 머무르되 4상을 항복시키라'고 대답했고, '마음 닦는 법妙行無住分'에서는 '보살은 6바라밀을 수행해야 하며 4상에 집착되지 말라'고 하였다.

이를 풀어서 설명하면, 보살은 광대한 마음廣大心, 으뜸가는 마음第一心, 항상한 마음常心, 뒤바뀌지 않는 마음不顚倒心의 4심四心에 머물러서, 보시·지계·인욕·정진·선정·지혜의 6바라밀을 수행해야 하며, 이의 완성을 위해서 아상·인상·중생상·수자상의 4상에서 벗어나라고 하였다.

다시 말해서 4상 등의 나我가 없어야 하고, 응무소주 이생기심應無所住 而生其心, 집착하지 아니하고 청정한 마음을 내야 한다. 이와 비슷한 내용이 여기에서 다시 나온다.

여기서는 '나'가 없어야 된다고 한다면 수행의 주체가 없어지는 것이 아닌가? 하는 의문에 대한 대답을 하고 있다.

그때 수보리가 부처님께 사뢰었다.

"세존이시여, 선남자·선녀인이 아뇩다라삼먁삼보리의 마음을 내었으면 응당히 무엇을 원해야 되며, 어떻게 그 마음을 다스려야 합니까?"

부처님께서 수보리에게 말씀하셨다.

"선남자·선녀인이 깨달음을 얻었거든, 마땅히 이렇게 마음을 내야 한다. '내가 온갖 중생을 열반에 이르도록 제도하리라. 그러나 온갖 중생을 모두 제도했다 하더라도 실제로는 한 중생도 제도된 이가 없다' 라고.

왜냐하면 수보리야, 만일 보살이 아상·인상·중생상·수자상이 있으면 곧 보살이 아니기 때문이다. 그 까닭이 무엇이겠는가? 수보리야, 실제로는 깨달음을 얻는 그 어떤 법이 사실은 없기 때문이니라."

爾時 須菩提 白佛言

世尊 善男子善女人 發阿耨多羅三藐三菩提心 云何應住 云何降伏其心

佛告 須菩提 善男子善女人 發阿耨多羅三藐三菩提者 當生如是心

我應滅度 一切衆生 滅度一切衆生已 而無有一衆生 實滅度者

何以故 須菩提 若菩薩 有我相人相衆生相壽者相 則非菩薩

所以者何 須菩提 實無有法 發阿耨多羅三藐三菩提者

공은 얻는 것도 아니지만 잃는 것도 아니요,
태어나는 것도 아니지만 죽는 것도 아니다.
모든게 아니며 아닌 것도 아니다.
마음을 내려 놓아라.

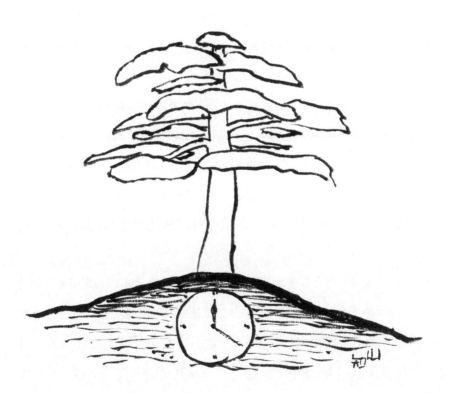

공이란 무엇인가?

마음 머무는 법大乘正宗分에서 한번 나왔던 내용인데 그 내용을 다시 정리하여 반복 설명하는 경문이다. 마음 머무는 법에서는 '내가 모든 중생을 제도하지만, 사실은 아무도 제도받은 적이 없다如是滅度 無量無數無邊衆生 實無衆生 得滅度者'고 했는데, 여기서는 '보살이 중생을 제도하지만, 제도라는 것이 따로 없다滅度一切衆生已 實無有法'고 한다.

남녀가 사랑을 하게 되면 온갖 세상 만물이 다 행복하게 보인다. 모든 일이 그저 즐겁다. 그런데 그 사랑이 좋은 결과를 맺지 못하고 사랑하는 사람과 헤어지게 되면, 어제 보았던 똑같은 것들이 다 슬퍼 보이게 된다. 사실은 변한 것이 아무것도 없는데 마음이 변하니까 모든 게 변한 것처럼 보이는 것이다. 모든 것은 다 마음이 만들어 내는 것이다.

'모든 것은 다 마음먹기에 달려 있다.' 본질은 모두 똑같다. 아무것도 변한 것은 없다. 아무도 제도 받은 일이 없다而無有一衆生 實滅度者.

깨달음을 얻는 데는 어느 특정한 한 가지 법이 존재하지는 않는다實無有法. 서울로 가는 길이 하나만 있지 않은 것과 마찬가지다. 오직 생각이 그런 차별을 만드는 것뿐이다. 성불하려는 마음이 아뇩다라삼먁삼보리심을 내는 것이다.

그런 보살들은 무엇을 바라야 하는가? 보살은 중생이 다 해탈하기를 원한다. 보살은 중생이 행복하기를 원한다. 보살은 자기를 둘러싼 일체 중생이 행복할 때 자신도 행복하다. 그런데 중생들은 자기의 행복만을 원한다. 각자 자기의 행복만을 위하니까 중생세계는 늘 투쟁이 생긴다. 형제간에도 부부간에도 마찬가지다.

그래서 '머물러야 하며云何應住'라 함은 원하는 것이다. '수보리가 수행하는 법문을 청하다善現起請分'에서는 '應云何住'로 되어 있다. 상통하는 용법이지만 표현의 다양함을 보여준다. 마음이 무엇을 간절하게 원하고 생각하고 있으면 그것이 그 사람 마음의 현주소이다. 중생은 마음이 머무르는 곳과 몸이 머무르는 곳이 따로 있다. 몸이 아무리 그곳에 있다 해도 마음이 머물지 않으면 무엇이 이루어지지 않는다. 내 마음 속에서 진정으로 원하는 것이 무엇인가? 가만히 한번 생각해 보라.

'그러면 어떻게 그 마음을 항복시키오리까?云何降伏其心'

보살의 마음을 일으키기 전에 중생의 마음을 없애야 한다.

중생을 모두 제도했다 하더라도 실제로는 한 중생도 제도된 이가 없다滅度一切衆生已 而無有一衆生 實滅度者. 아주 어려운 내용이다. 그렇다고 하다가 아니라고 하니 말의 흐름이 생각을 헷갈리게 만든다. 법화경이나 화엄경도 그렇지 않은데, 이 반야경의 표현법이 그렇다.

반야부에서는 금강반야 뿐만 아니라 800여 권 가까운 여러 가지 반야경이 있는데 여기서는 첫째 과제가 공空이며 둘째 과제가 보살행이다. 물론 금강경에는 공이라는 말은 한 글자도 등장하지 않는다.

'없다', 즉 중생을 다 제도했지만 제도한 사실이 없다. 부처님이 성불했지만 성불한 일이 없다. 부처님이 연등불로부터 법을 배웠지만 법을 배운 일이 없다. 또 설법을 많이 했지만 설법한 사실이 없다. 석가모니 부처님을 보고 설법을 했다고 말한다면 그것은 부처님을 비방하는 것이다. 삼천세계가 삼천세계가 아니다. 중생이 중생이 아니고 반야바라밀이 반야바라밀이 아니다. 그러면 이것은 도대체 무엇이냐?

'아니다' 라는 것이 공이다. 그러면 공이라는 것은 무엇인가? 금강경에서는 그게 명확하게 드러나지 않는다. 그래서 공을 설명하는 초기에서 중기로 넘어가는 과정의 공에 관한 말씀이 금강경이라고 한다. 반야심경은 후기 반야부계통의 경인데, 금강경보다는 공을 설명하는 방법이 굉장히 발전되어 있다. 그래서 반야심경에서는 공이라는 글자가 여러 번 나온다.

공성空性은 인도어로 슈냐타인데, 허공처럼 텅 비어 아무 것도 없는 성질을 말한다. 반야심경에서는 단도직입적으로 '시제법공상 불생불멸 불구부정 부증불감是諸法空相 不生不滅 不垢不淨 不增不減'으로 공의 내용을 설명한다. 공의 본질, 원리, 내용은 있는 것도 아니고 없는 것도 아니요, 더러운 것도 아니고 깨끗한 것도 아니며, 불어나는 것도 아니고 줄어드는 것도 아니다. 그게 '공'의 모습이고 '공'의 성격이고 '공'의 근본이다.

생生은 있는 것이고 멸滅은 없는 것이다.

그런데 공空은 있는 것도 아니고 없는 것도 아니다.

어떤 세계가 하나가 있는데 있는 것도 아니고 없는 것도 아니라고 금강경은 말한다. 결국 공은 얻는 것도 아니지만 잃는 것도 아니요, 태어나는 것도 아니지만 죽는 것도 아니다. 모든 게 아니며 나중에는 아닌 것도 아니다.

중생들은 이제껏 이걸 보지 못했기 때문에 괴로웠던 것이다. 낳는 것이 있으면 죽는 것도 있고 오래된 것은 더럽고 새 것은 깨끗하다. 더러운 것과 깨끗한 것, 불어나는 것과 줄어드는 것만 보아 왔는데, 반야의 지혜로 보니까 이러한 공이 보이더라는 것이다. '공'이라는 것은 우주의 근본 원리인데 생각으로는 헤아리기가 매우 어려운 세계이다.

젊은 날에는 인생은 무엇인지, 사랑과 행복은 무엇인지, 자유란 무엇인지 무한한 의문을 갖는다. 끊임없이 의문을 던지다보면 깨달음의 지혜를 얻는다. 그러면 공의 세계를 볼 수가 있다. 그걸 일러서 반야바라밀이라 한다. 성불한 사실이 없을 뿐만 아니라 성불 안한 사실도 없다. 죽는 것이 아니지만 사는 것 또한 아니다. 행복이 행복이 아니요 불행이 또한 불행이 아니다. 행복으로 느끼고 불행으로 느끼는 것은 중생의 생각일 뿐이다. 이것이 반야 다음으로 나오는 유식唯識이다. 오직 식識으로써 나온다. 무위법을 설명할 때 말했듯이 공을 설명하는데 그 의미에 대한 오해를 하니까 그 오해를 설명하기 위한 가르침이 유식이다. 반면에 마음과 인식에서 번뇌와 집착을 일으키지 않는 것이 무위다.

금강경에서는 공을 설명하기 위해 '아니다'를 말을 많이 쓴다. '중생이 중생이 아니다. 설법이 설법이 아니다.' 그러다보니 또 '아니다'라는 집착이 생길까봐 '아닌 것이 또한 아니다'라고 한다. 그러니까 더 모르게 된다. 알고 보면 아무 것도 아니다. 우리에게 반야가 아직 이루어지지 않아서 그렇다.

대승사 철산스님은 화두를 던졌다. '연못에 물을 빼면 고기를 다 잡을 수 있다. 그러나 물을 빼도 고기가 안 잡히는 방법이 있다. 그 방법을 알아야 한다.'

마음의 눈으로 스스로를 보라. 마음의 번뇌가 일어나는 것은 정상이다. 그것을 굳이 없애려고 하면 없애려는 생각이 하나 더 생긴다. 그래서 내버려두고 내가 하고 싶은 대로 그냥 해나가면 된다. 없애려는 생각마저 번뇌일 뿐이다. 마음을 내려 놓아라.

"수보리야, 어떻게 생각하느냐? 여래가 연등불 곁에서 아뇩다라삼먁삼
보리의 법을 얻은 것이 있느냐?"

"그렇지 않습니다, 세존이시여. 제가 부처님께서 말씀하신 뜻을 알기로
는 부처님이 연등불 곁에서 무상정등각을 철저히 깨달았다고 할 그 어떤
법을 얻은 것이 없나이다."

부처님께서 말씀하셨다.

"그러하니라. 그러하니라. 수보리야, 진실로 여래가 아뇩다라삼먁삼보
리의 법을 얻은 것이 없느니라. 수보리야, 만일 여래가 아뇩다라삼먁삼보
리를 얻은 법이 있다면, 연등불이 나에게 '네가 오는 세상에 부처가 되어
이름을 석가모니라 하리라'는 수기授記를 내리지 않으셨으련만, 실로 아뇩
다라삼먁삼보리를 얻은 법이 없으므로 연등불이 내게 '네가 오는 세상에
부처가 되어 이름을 석가모니라 하리라'고 인정하셨느니라."

須菩提 於意云何 如來於燃燈佛所 有法得 阿耨多羅三藐三菩提不
不也 世尊
如我解佛所說義 佛 於燃燈佛所 無有法 得阿耨多羅三藐三菩提
佛言 如是如是 須菩提 實無有法 如來得阿耨多羅三藐三菩提
須菩提 若有法 如來 得阿耨多羅三藐三菩提者
燃燈佛 則不與我受記 汝於來世 當得作佛 號 釋迦牟尼
以實無有法 得阿耨多羅三藐三菩提 是故
燃燈佛 與我受記 作是言 汝於來世 當得作佛 號 釋迦牟尼

얻은 바 없으니 인연을 따라서

얻은 것이 없다면 얻지 않은 것도 없다. 그것이 공이다. 얻은 것도 없고 안 얻은 것도 없고 태어난 것도 죽는 것도 없는 그런 원리가 있다. 그것은 생각이 아니라 깨달음을 통해서 해결된다.

본 대목은 '여래의 깨달음은 깨달음이라 말하지 않는다莊嚴淨土分'와 비슷하나 내용은 다르다. 그 대목에서는 부처님께서 연등불께 얻은 법이 따로 없다如來 在燃燈佛所 於法 實無所得고 했다. 그러나 여기에서는 '깨달은 법도 없고 가르친 법도 없다無得無說分'에서 여래가 철저히 깨달았다고 할 그 어떤 법이 있는가有所說法耶라는 문제를 앞 제16분의 연등불을 받들어 섬기는 부분과 결부하여 설명하고 있다. 부처님께서 연등불 곁에서 받들어 섬긴 것이 원인이 되었다고 할 것이 없기 때문에 진정한 보살이었다는 뜻이다. 깨달음에 있어 어느 한 가지 길이나 가르침만이 있는 것이 아니다. 또한 그 어떤 법을 얻은 바가 없다實無有法 하여 깨달은 법이 있다는 상相이 남아 있다면 그것은 깨달음이 아니라고 상기시키고 있다.

얻었어도 공空으로 얻었으니까 얻었다는 마음이 전혀 없다. '공'을 통해서 얻었다 해도 얻음을 초월하게 된다. 이러면 정신이 무한정 자유롭다. 정신이 젊음 속에 있으면서도 젊음을 초월하고, 늙음 속에 있으면서도 늙음을 초월한다. 온갖 일을 다 경험하지만 어디에도 매이지 않는다. 그러면 뭐든지 가능해진다. 인연 따라서 오는 사람 막지 않고 가는 사람 말리지 않는 것이 매이지 않는 것이다. 죽으면서 죽는 데 얽매이지 않고 살면서 사는 데 얽매이지 않는 자유로움을 갖는 것이다.

금강경에는 보살행보다는 공에 대한 부분이 많다. 그런데 가도 가도 제자리이고 알아도 알아도 잘 모르는 이유는 이 경에서 하는 말을 우리 생각이 따라잡지 못하기 때문이다.

"어찌하여 그러한가? 여래란 곧 모든 법이 있는 그대로의 모습이라는 뜻이기 때문이니라. 그러므로 설령 어떤 사람이 '여래가 아눅다라삼먁삼보리를 얻었다' 하더라도, 수보리야 실제로는 부처가 무상정등각을 철저히 깨달았다고 할 그 어떤 법이 없기 때문이다.

수보리야, 여래가 깨달았거나 설한 법에는 그 가운데 진실도 없고 거짓도 없느니라. 그러므로 여래는 '온갖 법이 모두 불법이라'고 하는 것이니라. 수보리야, 내가 말한 온갖 법이란 곧 고정된 관념에서의 온갖 법이 아니므로 '온갖 법'이라 이름하느니라.

수보리야, 비유하여 말하면 어떤 사람이 큰 몸을 가진 것과 같으니라."

수보리가 말하였다.

"세존이시여, 여래께서 사람에 대해서 큰 몸이라고 하신 것은 그 몸이 큰 것이 아님을 말하기에 큰 몸이라 이름하셨나이다."

何以故 如來者 卽諸法如義 若有人 言 如來得阿耨多羅三藐三菩提

須菩提 實無有法 佛得 阿耨多羅三藐三菩提

須菩提 如來所得 阿耨多羅三藐三菩提 於是中 無實無虛

是故 如來說 一切法 皆是佛法

須菩提 所言一切法者 卽非一切法 是故 名一切法

須菩提 譬如人身長大 須菩提言 世尊 如來說人身長大 則爲非大 是名大身

온갖 법이 모두 불법이라

'여래자 즉제법여의如來者 卽諸法如義'를 '여래는 모든 법에 있어서 변하지 아니하는 그대로다' 라는 뜻으로 풀이하기도 한다. 그러나 '如'의 뜻이 '같다' 이며 '如如'는 '같고 같다' 이다. 다시 말해서 그냥 그러한 모습을 나타낸다. 흔히 수십 년 세월을 수행하여 들어선 고승의 경지를 '여여如如하다'고 표현한다. '여여如如함'의 한쪽 '如'는 삶에, 또 다른 쪽 '如'는 죽음에 걸치고 있다고 보기 때문이다. 그 사이에 간격이 있느냐 없느냐가 관건이다. 도올 김용옥은 아무 틀이 없는 가운데서의 '있는 그대로의 모습' 이란 뜻으로 옮기고 있다. 산스끄리뜨 원어로는 '참되고 그러함, 그러한 상태'를 나타낸다. 현장은 진실진여眞實眞如라고 옮겼다. 부처님은 공空이다라고 하면 그 원리와 부처님이 같다는 말이다. 그 진리와 인격이 같은 것이다. 진리와 인간의 모습이 같기 때문에 여래如來라고 한다.

'여래가 깨달았거나 설한 법에는 그 가운데 진실도 없고 거짓도 없다無實無虛'는 말은 곧 공을 의미한다. 불생불멸과 같은 뜻이다. 제14분에서도 무실무허無實無虛가 나온다. 모든 현상이 참모습이 아니며無實, 諸相非相 여래의 말씀은 진실이기에 헛되지 않다無虛는 말이다.

온갖 법이 모두 불법이다一切法 皆是佛法라는 말은 금강경에서도 가장 유명하다. 모든 현상은 생겼다가는 사라지고 사라졌다가 다시 생겨난다. 생겨나고 사라지는 일체의 현상 그대로가 부처님의 가르침이다. 그러나 일체법으로 정해진 그 무엇이 있다고 생각하면 그것도 상相이다. 그러기에 아는 사람이 볼 때는 모든 대상이 다 불법이지만 모르는 사람이 볼 때는 모든 법이 다 불법이 아니라는 이야기이다. '온갖 법이 곧 온갖 법이 아니므로 온갖 법이라—

切法 卽非一切法 是故 名一切法' 함이나, '큰 몸이 큰 몸이 아니므로 큰 몸이라人身長 大則爲非大身 是名大身'는 것 또한 공을 말한다. 앞서 말한 공의 원리에 대한 반복 설명이다.

'곧 온갖 법이 아니다'는 일체의 모든 현상이 끊임없이 변하기 때문에 곧 고정된 법이 아니라는 말이다. 꽃을 꽃이라 하면 그것이 상相이듯, 노랫소리, 새소리는 모두 다른 법이고 다른 언어다. 이렇게 우리가 눈으로 보는 것이나 귀로 듣는 모든 소리를 어떤 특정한 법이라고 할 수는 없다. 단지 우리가 법 이라고 이름 붙인 것일 뿐이다. 여래께서 사람에 대해서 설하기를 큰 몸이라 고 하신 것도 그 몸 자체가 큰 것을 말하는 것이 아니다. '여래의 깨달음은 깨 달음이라 말하지 않는다莊嚴淨土分'에서도 사람의 몸을 수미산에 비유한 바가 있다. 이렇게 앞에서 나온 비유나 개념을 간략하게 언급하면서 여러 가지 상 에 걸리지 말 것을 거듭 반복하여 설하고 있다.

"수보리야, 보살 또한 그와 같아서 만일 보살이 '내가 마땅히 한량없는 중생을 제도하리라'라고 한다면 그는 보살이라 불릴 수 없을 것이다. 왜냐하면 수보리야, 진실로 보살이라고 이름할 만한 그 어떤 법이 없기 때문이니라. 그러므로 여래가 '온갖 법은 아상·인상·중생상·수자상이 없다' 하느니라.

수보리야, 만일 보살이 '내가 불국토의 장엄을 이룩하리라' 하면 이는 보살이라 부르지 못하리니, 무슨 까닭인가? 여래가 말하기를 불국토의 건설은 곧 건설이 아니라 그 이름을 불국토의 건설이라 하였기 때문이니라. 수보리야, 만일 보살이 '나'와 '법'이 없음을 통달하면 여래는 그를 참으로 보살이라 이름 하느니라."

須菩提 菩薩 亦如是 若作是言 我當滅度無量衆生 則不名菩薩

何以故 須菩提 實無有法 名爲菩薩

是故 佛說一切法 無我無人無衆生無壽者

須菩提 若菩薩 作是言 我當莊嚴佛土 是不名菩薩

何以故 如來說莊嚴佛土者 卽非莊嚴 是名莊嚴

須菩提 若菩薩 通達無我法者 如來說名眞是菩薩

생각보다 감각으로 감각보다 지혜로

'마음 머무는 법大乘正宗分'에서는 중생을 제도하더라도 실제로는 중생을 하나도 제도했다는 마음이 없다고 하여 상을 갖지 말라고 했다. 그런데 여기에서는 중생을 제도했다고 하면 그는 보살이 아니라則非菩薩고 하였다. 아울러 보살이라고 이름 할 법이 본래 없다實無有法 名爲菩薩고 강조한다. 또한 앞에서는 아상·인상·중생상·수자상을 가지면 보살이 아니라고 했는데, 여기서는 온갖 법은 아예 그러한 상이 없다고 하고 있다. 그러한 상에 빠지지 말 것을 거듭해서 설하는 것이다.

부처님의 경지뿐 아니라 부처가 되는 과정의 보살들도 중생을 제도한다거나 국토를 장엄한다는 생각이 있으면 진실로 보살이라고 할 수 없다. 그러하니 보살이 보살이 아니다. 아닌 것이 또 아닌 것이 아니다. 이제 '공'의 구조가 어떠한 것인지 조금 알 것 같기도 하다. 잃는 것이 잃는 것이 아니고 얻는 것이 얻는 것이 아니다. 이러니까 얻는 데 집착해도 잃는 데 집착해도 번뇌다. 좋고 나쁘고 잃고 얻는 것을 초월해서 살아가는 게 바로 반야바라밀이다.

'나와 법이 없음을 통달하면通達無我法'에서의 법은 자기를 둘러싸고 있는 모든 현상을 말한다. 나는 내가 아니고 현상은 현상이 아니다. 본 장에서는 중생이나 깨달음, 보살이나 불국토 건설 같은 개념들이 어떤 일정한 법이 아니라는 것을 거듭 제기한다. 그렇기에 뭐라고 집착하면 그것은 이미 틀린 것이다. 아닌 것도 아니고 그런 것도 아니고 그래서 마음이 허공같이 텅 비어 있으면서 모든 것을 다 자유자재로 이루는 것이다. 마음속 한 곳에도 사로잡힌 데가 없이 제법무아諸法無我의 확신을 가질 때 그를 일러 보살마하살이라

한다.

매사를 생각으로 하면 안 된다. 지혜로서 해야 한다. 내가 이것은 해야 한다 또는 해서는 안 된다고 생각을 해서 행동을 하는 경우가 있다. 그 사람의 행동은 성격이 바로 생각이다. 덥다고 느끼면 옷을 벗게 된다. 춥다면 감각으로 추우니까 옷을 입는 것이지 생각으로 추운게 아니다. 더럽게 보이는 것도 감각으로 더럽게 보이는 것이지 지혜로 보면 그렇지 않다.

음식도 마찬가지다. 요리책을 보아가면서 생각으로 요리하면 별로 맛이 없다. 음식을 잘 하는 사람은 한 번 척하면 거기서 끝나고 맛이 난다. 그것이 감각이다. 이른바 달인達人들은 수 년 동안 한 가지 일을 수없이 반복함으로써 눈을 감고도 손끝의 감각으로 일을 처리한다. 생각보다 앞서는 것이 감각이요, 감각보다 더 앞서는 것이 지혜다. 정신세계의 가장 밑바탕 수준이 생각이다. '무슨 일이 없을까?' 라고 고민하고 걱정하는 게 생각이다. '아무 일이 없을 것이다' 라는 생각이 들면 그건 생각보다 앞서는 것이다. 그런데 지혜는 '~것이다' 가 아니고 환히 보이는 것이다.

그렇게 되면 나我와 현상法이 다 불생불멸이라는 것을 깨닫게 된다. '깨달으면 여래는 그를 참말로 보살이라고 이름 한다' 함은 무아無我인 불생불멸의 원리를 환하게 깨달았을 때 그것을 진실로 보살이라고 한다는 뜻이다.

264

18. 어떠한 상태의 마음도 모두 한마음이다

一體同觀分 第十八

　'끝내 나를 버리라究竟無我分' 마지막 부분에서 '내가 중생을 제도한다거나 내가 불국토의 장엄을 이룩하리라 하면 그를 보살이라 부르지 못한다'고 하였다. 일체의 모든 현상이 끊임없이 변하기 때문에 중생이나 깨달음, 보살이나 불국토 건설 같은 개념들이 어떤 한가지의 특정한 법이 아니라는 이야기이다. 이는 결국 부처님이 되어도 아무런 법도 보지 못하는 것이 아닌가라는 의문을 가져다준다.

　이에 대해 부처님은 지혜의 눈을 갖고 있다고 설명한다. 즉 지금까지 공의 개념으로 일관되게 설명하던 것을 이제 공하지 않은 실체와 존재를 인정하는 것이다. 이를 불공반야不空般若라고 한다. 모든 사물에 집착하려는 사람에게는 공반야를 말하여 해탈하게 하고, 공반야에 절대적으로 매달리는 사람에게는 불공반야를 설명하여 공에 빠지는 허물에서 벗어나게 한다.

"수보리야, 네 생각에 어떠하냐. 여래가 육안(肉眼)을 가졌느냐?"
"그러하옵니다. 세존이시여, 여래가 육안을 가지셨나이다."
"수보리야, 네 생각에 어떠하냐. 여래가 천안(天眼)을 가졌느냐?"
"그러하옵니다. 세존이시여, 여래가 천안을 가지셨나이다."
"수보리야, 네 생각에 어떠하냐. 여래가 혜안(慧眼)을 가졌느냐?"
"그러하옵니다. 세존이시여, 여래가 혜안을 가지셨나이다."
"수보리야, 네 생각에 어떠하냐. 여래가 법안(法眼)을 가졌느냐?"
"그러하옵니다. 세존이시여, 여래가 법안을 가지셨나이다."
"수보리야, 네 생각에 어떠하냐. 여래가 불안(佛眼)을 가졌느냐?"
"그러하옵니다. 세존이시여, 여래가 불안을 가지셨나이다."

須菩提 於意云何 如來有肉眼不 如是 世尊 如來有肉眼
須菩提 於意云何 如來有天眼不 如是 世尊 如來有天眼
須菩提 於意云何 如來有慧眼不 如是 世尊 如來有慧眼
須菩提 於意云何 如來有法眼不 如是 世尊 如來有法眼
須菩提 於意云何 如來有佛眼不 如是 世尊 如來有佛眼

중생에게 얽혀있는 수많은 매듭과 고리는
있는 것도 아니고 없는 것도 아니라는 데서부터 풀어야 한다.

지혜의 눈, 방편의 눈, 부처의 눈

이 대목은 부처님이 갖추셨다는 다섯 가지 눈에 대해 설하고 있다. 육안肉眼은 육체적인 눈이다. 종이 한 장이라도 눈을 가리면 앞을 보지 못하고 앞을 보면 뒤를 못 보고 위를 보면 아래를 못 보는 눈이다.

천안天眼은 가리워진 것이 있어도 그것을 뚫고 아주 먼데 있는 물건까지 훤히 꿰뚫어 보는 초인간적인 눈이다. 보통 사람들의 눈으로는 볼 수 없는 초능력을 뜻한다. 명상을 많이 하면 얻을 수 있는 눈, 겉모습이 아니라 생각들까지 볼 수 있는 눈을 말한다. 전후좌우를 살펴서 일을 무리 없이 잘 처리하는 사람은 천안이 열린 사람이라고 볼 수 있다. 의사로 말하자면 심의心醫를 말하며 흔히 어떤 부문에서 도사라고 할 만한 사람들의 안목이다.

혜안慧眼은 진리를 분명히 보는 지혜의 눈이다. 어떤 상의 모양 속에는 반드시 들어 있는 근본根本이 있다. 이는 그 진리, 본질, 성격, 즉 그 진실한 내용인 것이다. 혜안이 있어야 세상의 원리를 알 수 있다. 원리를 알면 시작을 보고 끝을 안다. 그러나 원리를 모르면 손에 쥐어주어도 모른다. 원리를 알면 한마디만 들어도 훤히 안다. 혜안이 있으면 마음에 걸림이 없어 서로 다른 것을 알지만 그 마음에 아무런 차별을 두지 않는다. 모든 현상이 공함을 아는 것이다. 깨달음을 얻으면 자연히 어떤 일을 알게 된다. 말 못하는 아기들도 무슨 말을 하면 그 말 속에 담겨 있는 내용이 있다. '엄마' 하고 부르면 왜 부르는지 아기엄마는 훤히 아는 이치와 같다.

법안法眼은 능숙하게 중생을 제도하는 방편의 눈이다. 중생을 자유롭게 할 줄 아는 눈이다. 아는 데서 한 걸음 더 나아가 이런 데는 이렇게, 저런 데는 저렇게 해결해야겠구나 하는 것을 알아서 처리하는 것이다. 강한 법으로 해야 할지 부드러운 법으로 해야 할지 훤히 아는 게 바로 법안이다. 좋은 법이라고 다 통하는 게 아니다. 그 사람에게 도움이 안 되는 법을 베풀어 보았자 소용이 없다. 이야기 듣기 싫어하는 사람한테 자꾸 좋은 이야기라고 말하면 오히려 역효과가 난다. 사람에 따라 어떤 말이 맞는지 안 맞는지 알아야 한다. 자기가 좋다고 생각하면 다른 사람도 좋아할 것으로 알지만, 그것은 감각이 없이 생각으로만 하는 것이다. 감각이 생각보다 더 뛰어난 것은 자기 생각은 버리고 사물을 보는 순간 그것이 좋은 것인지 나쁜 것인지 안다. 그것이 감각이다. 자기 생각에만 꽉 사로잡히면 상대방이 보이지 않는다. 우리 중생들은 대부분 그렇다.

일반 사람들은 자기가 옳다고 하는 것을 상대방이 이해하지 못할 때 자주 다툰다. 상대방을 알아보는 감각이 부족해서 그렇다. 이것을 훤히 아는 게 법안이다. 해야 되는지 안 해야 되는지, 큰 것으로 해야 하는지 작은 것으로 해야 하는지 아는 것이 법안이다. 그래서 이 법안을 모든 법의 공함과 깨달음의 본성을 볼 수 있는 보살의 눈이라고 한다.

불안佛眼은 불성이 끝까지 원만해진 궁극의 눈으로 위 네 가지를 모두 갖춘 부처님의 눈이다. 부처님의 눈은 하나를 보면 모든 것을 보며, 현재 속에서 과거와 미래를 본다. 현각스님은 불안을 실상을 볼 줄 아는 눈이라 하였다. 마음을 비우면 보이지만 마음이 복잡하거나 어디에 집착하거나 화, 욕망, 공포, 질투 같은 마음이 일어나면 실상을 제대로 볼 수 없다. 거울을 보면 그를 구성하는 유리도 아니고 그 뒤의 것도 아니다. 두개가 하나로 기능하여 바로 하나가 되었을 때 모든 사물을 있는 그대로 비출 수 있는 것과 같은 이치라고 한다. 이를 실상을 바로 보는 눈이라고 한다. 모양만 보는 눈도 있고 진실을 보는 눈도 있고, 해야 할지 말아야 할지를 훤히 헤아리는 눈도 있고 그

이상의 전체를 다 살필 수 있는 눈도 있다. 중생을 모두 알 수 있는 이런 눈,
이것이 불안이다.

"수보리야, 네 생각에 어떠하냐? 항하에 있는 모래에 관하여 부처가 말한 적이 있느냐?"

"그러합니다, 세존이시여. 여래께서 모래에 관하여 말한 적이 있나이다."

"수보리야, 네 생각에 어떠하냐? 한 항하에 있는 모래알 수가 많은 것 같이 그렇게 많은 항하가 있고, 이 모든 항하에 있는 모래알 수와 같은 만큼의 불세계가 있다면 정말 그 수가 많다고 하지 않겠느냐?"

"엄청나게 많습니다, 세존이시여."

부처님께서 수보리에게 말씀하셨다.

"그렇게 많은 세계에 있는 중생들의 여러 가지 마음의 흐름을 여래가 다 아노니, 무슨 까닭이겠는가? 모든 마음의 흐름은 마음의 흐름이 아니라고 여래는 말하였나니 그래서 말하기를 마음의 흐름이라 하기 때문이니라. 그것은 무슨 이유에서인가? 수보리야, 과거의 마음도 얻을 수 없고, 현재의 마음에도 머물러 있을 수 없으며, 미래의 마음도 붙잡을 수 없기 때문이니라."

須菩提 於意云何 如恒河中所有沙 佛說是沙不 如是 世尊 如來說是沙

須菩提 於意云何 如一恒河中所有沙 有如是沙等恒河 是諸恒河 所有沙數 佛世界 如是寧爲多不

甚多 世尊 佛告 須菩提

爾所國土中 有衆生 若干種心 如來 悉知

何以故 如來 說諸心 皆爲非心 是名爲心

所以者何 須菩提 過去心 不可得 現在心 不可得 未來心 不可得

마음은 마음이 아니기에 마음을 찾을 수 없느니

'여래가 말하기를 모든 마음의 흐름은 흐름이 아니므로 마음의 흐름이라 이름 한다.如來說諸心 皆爲非心 是名爲心' 마음은 사고의 작용으로써 움직이기 때문에 '흐른다' 고 한다. 이는 현상色과는 반대 의미다. 같은 마음이지만 생각을 주관하는 육근 중에 의근意根이나 의처意處를 다른 의미의 마음(意. 마노)이라고 한다. 엄밀히 말하면 이 마음이 대상法을 만나서 생겨났다 사라지고 하는 여러 생각들을 마음心이라고 한다. 현장은 이를 기심류주其心流注라고 옮겼다. 그렇기 때문에 '마음의 흐름은 흐름이 아니다皆爲非心' 라고 한다. 마음은 흐르는 것이 아니라 순간순간에 생겨나고 사라지는 것이다. 이 순간은 시간과 공간을 이미 초월해 있는 것이다.

'과거의 마음도 찾을 수 없고, 현재의 마음도 찾을 수 없고, 미래의 마음도 찾을 수 없기 때문이다過去心 不可得 現在心 不可得 未來心 不可得' 이것이 금강경의 삼심부득三心不得이다. 마음은 현상이 아니니 볼 수 없다. 또한 생겨나고 사라지니 '흐름' 같아 보이지만 흐름이 아니니 보이지 않는다. 마음이 이러하니 우리가 마음속에서 사는데 정작 마음을 찾아보면 없다. 이것이 공이다.

그렇다고 마음을 떠날 수도 없다. 떠날 수도 없고 찾을 수도 없는 허공과 같은 것이다. 허공은 잡을 수도 없고 도망갈 수도 없다. 있는 것도 아니고 또한 없는 것도 아닌 이것이 바로 불생불멸이다.

마음은 나중에 영혼이 되는데 영혼도 마음이기 때문에 찾아보면 없다. 살아있을 때의 마음이 죽은 다음에는 영혼이다. 마음은 살아있는 영혼이고, 영혼이나 귀신은 죽은 마음이다. 마음은 보이지 않는다. 보이지 않는데 무엇으로 알 수 있는가. 얼굴이 환하게 펴지면 그 사람의 마음이 좋은 것이고, 일그러지면 안 좋은 것이다.

마음을 잡을 수는 없지만 마음이 없지는 않다. 그게 공이다. 마음도 공이고 현상도 공이다. 불생불멸이다. 있는 것도 아니고 없는 것도 아니다. 잡을 수 없기 때문에 있는 게 아니다. 또한 좋은 생각도 일으키고 나쁜 생각도 일으키고 하는 모든 작용을 다 일으키니까 없는 것이 아니다.

그러나 우리가 이걸 몰라서 못 사는 것은 아니지 않은가. 문제는 여기에서부터 번뇌의 고리를 풀어야 한다는 것이다. 중생에게 얽혀있는 수많은 매듭이 있고 고리가 있는데, 그 매듭과 고리는 있는 것도 아니고 없는 것도 아니라는 데서부터 풀어야 한다. 앞에서 지혜의 눈으로 모든 현상을 보면 공하다고 했다. 이는 불이不二, 不異라고 하는 색불이공 공불이색色不異空 空不異色이요, 아예 처음부터 차별을 느끼지도 않고 같게 느끼는 색즉시공 공즉시색色卽是空 空卽是色이다. 번뇌의 고리를 풀기 위해 우리는 살아있는 모든 현상이, 보이지 않는 마음조차도 곧 흐름이 아니요 찰나의 흐름일 뿐임을, 바로 공함을 알아야 한다. 거기에서부터 반야바라밀이 나오는 것이다.

19. 우주법계는 결국 하나로 통한다

法界通化分 第十九

'어떠한 상태의 마음도 모두 한마음이다一體同觀分'에서 '마음의 흐름
은 흐름이 아니라皆爲非心' 하여 '마음은 찾을 수 없다三心不得'고 하
였다. 그러면 마음이 이렇게 허망한데 복덕이 착한 법이라 하여 닦을
필요가 있는가?
여기에서는 진정한 복덕은 모든 법이 공함을 깨달을 때 비로소 얻을 수
있다고 말한다.

"수보리야, 어떻게 생각하느냐? 만약 어떤 사람이 삼천대천세계를 가득 채운 칠보로써 보시한다면, 이 사람이 이 인연으로 받는 복이 많다고 할 수 있겠느냐?"

"그러하옵니다, 세존이시여. 그 사람은 이 인연으로 많은 복을 얻을 것 입니다."

"수보리야, 만일 복덕이 실제로 있는 것이라면 여래가 복덕이 많다고 말 하지 않았을 것이다. 그런데 복덕이 사실은 본래 없는 것이기에 여래는 복덕이 많다고 말하였느니라."

須菩提 於意云何 若有人 滿三千大千世界七寶 以用布施

是人 以是因緣 得福 多不

如是 世尊 此人 以是因緣 得福 甚多

須菩提 若福德 有實 如來 不說得福德多 以福德 無故 如來說得福德多

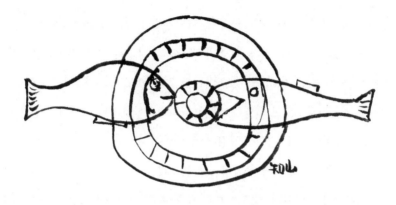

복덕에 집착하지 말라.

반야바라밀에서 볼 때는 복덕이 있는 것도 아니고 없는 것도 아니다.

얼음은 햇볕을 만나면 물로 변한다

앞에서는 삼천대천세계를 가득 채운 칠보로 보시하는 공덕보다도 금강경 사구게만이라도 수지독송해서 다른 사람에게 알려준 복이 더 낫다고 하였다. 그런데 여기에서는 칠보보시 공덕도 본래 실체가 없는 것이니 복덕이라는 상에 빠지지 말라고 하고 있다. 복덕에 집착하지 말라는 이야기이다. 반야바라밀에서 볼 때는 복덕이 있는 것도 아니고 없는 것도 아니다. 이래서 항상 그 공의 원리를 복덕으로도 설명하고 아뇩다라삼먁삼보리로도 설명하고 삼천대천세계로도 설명한다. 이것이 금강경의 어려운 내용인 동시에 매력이다.

복덕이 실제로 없으되 복덕이 많다는 말은 결국 공의 이치를 깨달을 때 복이 많아진다는 말이다. 허망한 마음 또한 공의 이치를 깨달을 때 몽땅 사라진다. 마치 얼음이 햇볕을 만나면 물은 생기지만 얼음이 사라지는 것과 같은 이치다.

20. 몸의 형상을 떠난 법신여래

離色離相分 第二十

싯달다 사후 대승불교 중기(4세기)에 이르기까지는 법신法身과 색신色身의 두 가지 개념밖에 없었다. 법신이란 진리의 본체를 가리키며, 색신이란 역사적 실존인물을 가리킨다. 그러나 후대에 들어와 화신化身(또는 응신應身)이라고 하는 개념이 생겨났는데 모두 색신을 가리킨다. 그리고 보신報身이란 화신(색신)과 법신의 중간자적 통합으로서 후대에 제시된 것이다.

무득무설분無得無說分에서 온갖 현인이나 성인들 모두 무위의 법에서 여러 가지 차별을 이룬다고 한 바 있다. 무위는 유위의 조작이 없는 법이란 뜻으로서 열반·진여眞如 등이 이에 해당한다. 그렇다면 무위의 모습 그대로 형상이 없어야 하는데 어찌하여 32상을 갖춘 유위의 모습을 가지고 부처님이란 칭호를 얻었을까. 이는 깨달음으로부터 얻은 생명인 법신을 색신으로 오인한 데서 생긴 의문이다. 화신의 진정한 상호相好는 무위의 법에서만 나타난다.

"수보리야, 네 생각에 어떠하냐? 부처를 몸의 형상을 모두 갖추고 있는 존재로 보아야 하느냐?"

"그렇지 않습니다, 세존이시여. 여래를 몸의 형상을 모두 갖춘 존재로 볼 수는 없사옵니다. 무슨 까닭인가 하오면, 여래께서 말씀하신 모두 갖춘 부처의 몸의 형상이란 모두 갖춘 것이 아닙니다. 그래서 말하기를 모두 갖춘 몸의 형상이라 하기 때문입니다."

"수보리야, 네 생각에 어떠하냐? 32상을 모두 갖추었다고 하여 여래라고 볼 수 있겠느냐?"

"그렇지 않습니다, 세존이시여. 32상을 모두 갖추었다 하여 여래라고 볼 수는 없습니다. 무슨 까닭인가 하오면, 여래께서 모든 상을 다 갖추었다고 하신 것은 부처의 32상을 다 갖춘 것이 아님을 말하기에 32상을 다 갖추었다고 이름하셨기 때문입니다."

須菩提 於意云何 佛 可以具足色身 見不

不也 世尊 如來 不應以具足色身 見

何以故 如來說 具足色身 卽非具足色身 是名具足色身

須菩提 於意云何 如來 可以具足諸相 見不

不也 世尊 如來 不應以具足諸相 見

何以故 如來說諸相具足 卽非具足 是名諸相具足

바람이 불면 나뭇잎은 바람 따라 흔들린다.
우리의 마음 또한 이와 같다.

바람이 불면 바람에 맡겨라

'실상 그대로의 진리를 보라如理實見分'에서 여래가 특별한 상特相을 갖추었기에 여래가 되었다고 생각하지 말라고 하였다. 부처님의 모습을 32상 하나로만 한정하지 않는다. 부처님의 형상이 참모습일 수 없다는 이야기이다. 부처는 눈으로 보거나 손으로 잡을 수 있는 유위의 존재가 아니다. 그렇다면 부처님은 무위의 모습 그대로 형상이 없어야 하는데, 어째서 '몸의 형상을 모두 갖춘 완전한 형상(相好:具足色身 具足諸相)'으로 32상 80종호라는 유위법의 모습을 가지고 부처님이란 칭호를 얻었을까.

부처님은 수보리의 이런 생각을 무찌르기 위하여 '형체를 갖춘 화신불化身佛 그대로를 진정 부처라 할 수 있겠느냐?'고 하셨다. 이 원리를 얼른 깨달은 수보리는 그렇지 않다고 한 것이다. 부처의 32상 80종호를 다 갖추어서 여래라는 것이 아니다. 여래는 어떤 특정한 모습을 갖고 있지 않다.

몸의 형상을 갖추고 있는 존재란 구족색신(80종호) 또는 구족제상(32상)으로 잘 갖추어져 있는 몸을 말한다. 여기에서 색신은 '색즉시공 공즉시색'의 바로 그 색으로서 구체적인 형체를 가진 것을 뜻한다. 이는 응신이니 화신이니 하는 후대의 개념을 쓰지 않고, 색신이라는 말을 써서 금강경이 초기경전의 성격임을 나타내고 있다.

우리는 가끔 부처님처럼 생긴 바위 앞에서 사람들이 기도하는 모습을 본다. 때로는 꼭 부처님같이 생기지 않았더라도 어떤 영험한 신통력을 있다고 믿고 동물 모양의 바위에서 공을 들이는 경우도 본다. 보잘것없는 인간의 한계를 느끼고 무언가 희구하고 갈망하는 모습이다. 사람들은 어떤 형상화된 물체 앞에서 기도를 하면 훨씬 마음의 성취가 오는 것 같은 느낌을 받는다.

끝없는 우주에 비하면 한없이 작은 존재인 인간에게는 그만큼 애착과 집착이 많을 수밖에 없다. 그러니 모든 것이 마음에 걸릴 수밖에 없으며 신령스러운 형상 하나에도 매달리게 되는 것이다.

그러나 부처님은 이런 것들이 다 부질없는 일이라고 말씀하고 계신다. 여래는 어떠한 특별한 형상을 갖고 있는 존재가 아니다. 깨달음이 있으면 어떤 형태로든 마음속에 있는 존재다. 바람이 불면 나뭇잎은 바람 따라 흔들린다. 우리의 마음 또한 이와 같은 것이다. 북소리는 구름의 소리요 징소리는 바람 부는 소리와 같다. 장구 두드리는 소리는 빗소리, 꽹과리소리는 천둥소리를 나타낸다. 이러한 소리들은 그냥 두드려서 울리는 게 아니다. 음악은 진동을 만들어 내는 것이라면, 그 진동을 자유자재로 조절할 수 있는 공력을 가진 사람이 몰입의 경지에서 만들어 내는 울음의 소리이다. 그 울음 이 모두가 자연의 소리다. 마음의 흐름 또한 자연의 이치와 같다.

그 여래의 몸을 통해서 여래를 볼 수 있느냐? 즉 여래의 몸化身이 바로 여래냐는 물음이다. 또한 여래의 몸化身을 떠나서 여래法身를 볼 수 있느냐는 것이다. 여래의 몸 자체를 통해서 공의 원리를 설명하고 있다. 이런 원리가 대승불교의 밑바탕에 깔려 있다.

그래서 대승불교는 공空에서부터 시작한다. 해와 달은 하늘에서 나고 하늘에서 지지만 이 세상은 하늘이 하늘이 아니고 사람이 사람이 아니다. 그러면 어떻게 되는가. 마음밖에 아무 것도 걸릴 게 없다. 그 다음에는 자기가 만드는 대로 된다. 자기가 큰 것을 만들려면 큰 것을 만들고 작은 것을 만들려면 작은 것을 만드는 것이다. 이는 현상에 걸려있는 마음을 풀어주는 것이다.

우리는 큰 것 혹은 작은 것에 걸리고 마음이 전부 밖에 있는 모든 현상들, 즉 존재의 법칙에 걸려서 항상 꼼짝 못한다. 다리는 있는데 나는 없고, 눈은 있는데 내가 없다. 눈, 코, 머리, 생각들이 법法인데 나는 없고 법은 있다. 이것을 무아유법無我有法이라 한다. 이렇다 보니 법에 걸려서 무엇을 하지 못한다. 법에 점점 집착하게 된다. 그런데 대승불교는 법을 모두 부수는 것이다. 법을 부수는 것이 공空이다. 큰 게 큰 것이 아니고 작은 게 작은 것이 아니다. 마음먹는 대로 큰 것도 되고 작은 것도 되고 일체가 유심조一切唯心造다. 법은 없는 것이기 때문에 크고 작은 것이 마음에 따라서 다 된다.

이 공에서부터 원력과 소원성취가 나온다. 공이니까 마음을 세우면 그것이 원력이다. 마음을 세워서 공덕을 닦으면 모든 것이 다 된다. 법이 하나하나 이미 결정되어 있다면 아무리 마음을 세워도 그 이상 넘어갈 수가 없다. 반야바라밀에서는 '아니라' 는 것 때문에 모든 것이 다 된다. 큰 것이 큰 것이 아니니까 큰 것에 얽매일 필요가 없다. 원願을 세우면 하는 대로 다 된다.

가수 비는 연예인이 되기 전 오디션에서 18번이나 떨어졌다. 당시는 어머니의 병원비는 밀려있고, 차비도 없는 절체절명의 상황이었다. 쥐였다면 고양이를 물고서라도 나가야 하는 상황이었다. 그는 더 이상 갈 곳이 없다는 절박감을 안고 오디션을 보았다. 한번을 쉬지 않고 5시간 동안 춤을 춘 끝에 오디션을 통과했다. 그를 키운 박진영은 그에게서 배고픔에서 나온, 이거 아니면 죽을 것 같은 열정을 보았다고 한다. 어릴 때 어느 순간부터 춤은 그에게 삶의 일부가 되어버렸다. 그는 차를 탈 때도 차 타는 방법으로 춤을 만들 수 없을까를 생각한다고 한다. 그는 이미 원願을 세우고 있었던 것이다.

탤런트 시험을 보는 심은하를 TV로 본 적이 있다. 아나운서가 만약 이번에 떨어지면 어떻게 할 거냐고 물었다. "죽어야죠." 그녀의 대답은 간단했지만 원願이 실린 대답이었다. 그녀의 합격은 자명한 일이었는지 모른다.

천상의 목소리로 알려진 폴 포츠는 휴대전화 외판원 출신이다. 그는 사고로 쇄골뼈가 부러져 노래를 못할 수도 있다는 진단을 받았다. 고통스러웠지만 그에게 현실은 현실이고 꿈은 꿈이었다. 오페라 가수가 되고 싶다는 단 하나의 꿈을 포기하지 않았던 그는 앨범제목 '원 챈스One Chance' 대로 단 한번의 기회를 붙들어 마침내 실현하였다. 그는 말한다.

"나의 꿈은 내가 진정 사랑하는 것에 내 삶의 모든 것을 거는 것입니다."

바둑을 배우기 위해 다섯 살 때 혼자서 일본으로 건너간 조치훈 9단은 어릴 때 이런 말을 했다. '나는 목숨을 걸고 바둑을 둔다.' 그의 비장한 원이었다. 오늘날 박세리나 박찬호가 운동선수들에게 넓은 세계 무대 진출의 꿈을 주었듯이, 그 당시 일본에서의 그의 승전보는 온 국민에게 희망을 주었다.

나의 막내동생은 이광재, 임택근 아나운서 같은 아나운서가 되고 싶어 했다. 나는 다섯 살 막내가 늘 그들의 중계방송을 흉내 내는 모습을 보곤 했다. 그는 입버릇처럼 늘 아나운서가 꿈이라고 하더니 고등학교, 대학교에 가서도 방송반 활동을 했고, 졸업하자마자 꿈에 그리던 아나운서가 되었다. 이처럼 원을 세우면 하는 대로 다 된다.

프랑스의 소설가 앙드레 말로(1901~1976)는 말했다.

"오랫동안 꿈을 그리는 사람은 마침내 그 꿈을 닮아간다."

희망의 가장 큰 매력이란, 사람을 꿈꾸게도 하고 또 변화시키게 하는 것이다. 내가 꿈을 이루면 나는 다시 누군가의 꿈이 된다.

21. 설한 이도 설한 바도 없다

非說所說分 第二十一

앞에서 온갖 현인이나 성인들이 모두가 무위법을 삼으나 여러 가지 차별을 이루었다고 하였다. 이에 대해 여기서는 성인이나 현인이 실제로 없다면 부처님의 몸도 없다는 말이니 몸이 없으면 어떻게 설법을 하겠냐는 의문으로 시작된다.

그런데 말씀하신 법이 없다는 내용이 두 차례 더 나온 바 있다. 첫째, 무득무설분無得無說分에서는 부처님은 설법을 하고 있지 않는가 하는 의심에 여래가 설한 법은 모두가 잡을 수도 없고 설명할 수도 없으며 법도 아니며 비법도 아니라고 답한 것이다. 둘째, 여법수지분如法受持分에서는 부처님은 말씀하신 바가 없다는 것을 입증하기 위해서 하신 말씀이다. 즉 티끌이 모여서 세계가 되는데 중생이 볼 때 이게 세계라 공연히 집착할 뿐이지 세계의 근본은 없다고 한다. 그 다음에 이 대목은 몸이 있어야 설법하지 않겠는가 하는 의문에 답하기 위한 것이다.

"수보리야, 여래가 '내가 마땅히 법을 설했다'라고 너는 생각지 말라. 그런 생각을 말지니, 무슨 까닭이겠는가? 만일 어떤 사람이 '여래께서 법을 설했다'고 한다면 부처님을 비방하는 것이니, 그것은 나의 말뜻을 잘 모르기 때문이니라.

수보리야, 법을 설한다는 것은 설할 만한 어떤 법이 없으므로 법을 설한다 이름하느니라."

그때 혜명 수보리가 부처님께 사뢰었다.

"세존이시여, 퍽이나 많은 어떤 중생들이 다음 세상에 이런 법문을 듣고 믿음을 낼 수 있겠습니까?"

부처님께서 대답하셨다.

"수보리야, 저들은 중생도 아니고 중생 아님도 아니니라. 왜냐하면 수보리야, 중생, 중생이라는 것은 곧 중생이 아니라고 여래는 설하였나니 그래서 말하기를 중생이라 하기 때문이니라."

須菩提 汝勿謂如來作是念 我當有所說法

莫作是念 何以故 若人 言 如來有所說法 卽爲謗佛 不能解我所說故

須菩提 說法者 無法可說 是名說法

爾時 慧命須菩提 白佛言 世尊 頗有衆生 於未來世 聞說是法 生信心不

佛言 須菩提 彼非衆生 非不衆生

何以故 須菩提 衆生衆生者 如來說非衆生 是名衆生

지혜의 세계로 보면
중생이면서 중생이 아니고 중생이 아니면서 중생이다.

언어로써 진리를 표현할 수 없고
진리를 표현하는 그 언어는 진리가 아니다

부처님의 본체가 무위라면 어떻게 설법한 소리가 있을 수 있는가? 수보리는 부처님이 설법하신 음성의 실체는 분명 있어야 하지 않겠냐고 생각한다. 이에 부처님은 "수보리야, 여래가 '내가 마땅히 설법을 했다'라고 너는 생각지 말라"고 하여 혹시 잘못 생각하고 있을 수보리의 생각을 막는다. 다시 말해서 여래는 법을 가르친 바가 없다. 왜냐하면 설법이라고 이름 붙일만한 법이 없기 때문이다.

부처님의 몸이 없으되 모두 갖추었다고 한 것 같이, 부처님의 음성도 빈 골짜기의 메아리처럼 아무런 생각도 없어야 또렷하게 들린다. 즉 말한 바 없으되 모두 말씀하시는 이것이 화신부처님의 설법이다. 그래서 '언어로써 진리를 표현할 수 없고 진리를 표현하는 그 언어는 진리가 아니다'라고도 한다.

이는 가르침의 문제이다. 부처님께서 성불하시면 당연히 설법을 하신다. 사람이 행동을 하는 데는 세 가지 성격이 있다고 하였다. 생각으로 하는 행동, 감각으로 하는 행동, 지혜로 하는 행동이 그것이다. 생각이나 감각보다 더 높은 것이 지혜다. 침이 입안에 있을 때는 더럽지 않은데 밖으로 나오면 더럽다고 느껴진다. 감각으로는 더럽다고 느껴지는데, 실제로 그것을 분명하게 관찰해보면 더러운 게 무엇인지 모른다. 이것이 지혜의 부분이다.

개의 후각이나 맹금류의 시각은 인간과는 비교할 수도 없다. 2004년 12월 동남아를 휩쓸었던 쓰나미의 경우에도 인간이나 가축만 쓸려가고 동물들은 미리 산 위로 피했다고 한다. 선사이전에는 인간도 동물적 감각을 가졌을 것이다. 그런데 문명이 시작되면서 인간의 감각은 퇴화되었다. 여자는 남자

290

보다 감각이 발달되어 있다. 남자는 둔한 반면에 생각이 복잡하다. 생각이 너무 많으면 감각이 무뎌진다. 자기 생각에 푹 빠지면 옆에 사람이 와도 못 느낀다. 감각이 둔해져 버린 것이다. 생각이 너무 많은 사람은 일을 그르친다. 회사일도 그렇다. 너무 숫자만을 따지고 완벽한 것을 위해서 생각으로 하다 보면 큰 일을 놓치기 쉽다. 그런 경우는 경험에서 묻어나온 감각과 지혜로 판단하는 것이 훨씬 좋을 때가 많다. 생각이 많다보면 감각이 막혀서 다른 사람의 말이 안 들린다.

금강경이 어렵다고 느껴지는 것은 생각과 감각 속에서 살고 있기 때문이다. 금강경은 지혜의 말씀이지 생각이나 감각으로 느끼는 말이 아니다. 지혜의 눈으로 볼 때는 법을 설해도 설하는 것이 없다고 하는 게 지혜의 세계다. 또 중생을 복되게 해도 복되게 하는 것이 없다고 하는 세계가 있다.

여래께서 말씀하신 법이 있다고 하면 이는 부처님을 비방하는 것이니 나의 말뜻을 모르기 때문이라고 함은, 여래는 지혜로 법을 설하시기 때문에 설해도 설하는 일이 없다는 것이다. 그게 지혜의 생활이다. 지혜로 보면 죽는 것이 분명 죽는 것이 아니다. 그러나 감각으로 보면 그것은 죽는 것이다. 사는 것 또한 지혜로 보면 사는 것이 아니다. 중생에게도 감각이 있고 지혜가 있지만, 지혜의 세계는 우리가 쉽게 체험하지 못하는 세계이다. 이상하게 느껴지는 그 지혜를 깨달아야 어둠을 깨뜨릴 수 있는 힘이 나오는 것이다.

지혜란 어디에서 오는 것인가?

부단한 수련을 통해서 얻을 수 있는 것인가?

아니면 문득 깨달음으로 다가오는 것인가?

혜명慧命이란 수보리에게 지혜로서 생명을 삼는다는 또 다른 칭호이다. 이 부분(爾時부터 是名衆生까지)은 당 목종穆宗 때(822) 영유靈幽스님이 진역秦譯(羅什本)

에 없는 것을 위역魏譯(菩提流支譯本)에서 보입補入한 것으로 알려져 있다. 여기에는 영유스님에 얽힌 전설이 있다. 영유스님이 죽어서 염라부閻羅府에 가니 염마왕閻魔王이 물었다.

"그대는 세상에 있을 때 무엇을 하였느냐?"

"항상 금강경을 독송하였소"

왕이 한번 외워보라 하여 스님이 외우니 왕이, "한 대목이 빠졌도다. 그대 수명이 다했으나 금강경을 읽은 공덕으로 다시 인간세상에 돌려보내니 종리사鐘離寺 석벽에 새겨진 정본正本을 보고 베껴서 잘 퍼뜨리시오"하고는 놓아 주었다고 한다.

혜명 수보리가 '퍽이나 많은 어떤 중생들이 다음 세상에 이런 법문을 듣고서 믿음을 낼 수 있겠는가頗有衆生 於未來世 聞說是法 生信心不'라고 묻고 있다. 여기서는 부처님의 본체가 무위無爲인 본질과 말씀하신 법이 있는데有所說法 설할 만한 법이 없다無法可說고 한 설법의 현상과의 차이를 누가 믿겠냐는 뜻이다.

이는 마치 정신희유분正信希有分에서 퍽이나 많은 어떤 중생들이 이러한 말씀이나 글귀를 듣고서 믿음을 내겠습니까라고 얘기한 내용과 비슷하다. 그러나 그 질문은 상相에 머무르지 않는 보시를 누가 믿겠냐는 점에서 다르다.

'중생이 아니라고 여래는 설하였다如來說非衆生' 함은 법신에는 중생이랄 것이 없기 때문이며, '그래서 말하기를 중생이라 한다是名衆生' 함은 언어의 논리에 의하여 중생이라 부른다는 뜻이다.

우리 감각으로 볼 때는 중생인데 부처님의 지혜로 볼 때는 중생이라고 정해진 것이 없다. 금방 지혜가 생긴다면 중생이 아니다. 지금 현재 지혜가 생기지 않고 중생의 업력이 있고 중생의 고통이 있으니까 중생이다. 지혜의 세계로 보면 중생이면서 중생이 아니고 중생이 아니면서 중생이다. 따라서 중

생이라고 집착하지도 않고 중생이 아니라고 집착하지도 않는 것, 그게 반야

바라밀의 무집착 무주상無執着 無住相이다.

22. 얻은 법 없음이 곧 바른 깨달음이라

無法可得分 第二十二

앞에서 법신法身·화신化身·보신補身 부처님을 설명한 바 있다. 법신은 깨달음과 진리의 본체에다 붙인 이름으로 비로차나毘盧遮那 부처님을 말한다. 화신은 중생들을 제도하기 위하여 우리와 똑같은 몸으로 나타나신 것으로 32상 80종호의 부처님 모습이다. 그의 이름은 석가모니釋迦牟尼이고 그의 국토는 반드시 사바세계娑婆世界, 즉 예토穢土다. 보신은 수행과 깨달음에 맞는 대가를 받으신 몸으로 노사나盧舍那 부처님을 말한다. 이 세 부처님은 따로 따로 있는 것이 아니라 3신이 일체이며 단지 세 측면에서 보았을 뿐이다.

수보리가 부처님께 사뢰었다.

"세존이시여, 부처님이 아뇩다라삼먁삼보리를 얻었다 할 그 어떤 법이 있지 않습니다."

부처님께서 말씀하셨다.

"그러하니라. 그러하니라. 수보리야, 털끝만한 법도 있지 않으며 내가 아뇩다라삼먁삼보리의 법에서 그 어떤 것도 얻은 것이 없으므로 그래서 말하기를 가장 최고의 깨달음이라 부르느니라."

須菩提 白佛言 世尊 佛 得阿耨多羅三藐三菩提 爲無所得耶

佛言 如是如是 須菩提

我於阿耨多羅三藐三菩提 乃至無有少法可得 是名阿耨多羅三藐三菩提

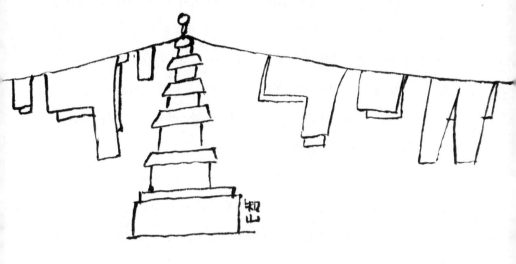

가장 좋은 마음은 평범한 마음이다.
평범한 마음은 지극히 자연스러운 마음이다.

찾으려고만 한다면 그 어떤 것도 얻을 수 없다

산스끄리뜨어 원문과 현장 역본에는 부처님께서 수보리에게 여래가 무상정등각을 깨달았다할 그 어떤 법이 있느냐고 먼저 묻고 있다. 그런데 구마라습 역에는 먼저 묻는 장면이 빠졌다. 그 다음에 수보리가 '부처님께서 무상정등각을 얻었다할 그 어떤 법이 없다.'고 대답한다. 이에 부처님은 서슴지 않고 '그러하다'고 거듭 강조한다. 이는 얻은 법 없음이 곧 바른 깨달음以無法爲正覺이라는 깨달음의 실체를 말씀하시는 것이다.

지혜로서 얻으면 얻은 게 아니고 지혜로서 잃으면 잃은 게 아니다. 우리는 '얻는다, 잃는다', '이익을 본다, 손해를 본다'는 문제에 심각하게 매달려 있다. 무엇을 얻는다는 것은 산다는 문제와 통하는 것이고, 무엇을 잃어버린다는 것은 죽는다는 문제와 통한다. 결국 산다는 문제에 심각하게 매달려 있다.

과연 산다는 것이 무엇인가?

과연 죽는다는 것이 무엇인가? 잘 모른다.

우리는 산다는 것이 무엇인지 모르고 삶에 매달린다. 죽는다는 것이 무엇인지 모르면서 죽는 것을 두려워한다. 죽인다고 하면 누구든지 떨지 않을 사람이 없다. 그것은 무섭다. 그러니 떨게 된다. 죽는다는 자체가 무서운 것인가 무섭지 않은 것인가는 모른다. 그런데 우선 그 느낌이 무서우니까 떠는 것이다.

당나라 때 한산이라는 스님이 계셨다. 이름은 알 수 없으나 한암寒巖의 깊은 굴속에 있었으므로 한산이라 하였다. 거지스님으로 유명했던 한산은 바짝 마른 몸매에 머리는 산발을 하고 미친 사람처럼 하고 다녔다. 그는 습득拾得이라는 스님과 함께 늘 국청사에 와서 대중이 먹고 남은 밥을 얻어서 댓통에 넣은 뒤 한산으로 돌아가곤 하였다. 미친 짓을 부리면서도 하는 말은 불도의 이치에 맞았고 시 또한 일품이었다. 세상은 한산·습득·풍간豊干을 3성聖이라 불렀다. 한산스님이 남긴 명시가 있다.

'잃고 얻는 것은 동쪽의 물을 서쪽으로 옮기고 서쪽의 물을 동쪽으로 옮기는 것과 같다.'

샘물은 동쪽에서 보면 잃은 것이고 서쪽에서 보면 얻은 것이다. 하지만 땅위에 있는 물은 변화가 없으니 얻고 잃는 것이 이와 같다. 그것이 결국 아무 이익이 없는 이른바 동절서보東切西補이다. 주식시장에서 돈을 버는 사람이 있는가 하면 그와 반대로 돈을 잃는 사람이 반드시 있다. 세상만사가 다 그렇다. 이쪽이 이익 보면 저쪽이 손해 보고 저쪽이 이익 보면 이쪽이 손해 본다. 내내 땅위에 있는 그것이 이리 저리 옮겨가는 것이다.

문수보살의 재현이라 불리는 그 한산스님이 일반인으로서는 이해 못할 행동을 한 적이 있다. 하나를 소개하자. 한산스님이 한암寒巖의 깊은 굴속에 계시는데 어느 날 태주자사 여구윤閭丘胤이 옷과 약과 진수성찬을 만들어서 갖다 드렸다. 그런데 한산선사가 그것을 받지 않고 "도둑놈! 도둑놈! 천하에 도둑놈 물러가라!" 하면서 바위굴 속으로 들어가니까 바위가 닫혀서 그대로 하나의 바위덩어리로 변하고 말았다.

왜 그가 도둑놈인가. 촉觸에 끌리게 한다거나 다른 데서 가져다 이쪽에 주었기 때문일까. 줄 때는 받을 생각이 있는 것이 인간이기 때문일까. 호통과 함께 바위 속으로 들어가버리고 끝이 난다. 달라는 사람을 보고 하는 소리라면 이해가 되는데, 주는 사람을 보고 도둑놈이라니. 여러 해석이 가능하지만 스님의 지혜는 알 길이 없다.

지혜의 세계에는 이런 것이 있다. 인간은 마음에 무엇인가 하나라도 들어 있으면 평범해지지 못한다. 가장 좋은 마음은 평범한 마음이다. 평범한 마음은 지극히 자연스러운 마음이다. 이처럼 지혜로서, 생각과 감각을 초월해서 얻었을 때, 얻은 것이 얻은 게 아니다. 잃은 것이 잃은 게 아니다. 얻고 잃는 데 구애를 받지 않는다. 이것이 반야바라밀이다.

한번은 자동차 트렁크 문을 열고 물건을 꺼내고는 키를 트렁크 안에 넣고 문을 닫아 애를 먹은 적이 있다. 또 한번은 아주 중요한 문서를 별도로 관리 한다고 깊숙이 보관하였는데 막상 필요해서 찾으려니 어디에 놓았는지 몰라서 혼난 적도 있다. 한번쯤은 물건이 바로 옆에 있는데도 그것을 찾기 위해 온 방을 다 뒤진 기억이 있을 것이다. 나이가 들어 건망증이 생겼구나 생각할 수도 있다. 아니면 일은 바쁘고 여러 일을 한꺼번에 처리하느라 잠시 착각에 빠질 수도 있다. 사람에 따라 그것이 나올 때까지 몇 시간이고 부산을 떠는 사람도 있고, 몇 번 찾다 안 되면 그냥 놔두는 사람도 있을 것이다. 그러나 분명한 점은 찾는 그 물건은 어디엔가 꼭 있다는 것이다. 우리가 당시 그 행방을 모를 뿐이다. 우리가 찾고 있는 깨달음 또한 이와 같다. 지혜로서 찾으면 이미 자신이 갖고 있는 것이다. 그러니 자꾸 찾으려고만 하면 그 어떤 것도 얻을 수가 없다. 그것은 이미 자기 마음속에 갖고 있기 때문이다.

'부처님이 아뇩다라삼먁삼보리를 얻었다 할 그 어떤 법이 있지 않다'는 것은 지혜로 얻었기 때문에 아무 얻은 것이 없다는 의미이니 진정으로 크게 얻은 것이라는 말이다. 또한 '털끝만한 법도 있지 않으며 얻은 것이 없으므로 그래서 말하기를 가장 최고의 깨달음이라 한다'라 함은 얻은 것이 없으므로 최고로 크게 얻은 것이라는 말이다.

깨달음이란 의미가 없는 것을 만드는 것이 아니다. 그동안 방황과 미혹에서 헤매다가 이제 깨우쳤다는 뜻이다. 악몽에서 시달리다가 깨면 그 괴로움이 다 없어졌으니까 달라지고 좋아진 것이다. 그렇다고 해서 무엇을 특별히 얻은 것도 아니다. 자기가 살던 원래 그대로다. 반야바라밀로서 아뇩다라삼먁삼보리를 깨달았다 하는 것이 바로 그런 것이다. 그것이 바로 지혜의 완성이요 깨달음의 세계다. 깨달음의 세계라고 하는 것은 각자 보이지 않는 자기만의 세계다.

23. 선법을 닦으면 보리를 얻으리라

淨心行善分 第二十三

무득무설분無得無說分에서 '비법 비비법非法 非非法'이라 하고, 구경
무아분究竟無我分에서 '실무유법實無有法'이라 하며, 깨달음을 얻는
그 어떤 법이 사실은 없다고 하였다. 그러나 보살이 발심하여 차츰 지
위에 맞게 보리를 얻어 올라가는 게 현실인데 어찌하여 한 법도 얻을
수 없다고 하였는가?

이 의문은 '얻는 법이 없으되 얻는' 보신의 바탕을 묻고 있다. 그래서
여기서는 평등함이 곧 바른 깨달음이며 그리하여 높고 낮음이 없는 법
계 그대로의 모습이 곧 보신의 생김새報身相라고 설명한다. 근본수행
으로 4상을 여의고 보조수행으로 온갖 선법을 닦아 보리의 씨앗이 자
라도록 도우면 즉시 바른 깨달음을 얻으리라 하고 있다. 이 경지는 부
처의 본질이며 곧 보신의 모습이다.

"또 수보리야, 이 법은 평등하여 높은 것도 없고 낮은 것도 없으므로 아뇩다라삼먁삼보리라 하나니, 아상도 없고 인상·중생상·수자상이 없이 온갖 선법을 닦으면 곧 깨달음을 얻느니라. 수보리야, 선법이란 것은 선법이 아니라고 여래는 설하였나니 그래서 말하기를 선법이라 하느니라."

復次 須菩提 是法 平等 無有高下 是名 阿耨多羅三藐三菩提

以無我 無人 無衆生 無壽者 修一切善法 則得阿耨多羅三藐三菩提

須菩提 所言善法者 如來說非善法 是名善法

마음에 일체 구하는 것이 없고,

바라는 것이 없고,

물이 흘러가듯이 자연스럽게 공덕을 닦으면 그게 바로 깨달음이다.

의사의 칼과 강도의 칼

법은 어떤 정해진 실체가 없다. 그렇기 때문에 아상·인상·중생상·수자상이 있을 수 없으므로 평등하다. 거기에는 어떤 차별도 없다. 또한 바른 깨달음으로써 아상·인상·중생상·수자상이 없이 온갖 선법을 닦으면 곧 깨달음을 얻는다.

대부분의 해설서는 선법善法을 '착한 법' 또는 '선행'으로 해석한다. 이는 금강경이 우리에게 한자로 전해졌기 때문이다. 산스끄리뜨어로 선善은 꾸살라kuśala, 즉 '꾸사풀을 꺾는 것'이다. 우리나라의 억새풀과 비슷한 이 꽃은 아주 억세고 날카로워서 주의를 기울이지 않으면 손이 베인다. 이런 의미에서 꾸살라는 '능숙한, 숙련된'이란 의미로 쓰인다.

의사의 칼과 강도의 칼은 그 쓰임새가 다르다. 의사의 칼은 사람을 살리는 칼이니 선업이 되지만, 강도의 칼은 사람을 해치니 불선업이 된다. 나라의 정책과 방향을 잡고 추진하는 정치인이나 공무원도 마찬가지다. 자신에게 주어진 권력과 힘을 나라와 백성들의 앞날을 혜량하여 이견을 통합하고 효율적으로 쓸 때 그것은 빛을 발한다. 그러나 정권을 잡은 소수집단만의 논리가 최선인양 함부로 쓰면 자손들에게까지도 해를 끼치게 된다. 공무원도 또한 권한만을 집행하는 선민사상을 갖거나 반대로 보신행정의 마음을 가진다면 그것은 곧 규제로 귀결된다. 그것은 쓸모없는 칼이다. 어떻게 하면 기업이 경쟁력이 생길 수 있는지 많이 듣고 헤아려서 문제를 풀어줄 때 비로소 선법의 칼이 될 수 있다.

600여 년을 지켜오던 우리나라 국보 1호 숭례문이 하룻밤 새 소실되어 버렸다. 2006년 개방할 당시에는 이런 예상을 하지 못했다고 한다. 2005년 낙

산사 화재사고가 있었지만 문화재청이나 관할 중구청은 심각함을 느끼지 못하고 관리감독도 없고 경비도 무방비가 되어 그곳은 노숙자들의 쉼터가 되었다니 한심하기 그지없는 일이다. 사려 깊지 못한 행정이 부른 인재가 아닐 수 없다. 한두 사람의 잘못된 판단으로 7천만 겨레의 가슴마저 까맣게 타버렸다. 일이 이렇게 되는 동안 모 의원이 제안한 문화재보호기금법안은 몇 년 동안 국회 문광위에서 낮잠을 자고 있었다. 1999년 카드 발급 관련 규제를 무리하게 완화하여 2003년 카드사태가 일어났던 것처럼 대책 없는 규제완화가 지고의 선은 아니다. 지킬 것은 지키되 풀 것은 풀어서 상생의 효율을 이룰 수 있는 선법의 칼이 될 수 있어야 한다.

마음에 일체 구하는 것이 없고 바라는 것이 없고 그대로 자연스럽게 물이 저절로 흐르듯이 그렇게 능숙하게 공덕을 닦으면 그게 바로 깨달음이다. 즉 득即得이라고 해서 바로 깨달음을 얻는다고 했다.

아상 · 인상 · 중생상 · 수자상이 없어야 한다는 말과 함께 일체선법을 닦는다는 말은 서로 다른 것이 아니고 하나의 뜻이다. 우리가 깨달음에 들어가지 못하고 여러 가지 잡념과 번민에 쌓이다 보면 좋은 일을 해도 탐욕이고 나쁜 일을 해도 탐욕 속에 휘말리게 된다.

그런데 금강경에서 보시한다는 것은 탐욕이나 중생이 매달리는 번뇌 망상이 없이 자연스럽게 선법을 닦는 것이다. 아라한은 그런 탐욕과 번뇌가 없어진 상태다. 보살은 거기에서 한 걸음 더 올라가서 탐욕과 번뇌가 없는 상태에서 선법을 닦아나간다. 이것이 수일체선법修一切善法이다. 그러면 그 자체가 바로 아뇩다라삼먁삼보리를 얻는 것이며 최고의 깨달음이다.

중생은 자신의 업대로 살고 보살은 자신의 원願대로 산다는 말이 있다. 보살에는 부처님이 중생으로 내려오는 보살과 중생이 부처님으로 올라가는 보살이 있다. 중생이 공덕을 닦아서 부처님으로 올라가는 보살은 성불하겠다는 소망을 갖고 있다. 그것이 보살의 선법이다. 보살은 중생처럼 작은 욕심은 없지만 큰 욕심이 있다. 욕망을 갖더라도 크게 가지면大欲 그것이 원력願力이다.

보살은 세속적으로는 구하는 것이 하나도 없지만 깨달음을 구한다. 그러나 부처님은 깨달음까지도 구하지 않는다. 이미 다 깨우쳤기 때문이다. 이것이 반야바라밀이다.

24. 상을 버리라는 가르침은 무엇으로도 비교할 수 없다

福智無比分 第二十四

선법을 닦아 아뇩다라삼먁삼보리를 얻을 수 있다는 말은 이해가 가지 만, 경을 지니면 보리를 얻는다는 말은 쉽게 이해되지 않는다. 왜냐하 면 경은 음절·낱말·구절·문장 등의 네 가지로 선법을 표현하는 기 호일 뿐이다. 이 네 가지는 무기無記여서 선도 악도 아니거늘 어떻게 무기인 언어문자로 선의 최상급인 깨달음을 얻는다는 말인가.

무기는 선도 악도 아닌 행위이다. 예를 들어 바람소리나 물소리, 새소 리나 사람의 음성은 선도 악도 아닌 형태로 좋고 나쁜 것이 아니다. 그 런데 이와 같은 경을 지니고 있는 것만으로 어찌 보리를 얻을 수 있는 것인가. 그러나 말은 비록 무기이지만, 언어문자를 초월하여 성불하고 내용을 문자로 재사용해서 깨달음을 구하는 이에게 믿어 들어오게 하 는 수단으로 사용할 수 있다. 그래서 그 말 속의 법보야말로 수미산 같 은 칠보로 보시한 공덕보다 더 수승하다는 말이다.

"수보리야, 어떤 사람이 삼천대천세계의 모든 수미산들만큼 그렇게 많은 칠보를 가득 쌓아서 보시하더라도, 만약 다른 사람이 이 반야바라밀경에서 사구게만이라도 마음에 간직하고 읽고 외워서 남에게 가르쳐 준다면, 앞의 공덕으로는 백분의 일에도 미치지 못하며, 백천만억분의 일에도 미치지 못하며, 나아가서는 그 어떠한 산술적인 비유로도 이에 미칠 수 없느니라."

須菩提 若三千大千世界中 所有諸須彌山王 如是等七寶聚 有人 持用布施
若人 以此般若波羅蜜經 乃至四句偈等 受持讀誦 爲他人說
於前福德 百分 不及一 百千萬億分 乃至 算數譬喻 所不能及

불교는 인연법이기에 깨달음의 종자를 심어야
깨닫고 꽃을 피운다.

부처님의 설법을 전혀 듣지 아니하면
큰 깨달음을 얻을 수 없다

인도에 세친世親스님(320~400)은 도가 높아서 보살이라고 하였다. 그 스님이 금강경을 해석하면서 '원리소설법 불능득대보리遠離所說法 不能得大菩提'라고 하였다. '소설법'은 여래께서 말씀하신 설법, '원리'는 멀리 버린다, 즉 전혀 안 듣는다는 말이다. 풀어 쓰면 '부처님께서 설하시는 법을 전혀 듣지 아니하면 큰 깨달음을 얻을 수가 없다'는 뜻이다. 여기서 대보리大菩提는 큰 지혜의 세계를 이른다. 부처님의 설법을 듣지 아니하면 그 대보리를 얻을 수 없다는 말이다.

금강경에서 삼세제불三世諸佛이 다 나왔다는 것도 그 말과 똑 같다. 과거 · 현재 부처님이 금강경으로부터 나왔다. 금강경은 설법이므로, 그 설법으로부터 온갖 깨우친 분들이 다 나오신다는 말이다. 세친보살은 그 설법을 멀리하면 깨우침을 얻을 수가 없다는 것을 강조하신 것이다.

요즈음 와인을 즐기는 사람들이 부쩍 늘었다. 와인 때문에 우리나라의 술 문화가 바뀌고 있다고까지 한다. 와인은 동맥에서 콜레스테롤과 지방의 축적을 억제하는 효과가 있어 심장을 튼튼하게 하고 심혈관질환을 예방해준다고 알려져 있다. 예전에는 소주나 양주를 먹거나 그것도 모자라서 폭탄주를 먹어야 술 먹은 것 같다고 하던 사람들이 갑자기 와인마니아가 된 듯하다. 와인에 대한 교육프로그램이 성행하고 여기저기 와인동호회가 생겨났다. 와인이 급속도로 퍼지면서 와인에 대한 지식이 중요한 비즈니스 수단으로 자리 잡았다. 심지어 대부분의 경영자들은 와인의 맛과 용어를 잘 몰라서 심한 스트레스를 받는다는 보도도 있었다. 와인에 대한 관심은 칠레와 FTA(자유무역협정)가 체결되면서 높아진 것 같다. 하지만 필자가 보기에는 와인에 대한 관심을 더욱 높인 것은 '신의 물방울'이란 만화책 때문이었다. 어른이 웬 만화책이냐고 하겠지만 그 제목에서부터 신비한 매력을 주는 이 만화책에 모두들 빠져들었다. 일본의 다다시 남매가 지은 이 만화는 우리나라에서만 100만권 이상 팔리며 와인 대중화에 크게 기여하였다. 그들 남매는 평소 김치를 좋아해서 김치와 어울릴 와인을 찾기 위해 프랑스와 이탈리아 등지를 수소문하고 다녔다. 그러다가 이탈리아 남부 어촌 지역인 칼라브리아에서 김치와인으로 알려진 '그라벨로'를 찾아내기까지 하였다. 이것이 우리에게 주는 의미가 무엇인가?

이는 단지 만화책에 불과하지만 우리의 관심을 와인으로 이끌었다. 단순한 만화에 불과했지만 우리의 관심을 와인으로 이끄는 표시판과 같은 역할을 한 것이다. 마치 우리가 지방여행을 떠날 때 지도책을 보면서 가고자 하는 목적지를 표시한 도로표시판을 보고 운전하듯이 말이다.

금강경의 사구게만이라도 수지독송하라는 뜻도 이와 같다. 그래서 '바른 믿음은 참으로 훌륭하다正信希有分'에서는 '나의 법음을 뗏목같이 여기라知我說法 如筏喩者'고 하였다. 뗏목은 강을 건널 때 필요한 배다. 중생이 고해苦海를 건너갈 때 부처님의 말씀이 필요한 것이다. 그래서 부처님의 말씀은 고해를 건너가는 배라고 한다. 부처님의 말씀을 적어 놓은 것이 금강경이다. 금강경의 사구게를 수지독송만 하여도 그 복이 헤아릴 수 없이 많다고 한다. 그 의미는 금강경의 사구게가 가리키는 진리를 통찰하라는 뜻이다.

불교는 인연법이기 때문에 깨달음의 종자를 심어야 깨닫고 꽃을 피운다. 금강경을 통해서 얻는 공덕은 어떤 것과도 비교할 수가 없고 설명할 수도 없다.

25. 제도하되 제도한 바가 없다

化無所化分 第二十五

'선법을 닦으면 보리를 얻으리라淨心行善分'에서 '이 법은 평등하여
높은 것도 없고 낮은 것도 없다'고 하였다. 그러나 세속적으로 보면 설
법도 했으니 높고 낮음은 분명히 있지 않은가. 이에 대해 여기에서는
'나는 중생을 제도한 바가 없다'고 말씀하신다. 앞서의 '평등'의 의미
와 '모두가 무위법을 삼으나 차별을 이룬다皆以無爲法 而有差別'는 의
미를 합쳐서 보신의 평등한 덕화를 풀이한 내용이다.

본질면에서 부처와 중생은 모두가 공이며 평등하므로, 누가 누구를 제
도한다거나 차이가 있어야 한다는 생각은 잘못이다. 소명태자는 이를
교화하되 교화한 바가 없음을 설명하는 대목이라고 하였다.

"수보리야, 네 생각에 어떠하냐? 여래가 '내가 마땅히 중생을 제도하였다'고 너희들은 생각지 말라. 수보리야, 그런 생각을 말지니, 왜냐하면 진실로 여래가 제도한 어떤 중생이 없느니라. 만일 여래가 제도한 어떤 중생이 있다면, 이는 여래가 아상、인상、중생상、수자상이 있다는 것이니라.

수보리야, 여래가 '자아가 있다' 한 것은 곧 무아와 다르지 않거늘 어리석은 범부凡夫들은 자아가 있다고 집착하느니라.

수보리야, 범부라는 것을 여래는 곧 범부가 아니라 하였나니 그래서 말하기를 어리석은 범부들이라 하느니라."

須菩提 於意云何 汝等 勿謂如來作是念 我當度衆生 須菩提

莫作是念 何以故 實無有衆生 如來度者

若有衆生 如來度者 如來 則有我人衆生壽者

須菩提 如來說 有我者 則非有我 而凡夫之人 以爲有我

須菩提 凡夫者 如來說則非凡夫 是名凡夫

자신에게 집착하지 말라.
자아를 만들지 마라.

아니다 아니다

중생을 제도하되 제도한 바가 없다는 말씀이 '마음 머무는 법大乘正宗分'에서는 중생을 제도하되 실제로는 전혀 중생을 하나도 제도했다는 마음이 없다實無衆生 得滅度者'고 했다. 이는 '내가 중생을 제도한다는 생각을 버리라'고 한 말이다.

'끝내 나를 버리라究竟無我分'에서는 '온갖 중생을 모두 제도하지만, 제도라는 것이 따로 없다滅度一切衆生已 實無有法'고 하였다. 깨달음을 얻는 데는 어느 특정한 한 가지 법이 따로 존재하지는 않는다는 말이다.

여기에서는 여래가 '내가 마땅히 중생을 제도하였다라고 너희들은 생각지 말라勿謂如來 作是念 我當度衆生'고 하였다. 부처님조차 중생을 제도한다고 생각하지 말라고 강조하고 있다. 본래 '나'라는 존재가 없기 때문이다. 그런데 사람들은 자아가 존재한다고 믿는다. 모든 고통은 바로 여기서부터 시작된다. 모두가 어리석어서 그렇다. 그래서 구마라습이 범부지인凡夫之人으로 옮긴 부분을 현장은 우부이생愚夫異生으로 옮기고 있다.

우리는 그 여러 가지 보이고 보이지 않는 환경에 너무 매달려 있다. 우리는 겁나는 게 많다. 이것도 무섭고 저것도 무섭고, 이 눈치도 보아야 하고 저 눈치도 보아야 한다. 항상 어디에 대롱대롱 매달려 있다. 이것이 문제다. 그러나 지혜로 할 때는 그런 것이 아니다. 해도 하는 것이 아니다. 그것이 깨달음의 세계이다.

범부가 곧 범부가 아니다凡夫者 如來說 則非凡夫. 사는 것이 사는 것이 아니요, 죽는 것이 죽는 것이 아니다. 더러운 것이 더러운 것이 아니요, 깨끗한 것이 깨끗한 것이 아니다. 아니다, 아니다. 이게 반야바라밀이다. 그래서 '아니다,

아니다' 할 때는 여러 곳에서 완전히 해탈이 되는 것이다. 죽음에 대해서 죽는 게 죽는 것이 아니다. 그러면 죽음으로부터 해탈이고 해방이다. 삶에 대해서 사는 게 사는 것이 아니다. 그러면 삶에서 해방되는 셈이다.

그 다음에는 자기 청정심淸淨心, 자기 마음이 주인이 된다. 그래서 색·성·향·미·촉·법, 즉 보이고 들리는 데 매달려 있으면, 그것의 노예가 된다. 그런데 거기서 해방이 되면 자기가 주인이 된다.

조선불교의 끝자락에서 제2의 원효, 길 위의 큰스님으로 불렸던 경허鏡虛선사(1849~1912)가 있었다. 그는 서산대사 이래로 근대불교에서 선종을 중흥시킨 대선사이다. 조선 총독부가 주최한 주지회의에서 일제의 불교정책에 반대한 만공滿空선사(1871~1946), 한국전쟁 당시 퇴각하던 국군이 상원사를 태워버리려 한 것을 온 몸으로 막았던 한암漢岩선사(1876~1951)가 그의 제자다. 경허선사는 원효선사의 파계이래, 술을 마시고, 고기를 먹고, 문둥병에 걸린 여자와 동침하는 등 파격적 만행으로 숱한 무애행無碍行을 행함으로써 범부들을 교화하였다.

경허선사가 제자인 영성스님과 시골길을 가고 있었다. 무더운 한여름 몸에 흐르는 땀도 식힐 겸 시골의 큰 정자나무 그늘 아래서 쉬어 가기로 하였다. 이때 근처에서 동네 아이들이 개구리를 잡아서 장난을 치고 있었다. 이를 본 영성스님이 아이들에게 물었다.

"얘들아, 그 개구리 나한테 팔아라."

먹을 게 없던 시절, 아이들은 돈을 받고 얼른 개구리를 스님께 드렸다. 영성스님은 개울가로 가서 한 마리씩 조심스럽게 놓아주었다. 개구리들이 물속에서 힘차게 헤엄쳐들어갔다. 처음부터 이를 알고도 못 본 척하고 있던 경허선사가 나무 아래로 돌아온 영성스님에게 물었다.

"쉬는 동안 무엇을 하였느냐?"

"동네 아이들에게 고통 받고 있던 개구리들을 놓아주고 왔습니다."

영성스님은 자랑스럽게 대답하였다. 그러자 경허스님은 말했다.

"아 그래? 잘했다. 그런데 넌 죽으면 지옥에 가겠구나!"

칭찬은 커녕 꾸중을 들은 영성스님은 질문을 하였다.

"스승님, 제가 좋은 일을 했는데 어찌 지옥에 가겠다고 하십니까?"

"그래, 네가 개구리들을 구원하였지. 그러니 너는 이제 지옥에 갈 것이라는 게다."

영성스님은 당황스러웠다.

"넌 아직도 '나'를 버리지 못 했구나. '내'가 그 개구리들을 구했다고 했지 않느냐? 그러니까 넌 지옥에 떨어질 것이다."

영성스님은 이 가르침을 듣고 깊은 깨달음을 얻었다. 여기서 말하는 지옥은 따로 정해진 지옥이 있다는 뜻이 아니다. '자아'가 일어나면 경험하게 되는 것이다. '나'는 환상에 불과하기 때문이다. 불교의 가르침은 온 우주가 다 부처라는 것이다. 부처님이 깊은 선정에서 깨달음을 얻으셨을 때 하신 말씀이다.

"아, 모든 중생이 이미 이것을 가지고 있구나! 諸法無我"

모든 중생은 이미 가지고 있지만 아직 모를 뿐이다. 그래서 '내가 너를 구원한다'는 것은 착각이다. 스스로 깨달을 수 있을 뿐이다. 공부를 안 하는 자식을 보면서 부모는 속이 터지지만 자꾸 공부하라고 하면 잔소리가 된다. 그러면 반발심이 일어난다. 하지만 안타깝고 답답하니 제어가 안 된다. 모든게 어리석어서 그렇다. 본인이 스스로 깨달아야 한다.

회사일도 마찬가지이다. 어릴 때는 어머니한테만 칭찬 받으면 됐는데 나이가 들수록 그렇지 않다. 특히 남성들은 부인에게도 아이들에게도 인정받아야 할 뿐만 아니라, 상사나 부하직원한테도 인정받아야 하며, 주변 사람들에게도 인정받아야 한다. 사람은 하나인데 얽매이는 데가 너무나 많다. 성공한 CEO가 정기적으로 직원들에게 가르침이 되는 이메일을 보낸다는 보도가 있었다. 사람들은 이상해서 이따금 선문답식으로 이야기하면 그게 무슨 메시지인가 하고 긴장한다. 그런데 자주 같은 이야기를 하면 그 말의 중요함을 간과해버린다. 아무리 맛있는 반찬도 매일 먹으면 먹기 싫어지듯이 말이다. 이미 그것은 알고 있다고 느끼기 때문이다. 칭찬은 고래도 춤을 추게 한다지만, 그것도 진심에서 우러나올 때 그 마음이 전달되는 것이다.

IMF때 우리나라의 유수한 기업들이 망했다. 특히 노사분규가 심했던 K기업, D기업 등 많은 기업들이 외국기업의 손에 넘어가고 구조조정을 당했다. 그러나 10년이 지난 지금 그때 철저하게 구조조정을 했던 기업들은 이제 건실한 기업이 되었고 노사협력도 잘 된다. 그때 당당히 살아남아 국민기업으로 성장한 H기업이 있다. 우리나라 국민이라면 해외 나들이나 출장길에 이 기업이 만든 차가 거리를 누비고 다니는 것을 본 적이 있을 것이다. 그것을 보면 대개 가슴 한구석이 뿌듯해지는 것을 느낀다. 그런데 요즈음 연례적인 노사분규로 경쟁력이 떨어지는 것은 물론이고 경쟁상대인 일본의 D기업을 본받지 못하면서 국민에게 외면을 받아가고 있다. 왜 그런가? 노사가 다 어리석어서 그렇다.

자신에게 집착하지 말라. 자아를 만들지 마라.

생각을 하면 마음이 생긴다. 그런데 마음이 어디에서 생겨나는지 자세히 들여다보아도 마음은 찾을 수 없다. 나는 무엇인가라고 진지하게 묻는 순간 모든 생각의 자취는 완전히 사라진다. 그러면 자아는 모두 사라진다.

  행복이라는 것은 돈도 아니고 사랑도 아니고 지위도 아니다. 자기 마음에 달려 있다. 마음속에서 한 번 버렸으면 나중에 그 결과가 어떻게 되든 뒤돌아보지도 말고 억울해 하지도 마라. 무슨 일을 할 때 어디에 얽매여서 하지 않고, 지혜로서 반야바라밀로서 일을 하면 '자아'에 집착되지 않는다.

26. 법신은 분별이 끊긴 자리에 있다

法身非相分 第二十六

금강경에서 가장 유명한 4구게가 있는 대목이다. 법이란 형상이나 말에 있는 것이 아니라 가르침에 있으며 행동에 있다. 그러므로 항상 핵심을 보아야 하고 원리를 깨달아야 한다. 다시 말해 법신의 존재를 눈으로 보려하거나 귀로 들으려 한다면, 이는 곧 사도邪道를 행하는 자이다.

따라서 부처님과 전륜성왕은 혼동될 수 없다는 뜻에서 '겉모양으로는 법신을 추측해 알 수 없다'고 했다. 법신은 이렇듯 추측의 대상이 아니라 분별이 끊긴 자리에 오롯이 존재하는 것임을 알아야 한다.

"수보리야, 네 생각에 어떠하냐? 32상으로 여래를 볼 수 있겠느냐?"

수보리가 대답하였다.

"그러하옵니다. 32상으로 여래를 볼 수 있습니다."

부처님께서 말씀하셨다.

"수보리야, 만일 32상으로 여래를 볼 수 있다면 전륜성왕도 여래라고 하리라."

수보리가 부처님께 사뢰었다.

"세존이시여, 제가 부처님의 말씀하시는 뜻을 알기로는, 32상으로는 여래를 보지 못하겠나이다."

그때 세존께서 게송으로 말씀하셨다.

"만일 겉모양에서 나를 찾거나 소리로써 부처를 구한다면 이 사람은 삿된 도를 행하고 있는 것이니 끝내 여래를 보지 못하리라."

須菩提 於意云何 可以三十二相 觀如來不

須菩提言 如是如是 以三十二相 觀如來

佛言 須菩提 若以三十二相 觀如來者 轉輪聖王 則時如來

須菩提 白佛言 世尊 如我解佛所說義 不應以三十二相 觀如來

爾時 世尊 而說偈言 若以色見我 以音聲求我 是人行邪道 不能見如來

깨달음으로부터 얻은 생명이 깬 생명,
즉 법신이다.
세월이 흘러가듯이 사람의 몸도 흘러간다.
그것을 깨닫는 것이 해탈이다.

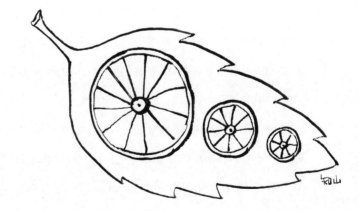

지혜로 듣고 보아라

부처님이 수보리에게 겉모양인 32상만으로 법신여래法身如來를 추측해 알수 있느냐고 묻고 있다. 평소의 수보리라면 여래를 볼 수 없다고 대답해야 하는데, 볼 수 있다고 대답한다.

'실상 그대로의 진리를 보라如理實見分'에서 '몸의 형상身相으로써 여래를 볼 수 있겠느냐?'고 물었고, 여기서는 '32상으로 여래를 볼 수 있겠느냐?'고 다시 묻고 있다.

그런데 이상하게도 수보리존자가 이 질문에 걸려든 것이다. 앞에서는 견見으로 물었는데 여기서는 관觀으로 물었기에 수보리가 함정에 걸려들었다는 해석도 있다. 청담스님은 이 부분을 멋있게 해석하였다. 32상을 껍데기로 보면 여래를 못 보지만 32상을 불법으로 관觀하면 여래를 볼 수 있다고 대답했다는 것이다. 산스끄리뜨 원문에는 '32상을 구족한 것으로 여래라고 보아서는 안 된다'고 되어 있다. 현장도 이를 불응이제상 구족관어여래 不應以諸相 具足觀於如來라고 옮기고 있다. 그런데 구마라습은 如是如是(그렇습니다)라고 정반대로 번역하고 있다. 그리고 그 다음 세존이 '그렇다면 전륜성왕도 여래라 할 것이다' 하자 그때서야 수보리가 '32상을 구족한 것으로 여래라고 볼 수 없다'고 자연스럽게 논리를 전개시키고 있다. 여기에서도 구마라습의 천재적인 문학적 번역감각을 엿볼 수 있다.

부처님이 '그렇다면 전륜성왕도 여래라고 하리라'고 하여, 전륜성왕과 부처가 무엇이 다르겠느냐고 따지고 있다. 전륜성왕과 부처님은 생긴 모습이 같다. 왕 중에 최고의 왕을 전륜성왕轉輪聖王이라고 한다. 이는 바퀴를 굴리는 왕이란 뜻인데, 불교에서 법륜法輪은 바로 부처님의 설법을 의미한다. 부처님의 교법은 한 사람 한 곳에 머물러 있지 아니하고 늘 굴러서 여러 사람에게 이르는 것이 마치 수레바퀴와 같아서, 우리의 무명을 쳐부수는 바퀴로 상징한 데서 생겨난 말이다. 전륜성왕은 수미 4대주를 통솔하는 인도 고대 신화 속의 왕이다. 전쟁에 시달리던 백성들은 천하를 통일하여 평화를 갖다 줄 왕을 회구하였는데, 그 군주가 바로 전륜성왕이다. 이 왕이 즉위할 때는 하늘로부터 윤보輪寶가 주어져서 이 윤보를 굴리면서 천하를 위엄으로 평정한다고 한다. 생김새가 부처님의 32상과 똑같고 가장 긴 수명과 풍요한 부귀를 누린다. 부처님이 갓난 시절에 정반왕이 싯달다 아기의 관상을 뵈었다. 관상사는 "이 아기는 32상이 구족하시니 전륜성왕이 아니면 부처님이 되시겠다"고 하였다. 정반왕은 "부처님이 되시는 것도 좋지만 전륜성왕이 되길 바랍니다"고 하였다.

전륜성왕은 한 부처님 시대에 한 명만 나온다는 세속의 위대한 왕이다. 인도의 아쇼카 왕이 전륜성왕이라고 평가 받는다. 아쇼카 왕은 B.C 321년 찬드라굽타가 세운 마우리아 왕조의 인도 역사상 가장 큰 영토를 지배했던 왕이다. 어려서 성품이 거칠고 사나워서 부왕의 사랑을 받지 못했으나 왕이 죽은 후 형제를 죽이고 왕위에 올랐다. 인도의 칼링가라는 지역에서 10만 명을 살육할 정도로 처참한 정복전쟁을 치른 다음 마음을 고쳐먹고 불교에 귀의하였다. 불교를 인도 밖으로 포교를 한 인물로도 유명하다. 스리랑카에 불교를 전하여 인도에서 소멸된 불교경전이 현재까지 전해진다. 그 이후 중국·한국에까지 불교가 전해지는 데 기여하였고, 당시에 이미 그리스에까지 포교사를 파견했다. 아쇼카 왕의 문장이 인도에서는 아직도 국가의 상징으로 사용될 정도로 인도 역사와 불교에서는 매우 존경받는 인물이다.

그러나 전륜성왕과 여래는 보이지 않는 정신세계에 다른 점이 있다. 자식도 보이는 모습은 낳는데 보이지 않는 모습은 낳을 수가 없다. 나이가 어느 정도 들면 자식은 부모와는 전혀 다른 생각을 한다. 부모는 그것을 인정해야 한다. 정신은 부모 마음대로 되는 게 아니다. 아이가 가는 길을 버리지도 말고 꿇어앉히지도 말고 뒤에서 밀어주는 부모가 되어야 된다. 이는 마치 연 날리기와 같다. 연을 날릴 때는 연 줄을 꽉 잡고 바람의 방향과 세기에 따라 늘렸다 당겼다 조절해야 한다. 바람에 날지도 못할 정도로 꽉 잡고만 있으면 연은 땅에 곤두박질치고 만다. 또 아예 줄을 놓아 버린다면 연은 영영 어디론가 날아가 버리고 말 것이다.

어릴 때는 부모 말을 잘 듣지 않는다. 그러나 어른이 되서는 자기가 말 안 들었던 일은 생각도 않고 아이들이 말 안 듣는 것만 아쉬워한다. 현상세계는 그 정신세계 안에서 이해가 되어야 한다. 현상세계는 부처님과 전륜성왕이 같지만, 반야바라밀의 세계에서 활동하는 분은 여래고 현상에 근거해서 활동하는 분이 전륜성왕이다.

若以色見我 以音聲求我 약이색견아 이음성구아
是人行邪道 不能見如來 시인행사도 불능견여래

만일 32상 겉모양에서 나를 찾거나
말하는 음성 속에서 여래를 구한다면
삿된 길 흐름 속에 무명만 자라서
무량겁 흘러가도 여래를 못 보리.

산스끄리뜨 원문과 현장 역본에는 다음의 시구가 하나 더 있다. 초기 경에는 나타나지 않는데 후대에 만들어진 것으로 보고 있다.

應觀佛法性 卽導師法身 응관불법성 즉도사법신

法性非所識 故彼不能了 법성비소식 고피불능료

법으로 여래를 보아야 하나니

참으로 스승은 법을 몸으로 하기 때문이라

그러나 법의 본성은 분별로 알지 못하나니

그것은 분별해서 알 수 없기 때문이다.

'몸의 형상에서 부처를 찾아서는 안 된다'는 가르침, 즉 법으로써 부처를 보라는 가르침은 불교의 근본이다. 깨달음이란 법신法身·법체法體로 돌아가는 것이다. 깨닫기 전에는 사람의 몸에 의지해서 살다가, 깨달은 뒤에는 법의 몸에 의지해서 사는 것이다. 태어난 몸은 부모에게서 물려받은 것이니 잘 간수하고 깨우침을 받는 것은 나의 일이다. 다시 말해서 깨달음으로부터 얻은 생명이 깬 생명, 즉 법신이다. 난 생명이 오고 가는 것은 구애를 받지 않는다. 세월이 흘러가듯이 사람의 몸도 흘러간다. 그것을 깨닫는 것이 해탈이다.

요즈음은 성형미인의 시대라 한다. 한 번 눈꺼풀 성형이라도 하고 나면 그 다음은 코, 턱 등의 부위로 옮겨간다. 점점 더 성형에 빠지게 된다. 겉으로 보이는 모습에 너도 나도 매몰된다. 미인은 어느 시대에나 존재했다. 물론 보는 사람이나 시대에 따라 미의 기준은 바뀌어 왔지만 여성이 아름다워지고자 하는 욕망은 본능에 가깝다. 얼굴학자로 유명한 조용진 교수는 편안한 마음으로 웃는 것이 습관화된 얼굴일수록 상대방의 쾌감지수를 높여 미인으로 보이게 한다고 한다. 내적인 감성이 얼굴에 그대로 드러나 그것이 보는 이의 느낌을 좌우한다는 것이다. 더구나 여성의 활동이 확대된 현대사회에서는 외모 외에도 교양과 능력, 활동성과 매력을 골고루 갖춘 전인적 미인을 요구한다. 성형수술만으로는 진정한 미인이 될 수 없다고 그는 말한다. 천연의 얼굴과 내면의 모습이 훨씬 더 향기롭고 아름답다. 진실의 향기는 겉모습에 있지 않은 것이다.

회사에서도 마찬가지다. 좋은 학교 좋은 학벌을 가져야만 다 일을 잘하는 것은 아니다. 영국의 소설가 서머셋 모옴(1874~1965)은 "인생이란 차표를 사서 궤도 위를 달리고 있는 자에게는 모르는 법이다"라고 말했다. 회사에 들어와서 일을 하면서 일정한 기간이 지났을 때, 그동안 얼마나 열심히 자신을 갈고 닦았는가에 따라 그 내공의 무게가 다르다. 다 그렇진 않지만 인물 좋고 머리 좋은 사람들은 자신이 왜 이렇게 궂은일을 하느냐며 일에 전력투구를 하지 않는 경우가 많다. 이러한 경우는 회사에 큰 도움이 되지 못한다. 사환으로 시작한 고졸 출신의 마틴 J. 설리번. 영국과 아일랜드에서 보험 유치를 위해 영업맨으로 뛰던 그는 지난 2005년 입사 34년 만에 세계 최대 보험사 AIG의 사장이 되었다. 그는 말한다.

"나는 위험이 닥쳐왔을 때 피하지 않았습니다. 누구도 나를 돕지 않았죠. 하지만 위험 속에 온 몸으로 부딪쳤을 때 기회가 보였습니다."

그의 이런 열정과 책임감이 그의 주변 사람들 모두에게 전해진 것이다. 학벌로 포장된 겉모습이 아니라 그 내면의 실력이 결과적으로 회사의 성과를 좌우한 것이다. 그것이 진리요 법신이다. 힘이 센 자는 지혜로운 자를 이길 수 없으며, 머리가 좋은 자는 마음이 깊은 자를 뛰어 넘을 수 없다.

27. 아주 없는 것이 아니다

無斷無滅分 第二十七

'법신은 분별이 끊긴 자리에 있다法身非相分'에서 '법신의 존재를 눈
으로 보려 하거나 귀로 들으려 한다면 삿된 짓이다'라고 했다. 그러나
과위果位는 결국 형상인데 아무리 공덕을 닦아도 결국은 무위無爲의
경지인 참 부처는 될 수가 없는 것 아닌가?
이에 대해 부처님은 복덕을 떠나서 보리를 얻으려 하거나 복덕을 탐내
어서 보리를 얻으려고 생각하면 복덕도 과위도 모두 잃는다고 설한다.
형상의 있고 없음에 집착하지 말라는 뜻이다. 소명태자도 이 부분에 대
하여 아무것도 없는 단멸斷滅에 치우치지 않는 것이 진리에 들어가는
길목이라고 한다. 단멸에 빠지지 않는 것이 법신이 지닌 복덕이다.

"수보리야, 너는 여래가 32상을 모두 갖추었기 때문에 아눅다라삼먁삼
보리를 얻다고 생각하느냐? 수보리야, 그렇게 보아서는 안된다. 여래는
그러한 상을 모두 갖추었기 때문에 최상의 깨달음을 얻은 것이 아니니라.
　수보리야, 아눅다라삼먁삼보리의 마음을 낸 이는 모든 법의 소멸이나 아
주 없음을 인정하리라고 생각한다면, 그런 생각을 말라. 왜냐하면, 그는
법에 대하여 소멸이나 아주 없는 것이라는 말은 하지 않기 때문이니라."

須菩提 汝若作是念 如來 不以具足相故 得阿耨多羅三藐三菩提

須菩提 莫作是念 如來 不以具足相故 得阿耨多羅三藐三菩提

須菩提 汝若作是念 發阿耨多羅三藐三菩提者 說諸法斷滅 莫作是念

何以故 發阿耨多羅三藐三菩提心者 於法 不說斷滅相

아무것도 없다고 말하는 것은 없는데 집착하는 것이다.
법을 소멸해야 한다고 생각하는 것 또한 다른 법을 낳는다.

연꽃은 진흙탕 속에서 피어나고

앞에서 '부처가 반야바라밀이라 말한 것은 곧 반야바라밀이 아니다佛說般
若波羅蜜 則非般若波羅蜜' 부분이 어려웠던 것처럼, 여기에서도 그 말과 뜻이 어려
워서 한 동안 이 부분을 음미하고 되새겼다.

'如來 不以具足相故 得阿耨多羅三藐三菩提'

한문으로만 해석하여 '여래는 완벽한 상을 갖추지 않았기 때문에 아뇩다
라삼먁삼보리를 얻었다' 라고 잘못된 해석한 경우도 있다. 의미상으로나 문법
상으로는 '여래가 완벽한 상을 모두 갖추었기 때문에 아뇩다라삼먁삼보리를
얻은 것은 아니다' 라고 해석해야 더 정확할 것이다. 그런데 뒷 문장에서 막작
시념莫作是念이라고 하고 위 문장과 같은 문장이 다시 반복된다. 이것만 보면
앞 문장과 관련해서 그 의미의 깊이를 헤아릴 수가 없다. 그래서 앞부분은 산
스끄리뜨 원문해석을 따르기로 했다. '여래가 32상을 모두 갖추었기 때문에
아뇩다라삼먁삼보리를 얻었다고 생각하느냐? 그렇게 보아서는 안 된다.' 그
리고 뒷 문장을 원래대로 해석하였다. 산스끄리뜨 원문을 축약하면서 전체문
장의 부정을 다시 부정하는 구마라습 번역문학의 진수를 보여주고 있는 것이
다. 즉 '완벽한 상을 갖추었기 때문에 깨달음을 얻은 것이 아니다' 라는 생각
자체가 없어야만 비로소 깨달았다 할 수 있다는 말의 뜻이다.

여기에서 구마라습鳩摩羅什(343~413)에 대하여 잠깐 언급하지 않을 수가 없
다. 중국에서는 조조, 손권, 유비의 삼국시대가 끝나고 진晉에 의해 통일은 되
었지만 내부분열로 동진東晉과 5호五胡16국으로 나뉜다. 이때 전진前秦의 왕
부견이 일어나 작은 나라들을 멸망시키고 동진과 충돌하게 된다. 이 시기에

아버지를 인도인으로 신장神疆지방의 한 작은 나라 구자국龜玆國 왕의 여동생을 어머니로 하여 세기적인 대천재가 태어난다. 그가 7세 때 경전 32,000자를 하루에 암기했다는 구마라습이다. 그는 처음엔 인도 북쪽 계빈에서 소승불교를 배웠으나 나중에 소륵국에서 대승불교를 배워 스님이 된다.

서기 383년 전진왕 부견이 여광呂光장군에게 구마라습을 모셔오게 하였다. 그러나 구자국은 여광의 군사에 대항하여 싸우다 대패하고 국왕은 죽게 된다. 여광은 구마라습이 너무나 젊은데 의구심을 품고 그를 술로 만취시킨 뒤 왕녀와 동침을 강권하였다. 이때 그는 당당하게 파계를 하게 된다. 이런 와중에 부견이 암살당하고 후진국後晉國 시대가 열리게 된다. 구마라습은 여광의 보호 아래 양주凉州에서 17년간 지낸 후, 후진국에 의해 장안으로 모셔가게 된다. 나라에선 서기 401년 서명각西名閣을 짓고 구마라습에게 불전을 번역토록 하였다.

이리하여 『대품반야경』, 『금강반야경』, 『묘법연화경』, 『아미타경』 등을 번역하게 되었다. 이때부터 중국은 불교의 교리에 몰입되기 시작하였다. 불교에서는 '말에 구애되지 말라'고 한다. 말을 초월해야만 부처님 말씀의 참뜻을 이해할 수 있다는 것이다. 중국은 문자의 나라이며 중국인은 문학적 민족이다. 이 번역에 있어서 구마라습은 탁월한 문장력과 문학적 향기로 모든 중국인들을 매료시켰다.

이렇듯 찬란한 연구업적과는 달리 그의 사생활은 문란하였다. 승방이 아닌 사저에서 왕이 제공한 기녀 10여 명을 데리고 살았다. 그는 입버릇처럼 제자들에게 말했다.

"악취가 나는 진흙탕 속에서 연꽃은 피지 않는가. 그러니 연꽃을 꺾어서 지니되 냄새나는 진흙을 뜨진 말라."

서기 413년 8월 임종 때 그는 말했다.

"만약 내가 번역한 것 중에 오역이 없다면 내가 화장될 때 내 혀만 타지 않을 것이다."

실제 재 속에는 혀만 남아 있었다는 말이 전한다.

구족具足은 여래의 완전히 갖추어진 모습을 말한다. 이구족以具足은 그 갖추어진 모습을 통해서, 그 모습으로 말미암아라는 뜻이다. 결국 수보리에게 여래가 그 얼굴과 몸의 모습을 완전히 갖추었기 때문에 최상의 깨달음을 얻은 것이 아니라고 생각하지 말라고 하였다. 그 이유는 모든 법이 없어져야 깨달음도 얻을 수 있다고 생각함으로써 그 원인을 무시해버리는 것 자체가 '없음斷滅'에 치우친 생각이기 때문이다.

막작시념莫作是念이란 말은 '그런 생각은 하지 말라'란 뜻이다. 모습과 음성을 통해서 여래를 만나려고 해도 못 만나고 또 모습과 음성을 버리고서 여래를 찾으려고 해도 안 된다. 이것이 바로 공空이고 중도中道다.

금강경은 '공'을 말한다. 잘못 알면 아무것도 없는 것이 공인 줄 안다. 그런데 공은 아무것도 없는 그 상태로 머물러 있는 것이 아니다. 없는 것까지 다시 없는 것이다. 공은 없는 것도 또한 없고無亦無, 얻는 것도 없고 얻지 못하는 것도 없다無得 無不得. 공은 있는 것도 없고 없는 것도 없다는 말이다. 그걸 일러 불생불멸이라고 말한 바 있다.

모습과 음성을 통해서 부처님을 뵈려고 하면, 그것은 있는 데서 찾으려고 하는 유有에 떨어진 것이다. 반면에 모습과 음성을 떠나서 부처님을 찾으려고 하는 것은 무無에 떨어진 것이다. '법신은 분별이 끊긴 자리에 있다法身非相分'에서는 유에 떨어지지 말라고 했고, 여기서는 무無에 떨어지지 말라고 한다.

유명한 스님이 돌아가시면 사리가 얼마나 나왔느냐에 관심을 가진다. 불생불멸이란 말을 매일 같이 되뇌고 모습과 소리를 통해서 여래를 뵈려고 하지 말라는 말을 늘 읽으면서도, 사리를 궁금해 하는 것은 분명히 모습을 통해서 무엇을 보려고 하는 것이다. 그것은 색色이나 소리를 통해서 무엇을 보려는 것이다. 그래서 덕숭산 수덕사에서는 어떤 큰스님의 사리도 보존하지 않는다. 그러면 사리가 나온 것은 나쁜 것인가? 나쁘지 않다. 그렇게 소리와 색을 떠나서 무엇을 찾으려고 하는 것 또한 없는 데 치우친 것이다.

아무것도 없다고 말하지 않는다

앞에서 '소멸하거나 아주 없다斷滅'는 말은 '아무것도 없다'는 뜻이라고 했다. 현장은 이를 괴壞와 단斷으로 옮겼다. 그래서 '모든 법의 소멸이나 아무것도 없음을 인정하리라고 생각한다면, 그런 생각을 말라說諸法斷滅相 莫作是念'고 한다.

이 세상에 영원히 있는 것은 하나도 없다. 좋은 것도 나쁜 것도 마찬가지다. 또 이 세상에는 아무것도 없는 것이란 게 하나도 없다. 그런데 우리는 영원히 있다거나 아무것도 없다는 두 가지 생각을 갖고 있다. 그래서 그런 생각을 하지 말라고 한다.

왜냐하면 '그는 법에 대하여 소멸이나 아주 없는 것이라는 말은 하지 않기 때문이다於法 不說斷滅相' '아주 없는 것도 없는 것이라고는 절대 말하지 않는다.' '아무것도 없는 것이라고 허무하다고 집착하지 않는다'라는 것이다. 그것을 단멸이라고 하는데 아무것도 없는 것을 말하며, 완전히 끊어져서 없는 것을 단멸상斷滅相이라고 한다.

여기에 '단멸상을 말하지 않는다不說斷滅相'라고 되어 있다. 우리가 분명히 알아야 할 것은 금강경은 단멸상을 말하고 있지 않다는 것이다. 금강경은 공空이니 모두가 허무하고 없고 아무것도 아닌 것斷滅相을 말한다고 착각한다. 아무것도 없다고 말하는 것은 없는데 집착하는 것이다. 모든 법을 소멸해야 한다고 생각하는 것 또한 다른 법을 낳는다.

영원히 있다고 생각하는 것은 상견常見, 아무것도 없다고 생각하는 것은 단견斷見이다. 이 두 가지가 전부 사견邪見이다. 사견이 아닌 것을 정견正見이라고 한다. 금강경은 이 정견을 말한다. 뭐든지 변하지 않고 영원히 항상 있는 것은 상견이다. 중생들은 대부분 상견을 갖고 있다. 계속 살기를 바라는 것도 상견이다. 영원히 있기를 바라는 것도 상견이다. 영원하기를 바라는 것은 무상無常한 속에서 항상 하기를 바라는 것이다. 하나하나로 볼 때는 다 변하고 없어지지만, 전체로 볼 때는 완전히 끝나는 것이 없다. 완전히 끝나는 것은 없는데도, 내가 죽으면 모든 것이 끝난다고 생각한다. 그것이 단견이다. 내가 죽어도 지구는 돌 것이며 내가 죽어도 태양은 빛난다. 자기 하나 죽고 산다고 해서 문제될 것은 하나도 없다. 그런데 자기가 영원하리라고 믿고 자기가 죽으면 모든 게 끝나리라고 생각하는 것은 상견 아니면 단견이다.

부처님은 있는 모습이나 없는 모습을 초월한다. 나중에는 있기도 하고 없기도 하다. 가고 오는 것을 초월했으면서 오고 가는 것에 자유자재하다. 부처님의 근본 모습은 원만한 모습도 아니고 원만한 모습을 떠난 것도 아니다. 인연 따라서 원만한 모습으로 나타나기도 하고 나타나지 않기도 한다.

금강경에 아니라는 말이 많이 나온다. 바라밀이 바라밀이 아니고, 삼천대천세계가 삼천대천세계가 아니고, 중생이 중생이 아니고, 수미산이 수미산이 아니다. 그것은 '있는 것이 아니다' 라는 뜻이다. 그런데 여기에서는 '단멸상을 말하지 않는다' 고 하여 '아무것도 없는 모습을 말하지 않는다' 고 하였다. 이것은 그렇다고 해서 없는 모습을 말하는 게 아니라는 점을 분명히 알아야 한다. 오직 이러한 것들이 실제로 나타나는 것도 아니고 없어지는 것도 아니라는 것을 깨닫는 것이 진정한 깨달음이기 때문이다.

그래서 공은 설명으로서는 안 되고 깨달음으로서 느껴야 된다. 말로는 있는 것도 아니고 없는 것까지 아니라고밖에 설명하지 못한다. 그게 바로 공이고 그런 속에서 여래를 본다는 말이다. 따라서 금강경에 잘못 빠지면 단멸상에 집착한다. 그렇기 때문에 불설단멸상不說斷滅相을 강조하는 것이다.

28. 무아의 큰 공덕이라도 굳이 탐착하지 말라

不受不貪分 第二十八

이 대목에서는 복덕을 잃지 않는 까닭을 밝혔다. 첫째는 칠보로 보시한 공덕과 온갖 법에 비하여 '나' 없음을 알아서 확실한 지혜를 얻은 공덕이 낫다고 한 것은, 지혜를 얻었기 때문에 참된 복덕을 잃지 않았음을 말하고 있다. 다음으로는 복덕을 받지 않기 때문에 복덕에 집착되지 않는다고 말하고 있다.

보살이 '나' 없음을 알지 못하여 복덕을 탐내거나 집착하면 유루有漏의 번뇌에 따라 전륜성왕은 될지언정 부처가 될 수는 없다. 유루는 고·집·멸·도苦集滅道의 사제 중 고제와 집제를 가리킨다. 집은 번뇌인데, 특히 애욕과 업을 말한다. '고·집'의 2제는 서로 유전流轉하는 인과다. 멸제는 열반을 뜻하며, 도제는 열반에 이르는 방법, 곧 실천하는 수단을 말한다.

"수보리야, 만일 어떤 보살이 항하의 모래알 수만큼의 세계에 가득찬 칠보로 보시하더라도, 다른 사람이 온갖 법이 무아인 줄 알아서 인욕을 성취한다면 이로 인해서 이 보살은 칠보를 보시한 보살보다 훨씬 더 많은 공덕을 쌓으리라. 수보리야, 모든 보살들은 복덕을 받아서는 안 되기 때문이니라."

수보리가 부처님께 여쭈었다.

"세존이시여, 어찌하여 보살이 복덕을 받아서는 안 됩니까?"

"수보리야, 보살은 공덕을 짓더라도 탐내거나 집착하지 않아야 하므로, 복덕을 받아서는 안 된다고 이르는 것이니라."

須菩提 若菩薩 以滿恒河沙等 世界七寶 持用布施

若復有人 知一切法無我 得成於忍 此菩薩 勝前菩薩 所得功德

何以故 須菩提 以諸菩薩 不受福德故

須菩提 白佛言 世尊 云何菩薩 不受福德

須菩提 菩薩 所作福德 不應貪著 是故 說 不受福德

一切法無我 得成於忍 일체법무아 득성어인

인욕이 불교의 핵심이다.

인욕으로 무아와 무생을 수용하라

일반 통용본에는 '칠보'와 '보시' 사이에 지용持用이 들어가 있다. 그러나 해인사본에는 지용이 없다. '소득공덕' 다음 '수보리' 앞에도 통용본에는 하이고何以故가 삽입되어 있다.

앞의 제8분, 제11분, 제13분, 제15분, 제24분에서는 금강경에서 얻는 깨달음을 갠지스강의 모래에 비유하고 칠보로도 설명하고 목숨으로도 설명하였다. 금강경을 통해서 얻는 공덕은 그 어떤 것과 비교할 수도 설명할 수도 없다는 것이다. 그러나 여기서는 '일체법무아 득성어인一切法無我 得成於忍'이라고 함으로써 인욕이 불교의 핵심임을 말하고 있다. '나' 없음無我이란 인무아人無我와 법무아法無我를 말한다. 인무아는 '나'라는 실체가 없다는 말이고, 법무아는 '나'를 구성하는 모든 요소들, 즉 5온蘊이나 18계界 등이 없다는 뜻이다.

'온'은 물건이 모여 쌓인 것이란 뜻으로, 5온은 일체 만유를 색色(형상과 색채), 수受(감각), 상想(생각), 행行(의도적 행위, 반응동작), 식識(인식)의 5종으로 구분한 것이다. 18계는 6근根·6경境·6식識을 말한다. 6식은 '색성향미촉법'의 6경에 대하여 보고 듣고 맡고 맛보고 닿고 알고 하는 인식작용이다.

이러한 이치를 확실히 알아 내부에 축적하기를 마치 어떤 일을 속에 깊숙이 참고 있듯 하므로 참된 지혜忍라 한다. 이런 지혜를 얻음으로써 단멸斷滅과 항상恒常함의 어느 쪽에도 치우치지 않아 바른 복덕을 잃지 않을 수 있다는 것이다.

이 부분을 산스끄리뜨 원문에서는 '보살이 자아도 없고 생겨남도 없는 인욕을 성취한다면'이라고 표현하고 있다. 현장은 이를 약유보살 어제무아무생법중 획득심인 若有菩薩 於諸無我 無生法中 獲得堪忍으로 옮겼다. 에드워드 콘츠는 이 부분을 'if on the other hand a Bodhisattva would gain the patient acquiescence in dharmas which are of themselves and which fail to be produced, then···'로 번역한다. 또 현각스님은 이 부분을 '···and another, realizing that all things are egoless, attains perfection through patient forbearance, ···'로 번역하였다.

대부분의 인도인들은 자아(아뜨만=브라흐만)가 있다고 믿는다. 그런데 불교에서는 '무아無我'를 표방한다. 무아이니 무생無生이다. 그렇기 때문에 힌두교에서는 이는 파멸의 가르침이므로 받아들이지 말라고 강조한다. 이에 대하여 불교에서는 참음忍辱으로 무아와 무생을 묵묵히 수용하여 해탈과 깨달음을 얻으라고 말한다.

13세기 이슬람교의 침입으로 인도에서 불교가 쇠멸하기 시작하였다. 이후 파키스탄의 이슬람교와 인도의 힌두교로 나뉘게 되었는데, 인도에는 카스트제도 때문에 뿌리 깊은 신분간의 차별이 전해져 내려오게 되었다. 불교에서는 무아를 강조하다 보니 모두가 평등하다. 1950년대 초대 법무장관을 지낸 암베드카르 박사는 신분차별 폐지에 평생을 바쳤다. 그는 헌법에 카스트 계급 차별을 금하는 조항을 넣는 데 성공하였다. 그는 불가촉천민에 속하는 달릿 출신이다. 그는 1956년 그를 추종하는 150만 명과 함께 힌두교를 버리고 불교로 개종하였다. 이후 매년 천민들의 개종이 이루어지고 있다.

보살이 복덕을 받아서는 안 된다고 한 것은 보살은 복덕을 짓기는 하되 받아서는 안 된다는 말이다. 부처님은 수보리에게 보살이 복덕을 받지 않는 이유를 설명한다. 보살들은 지은 복덕을 탐내거나 고집하지 않아야 하므로所作福德 不應貪著, 즉 자기가 지은 복덕을 탐착하지 않는다고 설명한다.

우리 중생은 복은 조금 짓고 전부 다 자기가 가지려고 한다. 열심히 하더라도 이미 해 놓은 것을 자꾸 가지려고 탐하지 말고 미련을 갖지 않아야 한다. 무슨 일을 해 놓았는데 대가가 돌아오지 않아 억울함을 느끼면 견디기 힘들다. 좋은 일을 했으면 그것으로 만족해야 하는데, 자기가 지은 복을 자기가 받으려고 하기 때문에 그 이상의 보답이 안올때 억울한 것이다. 그러나 자기가 그 복을 받아버리면 그 복을 지키려고 아무것도 하지 못한다.

29. 여래의 위의는 그윽하다

威儀寂靜分 第二十九

위풍당당한 풍모는 망녕되이 움직이지 않는다. 번뇌가 없기 때문이다.
번뇌가 없는 상태는 항상 물 흐르듯이 사는 상태, 분별을 떠난 세계다.
사람들이 분주히 오가는 이유는 마음에 구하는 것이 있고 번뇌가 있기
때문이다.
부처님이 보살에서 부처님으로 다시 열반으로 가신 자취는 분명히 있
다. 그런데 왜 보살이 복덕을 받지 않는다고 했을까? 부처님은 겉모양
이 오고 갈뿐 화신으로 오고 갔으되 그 본체는 법신이기 때문이다.

"수보리야, 만일 어떤 사람이 '여래는 오기도 하고 가기도 하고 앉기도 하고 눕기도 한다' 하면, 이 사람은 내가 말한 뜻을 알지 못하는 것이다. 그것은 무슨 까닭이겠는가? 여래라는 이는 어디로부터 오는 일도 없고 어디로 가는 바도 없기 때문이다. 그래서 여래라고 이름하는 것이다."

須菩提 若有人 言 如來 若來若去 若坐若臥 是人 不解我 所說義
何以故 如來者 無所從來 亦無所去 故名如來

오는 일이 없이 오고 가는 일이 없이 간다.
어디로부터 온 바도 없으며 어디론가 가는 바도 없다.
이것이 우리의 인생이다.

아무것도 아니다

여래의 원어는 tathāgata이다. tathā는 같이, 여시如是 또는 여실如實이라는 뜻이다. gata는 가다(逝)의 뜻이고, āgata는 오다來格의 뜻이다. 결국 tathāgata는 '이와 같이 오고, 이와 같이 가다'이다. 진정한 뜻은 오지도 않고 가지도 않는 것이다. 여래는 부처님과 같은 길을 걸어서 이 세상에 온 사람, 또는 여실한 진리에 수순하여 이 세상에 와서 진리를 보여 주는 사람이란 뜻이다. 그러나 항상 여여如如(tathāta)하기 때문에 오는 것에도 가는 것에도 결국 걸리지 않는다고 한다.

이것이 반야바라밀이다. 부처님은 유무有無를 초월했으니까 오는 것이 오는 것이 아니고 가는 것이 가는 것이 아니다. 그러면서 오고 그러면서 또 간다. 다른 말로 하면 '옴이 없이 오고 감이 없이 가는 것'이다. 이것이 여래다. 오는 데에 집착해서 여래를 온다고 보면 유견有見에 떨어지는 것이다. 또 가는 데에 집착을 해서 간다라고 보면 무견無見에 떨어진다. 그렇기 때문에 여래는 온다거나 간다거나 앉는다거나 눕는다고 말하면 여래를 잘못 아는 사람이다.

오는 일이 없이 오니까 오는 게 아니며 가는 일이 없이 가니까 가는 게 아니다. 유무를 초월해서 자유자재하는 것이다. 깨닫고 나면 우리가 다 여래다. 무명無明 속에서 지혜를 얻으면 일체 중생이 다 여래고, 삼라만상 모든 만물이 다 여래다. 어디서 오기는 왔는데 옴이 없이 왔다. 온 것이 아니다. 가기는 가는데 감이 없이 가는 것이다. 가는 것이 아니다. 그러면 무엇이냐? 유도 아니고 무도 아니고 불생불멸이다. 일체중생이 불생불멸인데 우리는 스스로 깨닫지 못해서 자꾸 여러 분별망상에 떨어져서 고통을 겪는다. 우리가 스스로 과거 현재 미래를 머릿속에서 만들어내기 때문에 그렇다. 나고 죽음 속에서 무생無生의 눈을 뜬 사람은 생멸의 걸림이 없다. 시간과 공간을 초월한다. 그러니까 유를 만들고자 하면 유를 만들고 무를 만들고자 하면 무를 만들고, 원력願力을 세우는 대로 되는 것이다.

전라남도 목포에 젊은 날 사고로 두 다리가 잘린 장애인 어부가 살고 있다. 사고 후 그는 절망감에 몇 번이나 죽음에 다가갔다. 그러나 주변의 사랑으로 삶을 선택했고 부인은 그의 다리가 되어 주었다. 아이가 자라서 숙녀가 된 지금 그에게 삶이란 파도에 맞서 한 번의 그물을 더 끌어 올리는 일이다. 바다는 그에게 삶의 터전을 마련해 주었지만 날씨와 파도는 그에게 위험을 가져다 주었다. 아들로서 아버지로서 또는 남편으로서 그에게 삶은 전쟁이었다. 물고기가 많이 잡히면 기뻐하고 날씨가 사나워지면 자연에 순응하면서 죽음으로도 포기할 수 없었던 그 자리를 그는 지키고 싶었던 것이다. 두 다리가 없어도 이제 그에게 그것은 불행이 아니다. 행복이나 불행은 그에게 있어 아무것도 아니다. 그저 있는 그대로 존재하는 것일 뿐. 그는 그 모든 것을 초월한 작은 거인이었다.

마음먹는 대로 행복도 되고 불행도 되고, 있는 것도 되고 없는 것도 된다. 그러니까 여기서 오는 것이 오는 것이 아니고 가는 것이 가는 것이 아니다. 오는 일이 없이 오고 가는 일이 없이 간다. 이게 바로 초월과 자재다.

여래를 보고 온다거나 간다거나 한다면 이것은 여래를 잘못 안 것이다. 여래는 어디로부터 온 바도 없으며 어디론가 가는 바도 없다. 이것이 우리의 인생이다. 가는 데가 없고 오는 데가 없지만 또 가고 오고 한다. 아무것도 아닌데 무겁긴 무겁다.

30. 진리와 현상은 둘이 아니다

一合離相分 第三十

법신과 화신은 같은가, 다른가? 법신과 화신은 같은 것 같기도 하고 별개의 것 같기도 하다. '법신은 분별이 끊긴 자리에 있다法身非相分'와 '여래의 위의는 그윽하다威儀寂靜分'에서 보면 법신과 화신은 다르다. '아주 없는 것이 아니다無斷無滅分'와 '무아의 큰 공덕이라도 굳이 탐착하지 말라不受不貪分'에서는 모든 상이 아주 없다는 생각을 막아 복덕을 끝내 잃지 않게 함으로써, 법신과 화신은 별 차이가 없는 것 같기도 하다.

여기에서는 티끌과 세계와의 관계를 예로 들어 같다고도 다르다고도 할 수 없다고 하고 있다. 그 방편으로서 티끌을 화신에, 세계를 법신에 비유하고 있다.

"수보리야, 만일 어떤 선남자·선녀인이 삼천대천세계를 부수어 원자와 같은 가루[티끌]로 만든다고 하면 어떻게 생각하느냐? 그 티끌들의 수가 많다 하겠느냐?"

"매우 많겠습니다, 세존이시여. 왜냐하면 만일 그 티끌이 실제 존재하는 것이라면 부처님께서는 그것을 원자 덩어리[티끌]라 말씀하지 않으셨을 것입니다. 그 까닭이 무엇인가 하오면, 부처님께서 말씀하신 티끌[원자]이란 곧 티끌이 아니라 그 이름이 티끌이기 때문입니다.

세존이시여, 여래께서 말씀하신 삼천대천세계도 그것이 세계가 아니라 그 이름이 세계일뿐입니다. 어째서 그런가 하면, 만일 세계가 정말 있는 것이라면 그것은 다만 한 덩어리로 뭉쳐진 것이기 때문입니다. 여래께서 말씀하신 한 덩어리는 한 덩어리로 뭉쳐진 것이 아니라 다만 그 이름이 한 덩어리일 뿐이기 때문입니다."

"수보리야, 한 덩어리로 뭉쳐진 것은 곧 말로써 표현할 수 없는 것이다. 다만 어리석은 범부들이 그것에 집착하고 있을 따름이니라."

須菩提 若善男子善女人 以三千大千世界 碎爲微塵 於意云何 是微塵衆 寧爲多不

甚多 世尊 何以故 若是微塵衆 實有者 佛則不說是微塵衆

所以者何 佛說微塵衆 則非微塵衆 是名微塵衆

世尊 如來所說 三千大千世界 則非世界 是名世界

何以故 若世界 實有者 則是一合相 如來說一合相 則非一合相 是名一合相

須菩提 一合相者 則是不可說 但凡夫之人 貪著其事

티끌이 하나로 모이면 세계가 된다.
우리 뇌의 시간 감각은 객관적이지도 공평하지도 않다.

세상은 털어보면 먼지뿐이다

미진微塵은 특히 불로 태워서 남는 잿가루나 숯가루를 뜻하며 그 가루로 만들어 생기는 원자原子를 말한다. 모든 물질은 수많은 분자로 구성되어 있고 분자는 다시 수많은 원자로 구성되어 있다. 원자 속에는 양자, 전자, 중성자와 같은 작은 입자들이 엄청난 속도로 끊임없이 움직이고 있다. 미진중微塵衆은 '많은 티끌이 모인 것'이다. 일합상一合相은 '한 덩어리로 뭉쳐진 것'이다. 티끌이 하나로 모이면 세계가 된다. 세계의 근본은 티끌이다. 미세한 티끌은 원료이며, 세계는 결과물이고, 한 덩어리는 원료와 결과물을 동시에 일컫는 말이다.

이런 것을 금강경의 원자물리학 또는 분자물리학이라고 말하는 사람이 있다. 이러한 물리학적 방법으로 우주의 본질을 설명하고 있다고 본다. 그런데 보이는 물질세계는 모두 물질의 최소단위인 원자의 모음일 뿐이다. 이것을 가르고 갈라서 보면 가느다란 티끌이다. 구마라습은 이를 미진으로, 현장은 극미취極微聚로 옮겼다. 취聚는 합合이며 세계다. 세계는 여섯 감각기관(눈·귀·코·혀·몸·생각)의 대상인 색·성·향·미·촉·법일 뿐이다. 그러나 그 대상은 매 순간순간 변하기無常 마련이다. 그래서 실체가 없는無我 것이다. 모든 세계는 원자로 구성되어 있다. 그 원자도 깊이 들어가 보면 있다고 할 수 없으나 그 미진이 하나로 뭉치는一合 가운데 세계가 되는 것이다. 그래서 미진과 일합으로 세계를 하나로 뭉쳐진 모양이라고 하여 일합상으로 본다. 그러나 그렇게 뭉쳐진 한 덩어리라고는 하더라도 고정불변의 실체가 있는 것은 아니다. 세계가 정말로 있는 것이라면 곧 티끌들이 모여서 잠시 세계라는 형상을 이루고 있을 뿐이다.

최근 유럽천문학자들이 태양계 바깥에서 지구와 닮은 외부 행성 '수퍼지구' 글리제 581C를 발견했다. 지구로부터 20.5광년 떨어진 이 외부행성에는 지구처럼 표면이 흙과 바위로 이루어져 있고 액체상태의 물이 있을 것으로 추정되어 생명체의 존재 가능성을 높여주고 있다. 한편 미국 존스홉킨스대 연구진은 암흑물질dark matter이 우주에 실제로 존재한다는 고리모양의 증거를 제시했다. 천체 물리학자들은 우주공간이 완전히 허공일 경우 별들이 산산이 흩어질 수밖에 없다고 한다. 그래서 우주가 일정한 형태를 유지하려면 질량을 가진 암흑물질이 그 사이를 채워야 한다고 주장한다.

우리가 바라보는 하늘은 파랗고 그 파란 하늘은 우리에게 낭만과 꿈을 주지만, 끝없는 하늘은 우주로 통한다. 그리고 그 우주는 우리에게 한없는 의문과 함께 과학의 발전을 가져다주었다.

아인슈타인은 중력에 의해 시간과 공간의 영향을 받는 4차원의 세계를 생각하였다. 별은 공처럼 둥글다. 그런데 중력이 매우 강한 별은 질량이 집중하기 때문에 중력을 견디다 못해 급격하게 수축한다. 이때 공간은 일그러지기 시작하고 시간의 흐름은 늦어진다. 그것은 마치 팽팽한 고무 시트위에 무거운 물체를 올려놓았을 때와 같은 상황이다. 고무 시트는 무거운 물체 때문에 깊이 가라앉은 상태가 된다. 이렇게 하여 매우 일그러진 공간상태를 블랙홀이라 부른다. 물질이든 파장이든 빛이든 간에 에너지적 성질을 가지는 모든 것을 빨아들이는 고중력의 블랙홀이라고 한다. 이것은 어떤 것이든 소립자상태로 만들어서 압출해 버린다고 한다. 블랙홀이 회전하면 중력은 그 중심으로 시간과 공간을 끌어들이며 회전축 방향으로 강제로 끌고 다닌다. 이렇게 깊이 빠진 바닥에서 나오려면 빛보다 빠른 '탈출속도'를 가져야만 이 깊은 수렁에서 빠져나올 수 있다. 아인슈타인은 말했다.

"상냥한 여자와 함께 보내는 2시간은 2분처럼 가고, 뜨거운 난로 위에서 보내는 2분은 2시간처럼 간다."

왜 애인과 함께 보내는 시간은 쏜살같이 흘러가는가? 우리는 흔히 세월이 10대에는 10km의 속도로, 20대에는 20km의 속도로, 그리고 50대에는 50km의 속도로 흘러간다고 말한다. 왜 나이가 들수록 시간이 빠르게 흐를까? 유년시절엔 만사가 새롭지만, 즐겁거나 바쁜 일을 하는 동안에는 우리 몸에 보내는 시간 신호에 주의를 기울이지 않기 때문이다. 우리 뇌의 시간 감각은 객관적이지도 공평하지도 않다. 그렇다면 시간을 붙들기 위해 우리는 무엇을 할 수 있을까?

절대적인 것은 빛의 속도뿐이다. 시간도 상대적이다. 질량을 가진 물체가 빛의 속도에 가깝게 되면 시간은 상대적으로 느리게 간다. 그래서 UFO같은 비행접시를 타고 우주여행을 하고 오면 본인은 아직도 젊은데 지구에 남은 친구는 할아버지가 되어 있을 거라는 이야기가 성립한다. 오늘도 과학자들은 우주의 수수께끼를 풀기 위해 인공위성에 우주광학망원경을 설치하거나 무인우주선을 발사하고 있다. 암흑물질이든 허공이든 공간이 휘든 시간이 멈춰버리든 빛이 굴절하든 결국 물질의 근본은 원자이며 이 원자의 덩어리가 모아졌다 흩어졌다 하는 연속일 뿐이다. 그러나 그 원자도 이름을 원자라 한 것일 뿐 끊임없이 변한다. 그래서 삼라만상 온 우주는 부처로 가득 차있는 것이다.

인도인들은 원자 그 자체가 시공을 점유하는 미세단위라고 생각했다. 그들은 지금으로부터 2,500년 전에 이미 이론물리학의 근본을 불교의 핵심이론으로 받아들이고 있었다. 이런 힘이 과연 어디에서 나왔을까? 인도에는 구루guru(스승)와 시샤shisa(제자)라는 말이 있다. 인도 브라만교의 경전인 베다를 가르치고 배우는 과정에서 생겨난 용어이다. 앞의 尊重正教分에서는 윈냐구르 vijñaguru를 존중제자尊重弟子라 옮겼다. 윈냐는 지자知者를 뜻하며 구루는 아주 높은 수준의 존경하는 스승을 일컬으며 종교지도자에 대한 존칭으로 통한다. IT업계에서는 꿈을 꾸며 프로그램을 짜는 정도의 '꾼'은 흔하다고 한다. 그들끼리는 꿈속에서 디버깅debugging(프로그램의 에러를 찾아내는 것)을 할 수 있어야 구루로 쳐 준다고 한다.

다만 우리와 뜻이 조금 다른 건, 스승에게 일방적으로 배우는 게 아니라 스승과 토론을 통해 지혜를 배운다는 것이다. 스승은 제자의 생각을 물어 토론에 참여시키고 이를 통해 창의성을 끌어낸다. 이 과정에서 열린 생각과 명료한 논리로 주장을 전개하는 과정과 능력이 제고되는 것이다. 이를 판디트 사바(인도 토론문화)라고 한다. 이러한 문화가 오늘날 세계에서 토론을 가장 잘 한다는 인도인의 숨은 비결이다. 이러한 문화적 배경에서 불교는 모든 인식론적 가능성을 수용한 것이다. 어떠한 명제에 어떠한 분석을 통해 비판을 하여도 종교적 진리나 철학 또는 과학의 이론과 일치하는 것이다.

세상은 털어보면 먼지뿐이다. 이 세상에 굉장히 좋은 게 있는 줄 알고 여기저기 쫓아다니고 찾아다니지만, 결국 찾아가서 털어보면 먼지뿐이다. 어디로 달아나봐야 결국 땅위에 있다. 이것을 모르고 사람들은 자꾸 유혹받고 스스로 미혹되는 것이다.

이런 관점으로 볼 때 세계는 세계가 아니다. 그것은 다만 한 덩어리로 뭉쳐진 것이며, 다만 그 이름이 한 덩어리일 뿐이다. 한 덩어리가 알고 보면 한 덩어리가 아니다. 그런데 세속적으로 한 덩어리라 말하는 것이다. 한 덩어리라는 게 있는 것도 아니고 없는 것도 아니기 때문에 말할 수 없는 것則是不可說

이라고 했다. 말이라는 것은 있고 없고 하는 것을 표현하는 것이다. 범부들은 미진과 일합상에 집착을 하게 된다고 했다. 집착은 무섭다. 좋은 것이 좋게 여겨지지 않거나 나쁜 것이 나쁘게 여겨지지 않는 게 집착이다. 또한 좋은 것이 아닌데 좋다고 생각하거나 나쁜 것이 아닌데 나쁘다고 생각하는 게 바로 집착이다. 마음에 드는 사람은 상당히 좋게 본다. 자기가 좋게 보니까 좋은 것이다. 자기 마음에 들지 않는 사람은 아주 나쁘게 본다. 나쁘게 생각하니까 나쁜 것이다.

그게 바로 집착이다. 좋아서 집착한다기보다는 스스로 집착하는 것이다. 나빠서 싫어하는 게 아니고 스스로 싫어하는 것이다. 스스로 매달리고 자기 마음으로 스스로를 묶는 것이다. 이처럼 스스로 묶이는 게 바로 탐착이고 집착인 것이다. 자기가 일으킨 마음에게 스스로 묶이지 않는 자유자재함을 얻도록 강조하고 있다.

31. 알았다는 생각을 내지 말라

知見不生分 第三十一

지견知見은 '내가 드디어 알았다'는 생각이다. 그렇게 생각할 때가 바로 위험하다. 강의가 거의 끝날 무렵까지 부처님께서는 '내가 옳다'는 법상이나 '그르다'는 비법상 등 일체의 지견에 끌려 다니지 말라고 가르치고 있다. 그저 물 흐르듯이 있는 그대로 분별없이 알고如是知 분별없이 보고如是見 분별없이 믿고 이해해야如是信解한다고 가르친다. 흐르는 물은 앞을 다투지 않는다流水不爭先.

"수보리야, 어떤 사람이 '부처가 아견·인견·중생견·수자견을 설하셨다' 한다면 수보리야, 어떻게 생각하느냐? 이 사람이 내가 말한 뜻을 알아 바른 말을 한 것인가?"

"세존이시여, 이 사람은 바르게 말한 것이 아닙니다.

무슨 까닭인가 하오면, 세존께서 말씀하신 아견·인견·중생견·수자견은 아견·인견·중생견·수자견이 아니라고 설하셨나니 그래서 말하기를 아견·인견·중생견·수자견이라 하기 때문이옵니다."

"수보리야, 아뇩다라삼먁삼보리의 마음을 낸 이는 온갖 법에 대하여 마땅히 이렇게 알며, 이렇게 보며, 이렇게 믿고 이해하여 법상을 내지 않아야 하느니라."

"수보리야, 법상이라 하는 것은 법상이 아니라고 여래가 설하였나니 그래서 말하기를 법상이라 이름하는 것이니라."

須菩提 若人 言 佛說我見人見衆生見壽者見

須菩提 於意云何 是人 解我所說義不

不也 世尊 是人 不解如來所說義

何以故 世尊 說我見人見衆生見壽者見 卽非 我見人見衆生見壽者見

是名我見人見衆生見壽者見

須菩提 發阿耨多羅三藐三菩提心者 於一切法

應如是知 如是見 如是信解 不生法相

須菩提 所言法相者 如來說 卽非法相 是名法相

우주와 구분할 수 있는 존재는 따로 없다.
우리의 본성자체가 우주 속에 들어 있다.
이 둘은 하나이면서 둘이고 둘이면서 하나이다.

흐르는 물은 앞을 다투지 않는다

상은 집착으로 변하고 다시 견해로 고착된다. 사람은 이 상相과 견見에 걸려 있기 때문에 자기가 본 것, 자기가 깨달은 것만이 옳다고 생각한다. 우리가 눈이나 귀나 마음으로 보는 대상은 형상이든 소리든 생각이든 찰나로서만 존재할 뿐이다. 또한 찰나에 변화를 거듭하니 실체도 없다. 따라서 우리가 사물이나 인식에 대하여 어떤 주장을 한다면 그것은 자신의 견해이다. 이러한 견해는 과거나 미래에 관한 것일 뿐이며, 상견常見(있다) 아니면 단견斷見(없다)일 경우가 많다. 이처럼 우리는 우리의 인식相과 그것을 바탕으로 한 견해見에 지배되어서 과거를 분별하고 미래를 예측한다.

회사에서도 마찬가지다. 그룹의 회장은 그룹의 크기를 결정하고 회사는 CEO의 그릇만큼 큰다는 말이 있다. 그들이 살아온 과거에서 그들 나름대로의 견見이 꽉 들어차 있어서 그렇다. 마찬가지로 돈을 벌었거나 출세한 사람은 다들 자기가 잘나서 그런 줄 안다. 때로는 부모를 잘 만나서 큰 재산을 물려받은 사람이나 한때 공부를 잘해서 성공한 사람은 자기가 선택된 사람이라고 생각하는 경향이 있다. 이처럼 자기 방식만이 옳다고 고집하면, 이것도 법상에 걸린 것이다. 자기만이 옳다고 하는 견해는 어디에서도 환영받지 못한다. 진정한 리더는 자기만의 법상에 가두어진 사람이 아니다.

바다는 모든 것을 포용할 줄을 안다. 잔잔한 호수에 돌을 던지면 이내 파문이 일지만 바다엔 배 한척이 부서져도 아무렇지도 않다. 육지에서 흘러나오는 온갖 폐수마저도 그저 파랗게 침잠시켜버린다. 사람도 이와 같아서 세상의 모든 미움과 잘못을 포용하여 많은 사람에게 비전을 줄 때 훌륭한 리더가 되는 것이다.

맹자孟子는 정나라의 명재상 자산子産이 백성들이 물을 건너느라 고생하는 것을 보고 자기의 수레에 함께 태워 건너게 해준 것을 보고 말했다.

자산은 은혜롭기는 하나 정치를 할 줄 모른다. 정치하는 사람이 그렇게 하나 하나 상대를 한다면 날이 아무리 많아도 부족한 법이다.

惠而不知爲政 焉得人人而濟之 故爲政者 每人而悅之 日亦不足矣
혜이부지위정 언득인인이제지 고위정자 매인이열지 일역부족의

정치하는 사람이나 리더는 사소한 작은 일에 일일이 정력을 낭비하기 보다는 넓은 안목으로 원칙을 세우고 근본적인 해결책을 찾아 백성들의 생활이 편리하도록 이끌어주어야 된다고 말하고 있다.

최근 한국항공대 최봉영 교수가 '한국어로써 존재를 경험하는 방식' 이란 논문을 발표했다. 우리말은 표현의 다양성과 특수한 체계 때문에 존재를 경험하고 나타내는 방식이 다른 언어와 다르다고 한다. 언어의 특수성을 통해 '없다' 는 '없다가 아니다' 라는 뜻을 내포하고 있다고 설명하고 있다. 즉 '이것은 책이다' 라고 할 때, '것' 은 아직 무엇으로도 규정되지 않은 대상 그대로를 말하는 개념이다. '것' 앞에 '이' 를 붙여 '이것' 이 됨으로써 비로소 '것' 의 바탕에 놓여 있는 존재의 세계가 규정된다. There is a book. This is a book. He is kind.에서 'is' 는 각각 '있다' '이다' '하다' 로 다르게 해석된다. 이렇듯 존재를 표현하는 한국어의 방식은 영어보다 훨씬 다양하다. 한국인에게 모든 존재는 끊임없는 일어남 속에 있기 때문에 '없다' 는 '존재하지 않는다'

는 뜻이 아니라 '다른 상태로 있음'을 말한다고 한다. 물을 마신 뒤 '컵에 물이 없다'고 한다면 '몸속에 물이 있다'는 의미라고 설명한다. 우리의 언어 속에 이미 '공'의 의미가 녹아 있음을 그의 독특한 철학적 사고로 증명하고 있어 여기에 소개한다.

앞에서 보았듯이 4견은 허망한 분별일 뿐 부처님에게는 그런 것이 없다. 4상뿐 아니라 4견 역시 실체가 없는 것이다. 모든 것이 우주와 같이 텅 비어 있기 때문이다. 시간과 공간이 오직 생각일 뿐인 것처럼, 천당과 지옥이 있다고 믿는 것도 생각일 뿐이다. 그걸 있다고 믿는 게 견見이다. 우주와 구분할 수 있는 존재는 따로 없다. 우리의 본성자체가 우주 속에 들어 있다. 그래서 우리가 죽었다 해도 죽은 게 아니다. 우주가 둘로 갈라질 수 없는 것처럼, 우리의 본성이 둘로 나뉠 수 없기 때문이다. 이것을 깨닫고 나면 자아가 따로 있는 게 아님을 알게 된다. 다만 상대적 개념 속에 있을 뿐이다.

원효元曉대사(617~686)의 일심一心사상에 의하면, 세상만물은 모두 한마음이다. 한마음은 본질인 진여眞如와 현상인 생멸生滅로 나뉜다. 이 세계는 항상 여일한 진리의 세계가 있는가 하면 낳았다 죽는 변화무쌍한 생명의 세계가 있다. 이는 다 우리의 한마음 속에 들어 있는 세계다. 그 하나의 마음이 잔잔한 호수처럼 맑고 고요하면 진여심이지만 풍랑으로 소용돌이치는 바다처럼 인연으로 일렁이면 생멸심이다. 번뇌와 망상이 일어났다가 사라지는 생기와 소멸을 거듭하는 것도 다름 아닌 일심인 것이다. 이 둘은 하나이면서 둘이고 둘이면서 하나인 관계다. 우리가 다 옴이 없이 왔다. 또한 감이 없이 간다. 그것이 유무有無가 아니면서 유무에 자유자재하는 인연법이다.

'해아소설의부'와 '세존' 사이에 일반 통용본에는 '불야不也'가 삽입되어 있다. 여기에서 '이렇게如是'라 함은 '있는 그대로, 바르게, 분별없이'라는 뜻이다. 이렇게 알고(如是知=止), 이렇게 보고(如是見=觀), 이 두 가지를 고루 갖추면 고요한 경지寂가 이루어진다.

여기에서 관지觀止의 뜻을 살펴볼 필요가 있다. 문자 그대로 해석하면 '보는 행위를 멈추는 것', 즉 이것 말고는 더 이상 볼 게 없다는 뜻이다. 춘추전국 시대 오나라 공자 계찰季札이 노나라를 방문했다. 음악과 춤에 정통한 그는 옛 향취를 느끼고자 악무樂舞의 시연을 요구했다. 노나라 조정에서 준비한 소전韶箭이라는 음악과 춤이 베풀어질 때 그는 그만 소리를 지르고 말았다.

"다 봤어요觀止矣! 다른 음악은 됐습니다."

최고의 경계를 목격하고 나온 감탄사다. 관지는 보고 또 보아도 이를 능가할 것이 더는 없는 상태, 이상적이고 품격 높은 경지에 오른 것을 일컫는다. 여기서는 시간과 공간이 생각에 불과하며 우주의 본성이 하나뿐이니 4상이나 4견이 실체가 없음을 깨닫는 경지를 말한다. 탐욕을 버리고 고요히 마음의 공간을 텅 비우면 우주 자연과 감응하며 그 빈 공간에 우주가 들어온다. 그러면 마음이 우주의 파동과 공명한다. 이렇게 되면 자유로이 분별하고 그곳에서 다시 분별없는 세계를 만나게 된다.

'법상을 내지 않는다不生法相'는 분별심을 내지 않는다는 뜻이다. 법상이란 유상有相, 무상無相, 선상善相, 악상惡相에 법집法執하는 것이다. 법상은 본래 정해진 것이 아니다. 법상은 중생이 집착하는 대로 생긴다. '나'를 중심으로 한 아집我執뿐 아니라 법집도 없어야 한다. 법집이란 '나'를 중심으로 해서 내가 가지고 있는 일, 내가 아는 일을 지나치게 분별하는 허물이다. 이 지나친 분별 때문에 장애가 생겨 진여眞如를 보지 못한다. 법집을 없애려면 먼저 분별을 없애야 한다.

알고, 보고, 믿는 세 가지 방편의 과정을 겪어 법상을 내지 않는다고 하였다. 이처럼 법상을 내지 않는 것이 곧 무분별無分別의 자리이며 고요한 경지이다. 법상과 법상이 아닌 경지는 거울의 맑음과 비춤이 공존하지만 각각 독립된 개체가 없는 것과 같다. 법상은 눈에 보이는 대로의 옳다고 고정된 법이 아니라 마음으로 형상화된다.

아니면서 그렇게 나타나는 것, 나타나지만 결국 아닌 것, 이것이 바로 유무를 초월한 중도의 세계이다.

32. 응화신은 참된 것이 아니다

應化非眞分 第三十二

색신色身의 형상으로 감응하여 중생을 교화하는 응신應身과 화신化身
은 부처님의 참된 모습法身이 아니다. 그것은 허깨비일 뿐이다. 부처님
이 보여주시는 모든 것과 들려주셨던 모든 것이 꿈같고 그림자 같고 꼭
두각시 같고 물거품 같으며 이슬 같고 번개 같다. 그저 잠깐 동안의 남
가일몽南柯一夢인 것이다.
'사람 몸 받기 어렵고 불법 만나기 어렵다'고 한다. 그 먼 길을 돌아 여
기까지 왔다. 보이는 겉모양에 집착하지 말고 진여의 모습 그대로 항상
여여하여 흔들리지 말라不取於相 如如不動.

"수보리야, 어떤 사람이 한량없는 아승지 세계에 칠보를 가득히 쌓아두고 보시하더라도, 보살 마음을 낸 다른 선남자·선여인이 이 경에서 사구게만이라도 받아 마음에 간직하고, 읽고, 외우고, 남을 위하여 가르쳐주면, 그 복이 앞서 보시한 저 사람의 복보다 더 나으니라.

어떻게 남을 위하여 가르쳐주어야 하는가? 가르쳐주지 않는 것처럼 한결같은 마음으로 해야 하느니라.

무슨 까닭인가? 있고 없는 모든 법은 꿈결 같아서 그림자와 꼭두각시 물거품이라 풀끝의 이슬이요 번개 같으니 언제나 변함없는 진리 보게나."

須菩提 若有人 以滿無量阿僧祇世界七寶 持用布施

若有善男子善女人 發菩薩心者 持於此經 乃至四句偈等 受持讀誦 爲人演說 其福勝彼

云何爲人演說 不取於相 如如不動

何以故 一切有爲法 如夢幻泡影 如露亦如電 應作如是觀

그릇은 있으되 가져도 가져도 죽고 나면 가진 게 아닌 것을.
꿈을 꿈인 줄 모르고 물거품을 물거품인 줄 모른다.

사구게의 아리아-여섯 가지 유위의 법

'가르쳐주지 않는 것처럼'이라는 말은 궁극적으로는 가르쳐준다는 상마저 갖지 말라는 뜻이다. 산스끄리뜨 원문에 따른 해석으로 현장은 이를 여불위타如不爲他로, 구마라습은 불취어상不取於相으로 옮기고 있다. 겉모양에 집착하지 말라는 것이다.

'항상 여여하여 움직이지 않는다如如不動는 말은 늘 자유롭다, 항상 원만한 것, 늘 삼매三昧의 세계에서 사는 것을 말한다. 여여如如라 함은 '진여의 모습 그대로' 한결같은 모습이니 마음이 일지 않는 상태다. 즉 늘 한마음一心 속에 있는 것을 말한다. '여여하여 움직이지 않는다' 함은 아예 괴로움을 느끼지 않는 것이다. 여여부동이라는 말은 마음이 이리저리 자극을 받지 않거나 충격을 받지 않는다는 뜻이다. 화를 내놓고 참는 게 아니라 아예 화를 내지 않는 것이다.

보통사람이 마땅히 화를 내야 하는 것을 응생진한應生瞋恨이라고 한다. 응당히 성내고 한탄하고 원망하는 마음을 내어야 당연하다. 그러나 아상·인상·중생상·수자상이 없으니까 진한심瞋恨心을 안 냈다는 말이다. 부처님은 몸이 갈래갈래 찢어지는 데도 원망하는 마음도 없었고 화를 내지도 않았다. 이것이 부처님의 여여부동이고 대승보살의 인욕忍辱이다. 화를 내놓고 참으려고 하는 게 중생인 반면 아예 화 자체를 내지 않는 게 보살이다.

용수보살은 다른 바라문 이교도들에게 죽임을 당했다. 인도나 티베트에서는 그런 일이 많았다. 교리 논쟁을 하다가 지는 편에서 논쟁의 주장이 되는 상대편 논주論主를 죽이는 경우가 종종 있었다. 용수보살의 경우도 그러했으나 용수보살은 원망하는 마음이 없었다. 그게 여여부동이다. 그렇게 참아야 하는데 중생은 그게 안된다. 화를 내기는 냈는데 억지로 견디는 것이다.

어떠한 자세로 금강경을 다른 사람에게 알리고 전하는가? 화를 낸다든지 충격을 받는다든지 겁내고 무서워하고 두려워하는 마음이 전혀 없이 부동심 不動心으로 금강경을 알리고 전한다는 이야기이다.

一切有爲法 如夢幻泡影 일체유위법 여몽환포영
如露亦如電 應作如是觀 여로역여전 응작여시관

있고 없는 모든 법은 꿈결 같아서
그림자와 꼭두각시 물거품이라
풀끝의 이슬이요 번개 같으니
언제나 변함없는 진리 보게나

산스끄리뜨 원문에 충실하게 번역한 현장 역본은 다음과 같다. 별, 등불, 구름이 더 있다. 위역魏譯에도 아홉 가지 사물에 비유하였다.

諸和合所爲 如星翳燈幻 제화합소위 여성예등환
露泡夢電雲 應作如是觀 로포몽전운 응작여시관

'유위有爲'는 눈으로 보거나 손으로 만질 수 있는 모든 세상일, 오온의 네 번째인 행行을 말한다. 제행무상諸行無常이라고 할 때의 제행으로 '모든 형성된 것들'이란 의미이다. '무위無爲'는 유위의 조작이 없는 허공·열반·진여眞如를 말한다. 무위의 법은 평등한 진리로서 본래 차별이 없으나, 마치 둥근 달이 보는 이에 따라 울기도 하고 웃기도 하는 것과 같이, 자신의 지혜 수준에 따라 성인聖人 · 현인賢人 · 범부凡夫의 차별이 생겼을 뿐이다.

세상사 모든 일이 꿈같고 그림자 같고, 꼭두각시 같고, 물거품 같으며, 이슬 같고, 번개 같으니 이러한 것임을 관찰하여라.

이것이 금강경의 마지막을 장식하는 멋진 사구게四句偈 아리아이며 결론이다. 그렇기 때문에 무서워할 필요가 없다. 세상을 겁낼 필요가 없다. 왜? 꿈같으니까. 꿈은 과거지사를 말하는 것이다. 지나간 일은 다 꿈이다. 좋은 일도 나쁜 일도 꿈이다.

옛날 당나라 덕종 때 광릉에 순우분이 살았다. 그의 집 남쪽에는 커다란 느티나무가 있었는데, 하루는 그가 술에 취해 나무 그늘 밑에서 잠이 들었다. 그때 두 사나이가 나타나서 "괴안국槐安國 왕의 명으로 당신을 모시러 왔습니다"라고 했다. 분이 그 사자를 따라 커다란 성문 앞에 다다르니 왕이 그를 반갑게 맞이하였다. 왕은 그에게 자기 딸을 주어 사위를 삼았다. 분은 남가군의 태수로 부임하였다. 태수가 된 지 20년, 백성들은 모두 안정된 생활을 즐기며 순우분을 칭송하였다. 임금도 그를 재상으로 삼았다. 그러나 주변의 단라국檀羅國이 쳐들어오자 괴안국은 패망하고 분의 아내도 병으로 죽었다. 그가 고생스럽게 서울로 돌아가던 중 잠에서 깨었다. 모두가 꿈이었다. 문득 자신의 발밑을 보니 나무 밑동에는 큰 구멍이 하나 있었다. 구멍을 파 보니 개미들이 가득 모인 곳에 커다란 개미 두 마리가 있었다. 커다란 두 개미는 국왕 부처였다. 또 한 구멍을 찾아 들어가니 남쪽가지에 다른 개미떼가 있었다. 여기가 그가 다스리던 남가군이었다. 그는 자신이 무너뜨렸던 구멍을 원래대로 고쳐

374

놓았다. 이튿날 아침에 가보니 구멍은 밤새 내린 비로 허물어지고 개미도 모두 사라져버린 뒤였다. 이것이 남가일몽南柯一夢으로 허망한 꿈을 말하며 덧없는 삶의 모습을 나타내는 말이다. 일장춘몽一場春夢이다. 삶은 이렇게 하나의 꿈과 같은 것이다.

그림자影는 중생의 생각을 말한다. 환경이나 현실에 따라서 중생의 생각이 바뀌니까 그걸 마치 그림자와 같다고 하였다. 현장은 눈의 가물거림翳으로 표현하고 있다.

환幻은 꼭두각시·허깨비로 번역한다. 즉 우리가 살고 있는 이 세상이 허깨비라는 말이다.

물거품泡은 좋은 물건이나 나쁜 물건이나 세월이 지나가면 물거품처럼 다 없어진다는 뜻이다. 물거품은 끊임없이 나타났다 사라졌다 한다. 분명히 겉모양은 있긴 한데 삶은 이렇게 물거품 같은 것이다.

이슬露은 우리 몸에 비유한다. 우리의 몸은 이슬과 같다. 초로인생草露人生, 즉 풀끝에 맺힌 이슬처럼 덧없다는 말이다. 풀끝의 이슬은 아침에 맺혔다가 점심이면 사라진다. 그렇게 얼마 못 가는 인생이다.

번개電는 현재의 일을 말한다. 오늘이라고 하는 현재는 여름 하늘에 내리치는 번개처럼 지나간다. 오늘도 금방 가고 일 년도 십 년도 금방가고 삽시간에 한 평생이 끝난다. 하루살이나 육십 인생이나 하루 나팔꽃이나 백일 백일홍이나 마찬가지다. 그래서 현재를 번개에 비유한 것이다.

나비가 보고 싶다.

한 번 날개를 펴면 사해四海를 덮는 장자의 나비가...

화창한 봄 어느 날 장자가 낮잠이 들었다. 꿈속에서 나비가 되어 온 세상을 즐겁게 날아다녔다. 그러다가 문득 꿈을 깨어보니 자기는 장주莊周가 되어 있었다. 나비가 되어서 날아다니던 순간이 너무나 생생하였다. "내가 나비가 된 것일까, 아니면 나비가 내가 된 것일까?" 장주는 꿈이 현실인지 현실이 꿈인지 구분할 수 없었다. 장주와 나비는 분명 별개이건만 그 구별이 애매함은 무엇 때문일까? 물아物我의 구별이 없는 경지에서 보면 장주도 나비도 꿈도 현실도 구별이 없다. 다만 보이는 것은 만물의 변화에 불과할 뿐이다. 이를 인생의 덧없음에 비유해 호접지몽胡蝶之夢이라 한다.

이것이 진역秦譯 금강경의 여섯 가지 허망한 사물에의 비유다. 현실의 모든 일을 꿈·그림자·허깨비·물거품·이슬·번개夢影幻泡露電에 비유하였다. 이러니 무엇에 겁낼 필요가 있고, 집착할 필요가 있을 것인가.

이 세상을 겁내지 말고 집착하지 말아라. 겁을 내도, 집착하고 매달려도 주인으로 살 수가 없다. 집착하지도 겁내지도 말고 여여부동의 상태로 무한히 반야바라밀 공덕행을 닦으면 자연히 아상·인상·중생상·수자상이 없는 상태에서 성불하게 된다.

이 세상에 좋은 것이 있는데 집착하지 말라고 하면 억지일 것이다. 그러나 집착할 것이 없는데 부질없이 집착하니까 집착하지 말라는 것이다. 무서워할 것이 없는데 스스로 무서워하니까 무서워하지 말라는 것이다. 이 세상에는 무서울 것도 두려울 것도 없다. 왜 그런가? 알고 보면 꿈이요 물거품이기 때문이다. 그러나 중생들은 꿈을 꿈인 줄 모르고 물거품을 물거품인 줄 모른다. 우리가 이 점을 깨닫는다면 진정으로 '깨어날 수' 있는 것이다.

두려워하지 말고 매달리지 말고 자기 마음이 주인이 되고 횃불이 되어서 모든 공덕을 닦아 나가면 그것이 바로 반야바라밀이다. 보살은 반야바라밀로서 공덕을 닦으니까 아무리 많은 공덕을 닦았다 하더라도 그 공덕에 욕심을 내지 않는다. 그래서 '보살은 복덕을 받지 않느니라'는 말씀이 있다. 이렇게 금강경이 끝난다.

제일 첫머리에서 부처님이 앉아 계신 것으로부터 출발했다. 금강경에 대한 주제가 '보살은 무엇을 원해야 하며, 어떻게 닦아야 하며, 행여나 중생의 마음이 일어나면 어떻게 그 중생 마음을 없애야 합니까?' 였다. 부처님께서는 '개인의 행복만 원하는 게 아니라 일체 중생의 행복을 원하라. 그게 보살의 마음이다' 라고 하셨다. 사실 이것은 큰 욕심이다. 그게 바로 발원發願이다. 그러면 그러한 일체 중생의 행복이 이루어지려면 어떻게 닦아야 하는가? '무주상보시無住相布施를 하라' 고 하였다. 집착이 없는 보시이다.

성불成佛의 세계는 무엇인가? 유무를 초월하고, 유무에 자유자재하는 것이다. '범소유상凡所有相이 개시허망皆是虛妄이니 제상諸相이 비상非相인 줄을 확실히 알면 바로 여래를 볼 것이다.' 유상무상有相無相이 다 허망하다는 것을 바로 안다면 여래는 유상도 무상도 아니면서 있는 모습에도 자유롭고 없는 모습에도 자유롭다. 이것이 즉견여래則見如來다.

삼천대천세계가 삼천대천세계가 아니고 국토가 국토가 아니고 중생이 중생이 아니다. 32상이라고 하는 여래의 모습을 통해서도 부처를 볼 수가 없다. 여래의 설법하는 음성을 통해서도 여래를 볼 수가 없다. 그렇다고 해서 음성과 모습을 떠나서 부처가 따로 있는 것도 아니다.

단멸상斷滅相을 말하지 않는다. 집착상도 단멸상도 말하지 않는 것이 금강경이다. 없는 것까지 다시없는 것이 공空이다. 무無의 세계에 치우쳐서 주장하는 것이 아니다.

그러면 결국 무엇인가. 이 세상 만법에 부질없이 두려워하거나 매달리지 말고 여여부동한 상태에서 반야바라밀 공덕행을 닦아나가는 게 보살이다.

우리는 왜 그 두려움과 집착을 갖지 않아야 하는가. 알고 보면 다 꿈이고 허깨비이고 물거품이고 그림자고 이슬이고 번개인데 부질없이 중생이 매달리기 때문이다. 번개같이 지나가는데 천 년 만 년 계속될 줄 알고 매달리는 것이 중생이다.

우리는 왜 집착하지 말아야 하는가. 꿈이요 허깨비요 물거품이요 그림자요 이슬이요 번개이니 무서워 할 것도 없고 거기에 매달릴 필요도 없기 때문이다. 꿈인데 꿈을 무서워할 필요가 없지 않은가. 그렇다고 억지로 버리려고 애쓸 것도 없다. 그렇게 버리려고도 하지 않고 잡으려고도 하지 않는 것이 초월이다. 그러면서 마음먹은 대로 큰 것도 만들고 작은 것도 만들고 자유로운 게 원력願力이고 공덕이다.

결국 어디로 돌아가는가? 말 몇 마디 듣는다고 인생문제가 해결되지는 않는다. 대도大道의 길, 그것이 금강반야바라밀이라는 길이다. 자기 마음이 주인이다. 내 마음에 내가 묶인다는 것을 알아야 한다. 큰 발원을 해서 그로 말미암아 여러 가지 공덕을 지어가면 그것이 바로 자기 마음이 주인이 되어서 스스로 행복을 만들고 평화를 만들고 지혜를 닦아가는 것이다.

반야바라밀 공덕을 성취하는 가장 기본적인 것은 금강경을 잘 받들어서 독송을 하고 다른 사람에게 전하는 것이다. 반야바라밀의 세계가 넓고 크고 위대하지만 그 기초는 수지독송부터 시작한다. 그러면 그 복덕은 무량무변하다. 그래서 금강경을 보면 걱정할 일이 아무것도 없다. 자기 마음만큼 나타나는 게 세상이다. 금강경을 보고 원願을 일으켜서 그 원력에 따라 밝고 큰 공덕을 지어가면 바라밀 보살행이 된다.

부처님께서 이 경을 다 말씀하시고 나니 장로인 수보리와 여러 비구·비구니와 우바새·우바이와 여러 세계의 하늘 사람과 세상 사람과 아수라들이 부처님의 법문을 듣고 모두들 매우 즐거워하면서 믿고 받들어 행하였다.

佛說是經已 長老須菩提 及諸比丘比丘尼 優婆塞優婆夷 一切世間天人阿修羅 聞佛所說 皆大歡喜 信受奉行

여기에서 비구·비구니·우바새·우바이는 불도에 든 네 무리이며, 여러 세계의 하늘 사람과 세상 사람은 범부凡夫를 말한다. 수보리는 성자이며 아수라 등은 비천非天 또는 무단정無端正으로 잡류雜類에 속한다. 이렇게 서로 다른 근기에 속한 여러 무리들이 부처님의 불법을 듣고 모두 즐거워하였다.

이는 설법하는 이나 설법의 내용이 청정하고 얻어지는 과위가 청정하여 그 말씀에 따르면 자신도 모르게 뿌듯하고 묘한 경계를 얻게 되기 때문이다. 이렇게 하여 한 경의 말씀이 모두 끝이 났다.

부록

불기와 출가

인도인들은 시간을 의식하지 않는다. 그래서 기록의 역사를 중요하게 여기지 않고 정신의 역사, 어떤 마음의 역사에 중점을 두었기 때문에, 부처님이 몇 년 전에 태어났는지 정확한 기록이 없다. 그래서 서기 1천 년 전에 태어났다고 보는 3천 년 불기佛紀가 있고, 서기 5백 년 전에 태어났다고 보는 2천5백 년 불기가 있다. 요즈음 세계 공통으로 쓰는 불기 2552년(서기 2008년 기준)은 서기 5백 년 전에 태어났다라고 보는 불기이다. 과거에는 3천 년 불기를 썼다고 한다.

불기는 불생佛生 연대가 아니고 불멸佛滅 연대로서 부처님이 마지막으로 구시라성에서 이 세상을 떠나신 연대다. 그러므로 부처님이 평생 이 세상에서 머무신 기간이 80년이니까 부처님께서 이 세상에 오신 것은 2631년 전이다.

B.C.623년 석가모니 부처님께서는 중인도의 농업국인 까삘라 벌솔도의 성주 정반왕淨飯王과 마야부인摩耶夫人 사이에서 태어났다. 그 당시 인도에서는 아기를 낳으려면 친정에 가서 분만을 했다. 마야부인도 친정으로 돌아가는 길에 룸비니 동산 무우수 나무 아래에서 싯달다를 낳았다. 태어난 지 7일 만에 어머니가 돌아가셔서 그는 이모인 파사파데의 손에서 자라났다. 싯달다 태자 19세에 구리성주 선각왕의 딸인 야수다라耶輸陀羅를 비妃로 맞아 아들 라후라를 낳았다. 싯달다 태자가 출가하려 하자 정반왕은 단호하게 거절을 하였다. 그러자 싯달다는 세 가지 소원을 들어주면 출가를 하지 않겠다고 하였다.

"그것이 무엇이냐?" 정반왕이 물었다.

"저를 늙지 않게 해주시고, 항상 건강하게 해주시고, 죽지 않도록 해주십시오不老病死. 그러면 출가와 수도의 길을 포기하겠습니다."

아무것도 들어줄 수 없는 정반왕은 태자의 뜻을 막지 못했고, 결국은 29세가 되던 해에 밤중에 궁성을 넘어서 수도의 길을 떠나게 되었다. 그 후 6년 동안의 고행 끝에 35세 되던 해 12월 초파일에 부다가야 보리수나무 밑에서 동방에 떠오르는 샛별의 모습을 보고 깨달음을 얻게 되었다.

불교 교단이 성립하다

금강경에서 '1250인'은 이 경을 말씀하실 당시의 제자들의 숫자이다. 부처님은 인도의 부다가야 보리수나무 밑에서 도道를 이룬 뒤 중생을 제도하고자 녹야원으로 갔다. 녹야원에는 교진여憍陳如를 비롯한 다섯 사람의 수도자가 있었기 때문이었다.

석가모니 부처님은 녹야원에서 처음으로 법문을 하였다. 이것이 바로 불교의 초전법륜初轉法輪이다. 부처님께서 이렇게 설법을 시작하여 녹야원에서 다섯 사람의 비구가 깨달음을 얻었다. 이 녹야원이 바로 불교 교단의 발상지이다.

부처님의 설법이 시작된 이후에 많은 제자들이 몰려들었다. 가섭迦葉 삼형제는 1,000여 명의 도제徒弟를 이끌고 부처님의 제자가 되었다. 사리불舍利佛과 목건련目健連은 각각 100명씩의 제자를 이끌고 부처님의 제자가 되었다. 마지막으로 야사耶舍장자가 50명의 제자를 이끌고 부처님의 제자가 되었다. 교진여를 비롯한 5명을 합하여 이들 1,255인의 제자는 항상 부처님을 모시고 곁을 떠나지 않은 제자들이다. 그렇지만 이는 큰 수효만을 든 것이고, 경전에서 1,250인이라고 하는 말이 자주 나오는 것은 이 때문이다.

제자들 중 많은 이들이 이교도였다. 가섭 삼형제, 사리불, 목건련 무리들도 다 개종한 분들이다. 종교 지도자들은 나름대로 조직이 있고 체계가 있고 신념이 있는데, 하루아침에 부처님의 제자가 되었다는 것은 그만큼 부처님의 깨달음이 깊고 그 진리가 월등하다는 것을 입증한다.

또 다른 특징은 모두 부처님보다 나이가 많은 분들이었다. 큰 가섭은 120살이고 둘째 가섭은 110살, 막내 가섭은 100살이었는데, 부처님 나이가 이때 40세였다. 이 점은 부처님께서 불가사의한 능력과 신통한 위신력威神力을 갖추었다고 볼 수 있다.

마지막 특징은 석가족에서 많이 출가를 했다는 점이다. 싯달다 태자를 어릴 적부터 보살피던 이모 파사파데도 출가를 했고, 야수다라를 비롯한 석가족의 많은 여성들이 비구니가 되었다. 또 태자로 계실 때의 아들인 라후라와 사촌동생 아난타 그리고 손타라난타라는 배다른 동생도 출가를 했다. 바로 석가족 자신들이 출가하는 그 모습을 통해서 석가모니 부처님의 인간성과 여러 가지 자비로운 보살핌과 교양과 인격이 원만하고 훌륭함을 알 수 있다.

부처님의 십대제자

부처님의 제자 가운데 항상 부처님을 모시고 늘 곁을 떠나지 않은 제자는 1,255명이다. 그중에서도 뛰어난 자가 500명이었다. 이들은 불전 편찬을 위해 1차 결집 때 모였던 제자이며 이를 500나한羅漢이라고 부른다. 경주 석굴암에도 십대제자 라한상이 삥둘러쳐 있듯이 그 중에서도 대표적인 열명의 제자를 십대제자라고 한다. 십대제자는 존자尊者라고 하여 존칭을 붙여 부른다.

사리불舍利佛 존자는 10대 제자 중에 지혜가 가장 높은 분이다. 반야심경이나 기타 어려운 내용을 설명할 때는 반드시 사리불을 중심으로 말씀한다. 목건련 존자는 사리불과 친구이면서 신통력이 뛰어난 분이다. 대가섭 존자는 만행萬行을 가장 잘 하는 두타頭陀(수행)제일이었다.

성불후 부처님은 45년 동안 인간의 마음에 대해 설법하였다. 어느 날 석가모니가 제자들에게 법화경을 설할 때 꽃비가 내렸다. 석가모니는 말없이 꽃 한 송이를 들어 보였다. 모두가 어리둥절 하고 있는데 오직 가섭만이 빙그레 미소 지었다. 이것은 부처님의 마음을 전한 것이며 그 참 뜻을 알아차렸다고 하여 염화시중拈花示衆의 미소라고 한다. 구시라성에서 부처님이 열반에 드셨을 때 대가섭 존자가 늦게 도착하였다. 그래서 가섭은 부처님의 최후의 모습을 보지 못한 것을 안타깝게 생각하여 향더미가 쌓인 불곽佛槨 옆으로 다가섰다. 그때 관 안에서 부처님이 두 발을 밖으로 내보였다. 이를 곽시쌍부槨示雙趺라 한다. 이것 역시 그 마음을 전한 것이다. 사리불이나 목건련은 부처님보다 먼저 세상을 떠났기 때문에 부처님이 열반하신 후에는 대가섭 존자가 그 법통을 계승하였다.

아나율阿那律 존자는 부처님의 사촌동생으로서 장님이 되었지만 지혜의 큰 눈을 얻어 우주만상의 진실한 모습을 살펴보고 멀리까지 볼 수 있는 천안天眼 제일이었다.

수보리須菩提 존자는 우주의 평등한 진리를 가장 깊게 체험한 분으로서 평등平等제일이었으며 금강경은 부처님과 수보리존자의 대화로 이루어진 경전이다. 또한 수보리는 '공'의 이치를 잘 알기로 손꼽히는 큰 아라한으로서 해공解空제일이었다. 수보리는 기원정사를 짓게 한 급고독장자 수닷타의 조카로 브라만계급의 부유한 집에서 태어났다. 그의 이름은 공생空生으로서 공空과 무無의 도리를 가장 잘 깨달았다. 그래서 교화활동을 벌리는데 있어 다른 도를 구하는 사람들로부터 온갖 비난과 중상과 박해를 받아도 그들과 다투거나 쟁론을 벌이지 않았다. 그러한 그를 가리켜 무쟁無諍제일이라 하였다.

부루나富樓那 존자는 부처님의 법을 알기 쉽고 논리가 분명하게 설명하는 설법說法제일이었다.

가전연迦旃延 존자는 어떤 이야기를 해도 논리가 정연한 논리論理제일 제자로서 변방의 포교에 열심이었다.

우바리優婆提 존자는 노예계급으로 이발사 출신이면서도 계율을 잘 지켰던 지계持戒제일이었다.

라후라羅睺羅 존자는 비밀리에 누구도 알지 못하게 훌륭한 일을 잘하는 제자다. 그래서 이 분을 밀행密行제일이라 한다. 라후라 존자는 부처님의 아들이다.

아난다阿難陀 존자는 부처님의 사촌동생으로서 부처님을 평생 모셨다. 아난이란 말은 환희歡喜, 기쁨이라는 뜻이다. 석가모니 부처님이 도를 통하시던 날 아난존자가 태어났다. 20세에 출가한 아난존자는 부처님 곁에서 25년간 설법을 거의 빼놓지 않고 다 들었다. 그 이전에 설법하신 것은 부처님이 다시 하신 것도 있고 이미 법문을 들은 사람에게 되들은 것도 있기 때문에 부처님 제자 중에 다문多聞제일의 칭호를 듣는다. 특히 아난다 존자는 모든 경전의 첫머리에서 '나는 이와 같이 들었다如是我聞' 할 때의 주인공이다. 부처님께서 열반하신 후 대가섭 존자가 부처님의 가르침을 집대성하는 대회를 주도하였고, 거기에서 아난다 존자가 자신이 들었던 부처님의 가르침을 그대로 암송해냈기에 오늘날까지 부처님의 말씀이 온전히 전해질 수 있게 된 것이다.

불교의 역사

석가모니 부처님께서 깨달음을 얻어 제자들에게 법문을 하였던 45년간은 불교의 가장 근본에 해당한다.

부처님께서 열반하신 후 대가섭(마하가섭)존자가 부처님의 가르침을 집대성하는 대회를 열었다. 이후 100년간은 비교적 원래의 불교모습이 잘 지켜지고 있었다. 이를 원시불교라 한다.

이후 아쇼카Asoka(治世 BC 268~232)시대에 불교가 크게 융성하였다. 아쇼카왕은 기원전 32년 찬드라굽타가 세운 마우리아 왕조 제 3대의 명군으로서 전륜성왕이라 불리운다. 불교를 스리랑카나 그리스에까지 포교를 할 정도로 그 세를 떨쳤다.

이렇게 불교가 크게 세가 확대되면서 보수적인 상좌부上座部와 진보적인 대중부大衆部의 분열이 생겼다. 이후 세부적인 분열이 가속화되어 소위 '부파불교部派佛教' 시대가 열렸다. 이들은 약 20여 개의 부파로 나뉘어져서 각자 독특한 교리체계를 세우며 실천방법을 정착화하기 시작했다. 이러한 시대는 약 300여 년 간 존속되었다. 이 시대의 대표적인 종파가 '설일체유부說一切有部'라고 하는 아비달마 불교다.

아비달마阿毘達磨 불교는 가다연니자迦多衍尼子가 상좌부에서 출가하여 한 파를 이루었으며 법法(모든 현상)을 이야기하였다. 즉 큰 것이 있고 작은 것이 있고 색수상행식色受想行識이 있고 안이비설신의眼耳鼻舌身意가 있고 18계十八界가 있고 108번뇌煩惱가 있다. 과거와 미래와 현재가 항상 실제로 있으며 보이고 들리고 만져지는 물체가 항상 있다三世實有 法體恒有. 소승 20부 중에서 가장 왕성했던 이러한 소승불교를 설일체유부라고 하며, 이를 줄여 유부有部라고 한다.

부파불교시대에는 인간이 도달하는 최고의 경지가 '아라한阿羅漢'이라고 보았다. 아라한은 원래 초기불교에서 싯달다를 존경하여 부르던 십호十號중 하나로서 응공應供(응당 공양을 받을 사람)을 가리킨다. 아라한을 줄여서 나한羅漢이라고 불렀다. 그 시대에는 부처든 제자든 응공의 사람들 모두에게 붙여졌던 칭호가 부파불교시대에 이르면 완전히 붓다의 하위개념으로 설정된다. 수도원에서 수도하는 사람만이 도달할 수 있는 최고의 경지가 아라한이라고 보았다. 인간은 아무리 수도를 해도 붓다가 될 수 없다는 것이다.

이렇게 부파불교중에서 교리가 훌륭하게 조직되고 세력이 있는 부파로서 존속되었던 불교를 소승불교라하였다. 소승불교는 부파불교시대 다음에 약 300여 년 간 지속되었다.

이 때에 아라한이 승가제도의 보호를 받는 출가자出家者에 국한되는 편협성을 타파하고자 하는 새로운 대중운동이 일어나게 되었다. 이들은 아라한이 되려고 수행하는 자들을 성문聲聞과 독각獨覺이라고 불렀다.

대승大乘은 이 소승불교를 근본적으로 비판하고 누구든지 불타가 될 수 있다고 하는 혁신적 대중운동에서 비롯되었다. 초기 경전에서는 부처님이 깨달음을 성취해서 붓다로 불리기 이전의 상태를 보살bodhisatta이라고 불렀다. 그리고 이 개념이 발전하여 본생담本生譚 문헌에서는 금생만을 보살이라 부르는 것이 아니고 부처님의 모든 전생을 다 보살이라고 부르기 시작하였다. 싯달다가 곧 보살이었고 보살은 곧 '깨달은 사람'이며 부처 자신의 원래 모습이라는 새로운 개념이다. 당시 혁신적 대중운동을 주도하던 사람들은 이 점을 중시하여 깨달음을 성취하기 위해서 노력하는 모든 생명체들도 당연히 보살이라 불러야 한다고 설득력 있는 주장을 하였다. 아라한이 승가제도의 보호를 받는 출가자에 국한되었다면, 보살은 출가자나 재가자在家者를 가리지 않는다. 그리하여 이렇게 보살이라는 개념을 보편화시키게 되었다.

소승이 아라한을 추구하면서 사성제를 수행의 과정으로 삼아 팔정도를 실천의 기본 덕목으로 중요시한다면, 대승은 보살이라는 새로운 개념속에서 육바라밀을 강조한다. 누구나 믿을 수 있고 실천할 수 있고 해탈할 수 있다는 이러한 대중불교 운동은 약 300여 년 간 계속되었다.

대승불교가 성숙할 무렵 인도에서는 재래종교인 바라문교의 의식을 받아들여서 불교의 신앙화 현상이 나타났다. 이를 비밀불교라 하며 약 700여 년 동안 지속되었다. 이 때 이슬람교가 인도에 침입해서 불교가 인도에서 서서히 떠나가는 현실을 맞게 되었다.

불교의 근본 가르침

삼법인과 연기론

삼법인三法印은 불교의 근본 교의를 세 가지로 표현한 것이다.

첫째 우주세계 만물의 현상은 모두 변화(生滅)하는 것인데 사람들은 항상 존재하는 것처럼 생각하므로 이 그릇된 견해를 없애기 위하여 '제행무상諸行無常'하다고 한다. 둘째 모든 현상은 인연으로 생긴 것이어서 그 현상 하나하나는 자아自我인 실체가 없다. 그런데 사람들은 자기 자신에 집착하기 때문에 이를 없애기 위하여 '제법무아諸法無我'라고 한다. 셋째 생사에 윤회하는 고통을 초월해서 늘 고요하고 실상 그대로라고 하는 이상경理想境인 '열반적정涅槃

寂靜 의 진상을 말한다.

불교는 연기론이며 중도론이다. 연기는 불교의 원리를 설명한 부분이고 중도는 불교의 실천을 설명한 부분이다. 석가모니 부처님께서 깨달으신 진리는 바로 연기의 진리이다. 또 평생을 제자들을 가르치신 내용은 중도의 실천이다. 삼법인은 불교의 우주관으로서 인연법을 잘 설명하고 있다. 있는데 속하는 것도 아니고 없는데 속하는 것도 아니고, 있는 세계와 없는 세계를 초월한 것이 인연법因緣法이다.

꽃이 떨어져 가지에 다시 꽃이 피지 않으면 나비는 오지 않는다. 일체의 우주만물은 인연 따라 만나고 헤어지는 것이다. 쪽물도 잿물을 만나야 하늘의 빛 청남을 얻을 수 있다. 모든 것은 하늘에서 나고 하늘에서 지지만 허공이 항상 푸른 것과 같은 이치다. 하늘은 끊임없이 형상을 만들어 내지만 어느 순간 사라지는 것들이다. 같은 이치로 우주는 다시 태어나기 위해 끊임없이 변하는 것이다.

있는 현상이나 없는 현상은 없는 대로 무슨 실체가 있고 있는 대로 어떤 실체가 있는 것이 아니다. 인연이 모이면 있을 수도 있고 인연이 흩어지면 없을 수도 있다. 그렇기 때문에 있고 없는 것은 인연 따라 나타나는 현상이다. 따라서 부질없는 것이요, 덧없는 것이 아닐 수 없다. 왜 부질없는가? 모든 현상은 인연에 의해서 생겼다가 인연에 의해서 흩어지기 때문이다. 낱낱의 본질적 핵심이 없는 것이다. 그래서 공空이다. 공은 있는 것에도 없는 것에도 속하지 않는다. 그게 중도다. 인연이나 공이나 중도나 말만 다르지 내용은 같은 것이다.

사성제

고苦 · 집集 · 멸滅 · 도道의 사성제四聖諦는 불교의 인생관이며 생활관이다.

고제苦諦는 인간에게는 괴로움이 따른다는 것으로 마음과 몸을 괴롭게 하여 편안하지 않게 하는 상태를 말한다. 생로병사生老病死의 고통, 사랑하는 이와 헤어지는 고통愛別離苦, 보기 싫은 사람과 만나는 고통怨憎會苦, 구하는 것을 얻지 못하는 고통求不得苦, 색 · 수 · 상 · 행 · 식의 오온五蘊이 치성해서 일어나는 고통五陰盛苦이며 이를 팔고八苦라고 한다.

색色은 형상과 색체로서 인간의 육체를 비롯한 세상의 모든 물질을 말한다. 인도에서는 이를 사대四大라 하여 지수화풍地水火風이라 하였다. 인간에 비유하면 사람의 몸은 죽어서 땅에 묻히면 흙이 되니 그것이 바로 흙(地)이며, 우리의 신체는 80%가 혈액 등 수분으로 구성되어 있으니 그것이 물(水)이다. 몸에 온기가 없으면 곧 죽음이니 그것이 불(火)이요, 우리가 한시라도 숨을 쉬지 못하면 역시 죽는 것이니 그것이 바람(風)이다.

수受는 감각, 즉 감정의 느낌이며, 몸으로 생생하게 체험해서 안다는 의미로 고통이나 고통스런 느낌을 나타낸다. 우리의 정서적인 의도의 단초가 되는 경험으로서 즐겁다樂, 괴롭다苦, 괴롭지도 즐겁지도 않다不苦不樂는 세가지 느낌을 말한다.

상想은 대상을 받아들여 그것을 인식認識하여 이름을 붙이고 개념notion을 가지는 작용을 말한다. 따라서 단순히 인식하고 생각하고 상상하고 하는 차원을 넘어서서 마음에 어떤 모양相을 굳게 그려서 만들어 갖고 있는 상태를 말한다. 다시 말하면 마음에 무엇이 개념화되고 이념화되고 관념화 된 것을 말한다. 객관적 만상의 모양을 비쳐 남자 여자 풀 나무라고 생각하는 인식이다. 상상, 공상 등이 모두 여기에 속한다. 즉 산이니 물이니 책이니 꽃이니 했을 때는 산, 물, 책, 꽃이라는 추상화된 정지적 개념을 나타낸다.

행行은 의도적 행위, 반응 동작이다. 느낌受과 인식想이 야기시키는 수많은 의도volition를 말한다. 중생의 생명이 살아있는 한 느낌과 인식은 계속 일어날 수 밖에 없다. 이에 반응하여 갈애나 증오, 악의 등등으로 반작용을 일으키는 것은 이 의도적 행위行에 있다. 이를 유위有爲라고도 한다. 그래서 이를 길들이고 없애는 것이 부처님 가르침의 핵심이다.

식識은 인식하는 마음의 작용을 말한다. 대상을 접했을 때 대상이 있음을 단순히 아는mere awaremess 앎으로서, 안ㆍ이ㆍ비ㆍ설ㆍ신ㆍ의와 색ㆍ성ㆍ향ㆍ미ㆍ촉ㆍ법이 매순간 맞닿을 때마다 생겼다가는 사라지고 하는 순간적인 현상이다. 너무 빨리 변하기 때문에 변하지 않는 것으로 인식할 수 있는 그런 현상이다.

색수상행식의 오온은 육체와 정신을 통칭하는 것으로서 인간을 의미한다.

집제集諦는 괴로움은 그냥 온 것이 아니라 어떤 원인에 의해서 왔다고 보는 것이다. 인간에게는 탐욕(貪)과 분노(瞋)와 어리석음(癡)이 있어서 끝없는 번뇌망상이 일어나고 그 번뇌로 인하여 한없는 고통이 왔다는 것이다.

멸제滅諦는 번뇌와 고통이 모두 없어진 열반의 세계를 말한다. 이는 곧 인간의 이상이자 해탈의 세계다.

도제道諦는 이와 같은 세계로 가기 위한 실천 방법을 말한다. 인간은 불고불락不苦不樂의 중도적 실천을 통해서 열반의 세계로 갈 수 있다고 한다.

사제법의 본질은 고집멸도를 파악하는 데 그치지 않고 그것을 현재의 내 삶에서 확인하고(苦), 원인을 알고(集), 소멸시키고(滅), 소멸시키기 위해서 노력하려는(道) 태도를 갖는 것이다.

팔정도, 계정혜, 육바라밀

중도적 실천을 항목별로 자세히 이야기한 것을 팔정도八正道 또는 팔성도八
聖道라 한다. 팔정도는 원시불교의 기초인 동시에 실천의 기본 덕목이다. 이는
정견正見 · 정사正思 · 정어正語 · 정업正業 · 정명正命 · 정정진正精進 · 정념正念 ·
정정正定의 8종이다. '정'은 중中과 같은 뜻으로 고통과 향락에 치우치지 않고
불고불락의 심정으로 돌아가는 것이다. 보고 생각하고 말하고 직업에 종사하
고 악업을 짓지 않고 일심으로 노력하며 바른 마음챙김으로 마음을 안정시키
는 것 등을 중도로 실천하라고 한다.

이 중에서 정견(바른 견해)은 8정도의 출발이며, 정념(바른 마음챙김)은 8정도
의 핵심이라 할 수 있다. 그런데 대승불교의 실천도인 6바라밀에서는 상실되
어 버렸다. 반면에 8정도에서는 대승불교에서 강조하는 보살행이 없다. 정념
이란 부처님께서 좌선하시면서 행복함을 체험하신 수행을 말한다. 그러기에
정념이 있는 선정을 정정正定이라 한다. 정념이 있기에 극도로 미세한 느낌이
나 인식에 속지 않고 걸리지 않고 해탈을 성취할 수 있다. 마음챙김은 염念(제
법의 이치 등을 기억하여 잊지 않거나 마음에 생각하며 보는 작용)이 아니라 마음(意)을 지키
는 기능으로 본다. 그래서 부처님은 이 정념을 일순간이라도 잃어버리면 그
것은 깨달음도 아니고 선정도 아니고 참 지혜도 아니라고 했다.

고통과 향락에 떨어지지 않는 중도의 실천방법을 계정혜戒定慧 삼학三學이
라고 한다. 사람은 다 탐욕이 있고 무지하기 때문에 이 탐욕을 제어하기 위해
서는 제악막작諸惡莫作으로서 악을 짓지 않는 '계'가 필요하다. 분노를 가라앉
히기 위해서는 자정기심自淨其心으로 자기 마음을 닦아나가는 '정'이 필요하
며, 무지의 행동을 바로 잡기 위해서 중선봉행衆善奉行으로 창조적 선행을 적

극적으로 실천해가는 '혜'의 행위가 필요하다.

중도가 계정혜로 실천이 되며 이는 바로 팔정도로 세분된다. 정어, 정업, 정명, 정정진은 '계'에 해당하고, 정념, 정정은 '정'에 해당하며, 정견, 정사는 '지혜'에 해당한다. 원시불교나 소승불교에서는 계정혜, 팔정도, 중도가 개인화되었기 때문에 수도가 강조되었다. 반면 대승불교에서는 이러한 중도가 사회화하고 대중화하기 때문에 자비로 나타난다.

대승불교에서는 육바라밀을 강조하는데 이는 팔정도가 자비로서 사회적으로 재조직된 것이다. 육바라밀은 보시布施 · 지계持戒 · 인욕忍辱 · 정진精進 · 선정禪定 · 지혜智慧인데, 이는 다 계정혜 삼학으로 이해된다. 즉 지계 · 인욕은 '계'에 해당하고, 정진 · 선정은 '정'에 해당하고, 보시 · 지혜는 '혜'에 해당한다. 이것은 중도가 사회화한 것으로서 자비의 실천을 뜻한다.

또한 육바라밀의 내용은 전부 보시라고 되어 있다. 어째서 육바라밀이 전부 보시가 되느냐 하면, 육바라밀이란 보시 · 지계 · 인욕 · 정진 · 선정 · 지혜인데, 이는 재물보시財物布施 · 무외보시無畏布施 · 법보시法布施에 포함되기 때문이다.

첫째 보시에는 생활을 돕는 자생보시가 있다. 이는 물질적인 재물보시를 말한다.

둘째 지계, 셋째 인욕, 이것은 무외, 즉 두려움을 없애고 위안과 평화를 주는 무외보시라 말한다. 지계의 계戒는 다른 사람에게 고통을 주지 않는 것이다. 손해를 끼치지 않고 괴로움을 주지 않는 계이다. 인욕은 다른 사람이 나에게 고통을 주었을 때 보복을 하느냐 마느냐의 문제에 부딪힌다. 그러나 보살은 깨달음이 깊기 때문에 보복을 하지 않는다.

넷째 정진, 다섯째 선정, 여섯째 지혜의 세 가지를 법보시라고 한다. 가르침을 주는 것, 깨우침을 주는 것, 그것이 법보시이다. 이렇게 정진과 선정과 지혜를 통하여 모르는 것을 가르쳐 주고 깨닫지 못하는 것을 깨우쳐 줌으로써 바른 법을 만나게 하기 때문에 법보시라고 한다. 법보시를 잘 하려면 설법을 잘하고, 깨달음을 잘 도와주기 위해서는 자기 스스로가 정진을 해야 한다. 공부도 많이 하고 연구도 많이 하고 경험도 많아야 한다. 정진이 없으면 법보시가 안된다. 자기 스스로 공부를 할 때보다 남에게 강의를 할 때는 몇 배 이상의 공부를 해야 한다. 남을 가르치기 위해서는 스스로 먼저 굉장한 정진이 있어야 한다. 정진을 해야 법보시가 되고, 마음이 안정되어야 법보시를 이룬다. 따라서 법보시를 할 때는 선정을 자꾸 닦아야 한다.

또 지혜가 있어야 한다. 필요한 말인지 필요하지 않은 말인지 판단하기는 매우 어렵다. 그 과정에서 시행착오가 생긴다. 따라서 지혜가 있어야 법보시를 잘 하게 된다. 정진 · 선정 · 지혜는 모두 법보시를 하는 행위다.

삼법인 · 사성제 · 육바라밀은 불교의 기본이다. 중도가 사회화하는 과정으로 조직되었을 때는 육바라밀이 되고, 중도가 개인적으로 실천되는 경우에는 사성제나 팔정도가 된다. 그러므로 불교는 실천론에 있어서는 중도론이며, 원리론에 있어서는 연기론이다.

사구계

다음은 금강경에서 일반적으로 사구게四句偈라고 일컬어지는 구절이다.

① 제5 여리실견분

　　일반적으로 존재하는 온갖 겉모양은

　　모두가 허망하여

　　만약에 모두가 참모습이 아닌 줄을 알면

　　바로 여래를 보리라.

　　凡所有相　皆是虛妄 범소유상 개시허망

　　若見諸相非相　則見如來 약견제상비상 즉견여래

② 제10 장엄정토분

　　형상에 매여서 마음을 내지도 말고

　　소리 냄새 맛 촉감 자기생각에 머물러 마음을 내지도 말아야 하나니

　　어느 곳에도 집착하여 머무르는 바 없이

　　맑은 마음을 응당히 그대로 내어야 할지니.

　　不應住色生心　不應住聲香味觸法生心 불응주색생심 불응주성향미촉법생심

　　應無所住　而生其心 응무소주 이생기심

③ 제26 법신비상분

만일 32상 겉모양에서 나를 찾거나
말하는 음성 속에서 여래를 구한다면
삿된 길 흐름 속에 무명만 자라서
무량겁 흘러가도 여래를 못 보리.

若以色見我　以音聲求我 약이색견아 이음성구아
是人行邪道　不能見如來 시인행사도 불능견여래

④ 제32 응화비진분

있고 없는 모든 법은 꿈결 같아서
그림자와 꼭두각시 물거품이라
풀끝의 이슬이요 번개 같으니
언제나 변함없는 진리 보게나.

一切有爲法　如夢幻泡影 일체유위법 여몽환포영
如露亦如電　應作如是觀 여로역여전 응작여시관

참고문헌

각묵스님, 『금강경 역해』, 불광출판부, 2006. 4

김상일, 『원효의 판비량론』, 지식산업사, 2003. 6

김용옥, 『금강경 강해』, 통나무, 1999. 10

김윤수, 『반야심경 · 금강경 읽기』, 마고북스, 2005. 2

무비스님, 『금강경 강의』, 불광출판부, 1994. 12

봉안 효경, 『금강경』, 대각회출판부, 2004. 10

안길환 역, 『채근담의 지혜를 배우는 한권의 책』, 한림원, 1998. 8

양미성 김동원 역, 『틱낫한 스님의 금강경』, 장경각, 2004. 3

우승택, 『심상사성』, 장승, 2003. 7

운허 용하, 『불교사전』, 동국역경원, 1995. 6

월운스님, 『금강경 강화』, 동문선, 2004. 5

이홍우, 『대승기신론 통석』, 김영사, 2006. 7

종범스님, 『불교를 알기쉽게』, 밀알, 1984. 3

중앙승가대학, 『승가10』, 불지사, 1993. 2

지오, 『금강반야바라밀경』, 해인출판사, 1983. 9

현각스님, 『현각스님의 살아있는 금강경』, 불교TV 영어법문, 2005. 8. 22~11. 14

A. F. Price & Wong Mou-lam. The Diamond Sutra & The Sutra of Hui-
   neng. Boston : Shambhala publication, 2005

Edward Conze. Buddhist Wisdom Books. New York : Harper Torchbooks,
   1972

멍텅구리가 만난 금강경

초판 1쇄 발행 / 2008년 6월 2일

지은이　조길연
펴낸이　이승철
편집　이덕완
디자인　우물이 있는 집

펴낸곳　꿈엔들
등록　2002년 8월 1일　제 10 - 2423호
주소　서울시 마포구 망원 2동 423 - 9 한흥빌딩 4층 (121-232)
대표전화 332 - 4860
팩스　335 - 4860
E-mail　nomadism@hanmail.net

ⓒ 조길연, 2008
저자와의 협의에 의하여 인지 첨부를 생략합니다.

값 18,000원
ISBN 978 - 89 - 90534 - 16 - 3　03220